JN255685

MINERVA
はじめて学ぶ教職

18

吉田武男

監修

特別支援教育

——共生社会の実現に向けて——

小林秀之/米田宏樹/安藤隆男

編著

ミネルヴァ書房

監修者のことば

　本書を手に取られた多くのみなさんは，おそらく教師になることを考えて，教職課程をこれから履修しよう，あるいは履修している方ではないでしょうか。それ以外にも，教師になるか迷っている，あるいは教師の免許状だけを取っておく，さらには教養として本書を読む方も，おられるかもしれません。

　どのようなきっかけであれ，教育の営みについて，はじめて学問として学ぼうとする方に対して，本シリーズ「MINERVA はじめて学ぶ教職」は，教育学の初歩的で基礎的・基本的な内容を学びつつも，教育学の広くて深い内容の一端を感じ取ってもらおうとして編まれた，教職課程向けのテキスト選集です。

　したがって，本シリーズのすべての巻によって，教職に必要な教育に関する知識内容はもちろんのこと，それに関連する教育学の専門領域の内容もほとんど網羅されています。その意味では，少し大げさな物言いを許していただけるならば，本シリーズは，「教職の視点から教育学全体を体系的にわかりやすく整理した選集」であり，また，このシリーズの各巻は，「教職の視点からさまざまな教育学の専門分野を系統的・体系的にわかりやすく整理したテキスト」です。もちろん，各巻は，教育学の専門分野固有の特徴と編者・執筆者の意図によって，それぞれ個性的で特徴的なものになっています。しかし，各巻に共通する本シリーズの特徴は，文部科学省において検討された「教職課程コアカリキュラム」の内容を踏まえ，多面的・多角的な視点から教職に必要な知識について，従来のテキストより大きい版で見やすく，かつ「用語解説」「法令」「人物」「出典」などの豊富な側注によってわかりやすさを重視しながら解説されていることです。また教職を「はじめて学ぶ」方が，「見方・考え方」の資質・能力を養えるように，さらには知識をよりいっそう深め，そして資質・能力もよりいっそう高められるように，各章の最後に「Exercise」と「次への一冊」を設けています。なお，別巻は別の視点，すなわち教育行政官の視点から現代の教育を解説しています。

　この難しい時代にあって，もっと楽な他の職業も選択できたであろうに，それぞれ何らかのミッションを感じ，「自主的に学び続ける力」と「高度な専門的知識・技術」と「総合的な人間力」の備わった教師を志すみなさんにとって，本シリーズのテキストが教職および教育学の道標になることを，先輩の教育関係者のわれわれは心から願っています。

　2018年

吉　田　武　男

はじめに

　本書は，教員養成におけるスタンダードなテキストを目指したシリーズ「MINERVA はじめて学ぶ教職」のなかの 1 巻で，特別支援教育を体系的に整理した一冊となる。

　わが国の障害児教育は，2007年に特殊教育から特別支援教育に移行した。この特別支援教育は，障害のある幼児児童生徒の自立や社会参加に向けた主体的な取り組みを支援するという視点に立ち，幼児児童生徒一人ひとりの教育的ニーズを把握し，そのもてる力を高め，生活や学習上の困難を改善または克服するため適切な指導および必要な支援を行うものである。また，これまでの特殊教育の対象の障害だけでなく，知的な遅れのない発達障害も含めて，特別な支援を必要とする幼児児童生徒が在籍するすべての学校において実施されるものとしている。さらに，特別支援教育は，障害のある幼児児童生徒への教育にとどまらず，障害の有無やその他の個々の違いを認識しつつさまざまな人々が生きいきと活躍できる共生社会の形成の基礎となるものであり，わが国の現在および将来の社会にとって重要な意味をもつものとの位置づけがなされている。

　特別支援教育の動向は本書に詳しく解説しているが，2007年の障害者の権利に関する条約の署名から2014年の批准まで，条約に規定されているインクルーシブ教育システムの実現に向けて，さまざまな議論や制度の整備が行われてきた。この流れを概観すると，2012年の中央教育審議会初等中等教育分科会報告「共生社会の形成に向けたインクルーシブ教育システム構築のための特別支援教育の推進」において，就学相談や就学先決定のあり方，障害のある子どもが十分に教育を受けられるための合理的配慮とその基礎的な環境整備，多様な学びの場の整備と学校間連携や交流および共同学習等の推進などの事項が示された。2013年には障害者差別解消法が制定され，差別の禁止や合理的配慮提供が義務づけられることとなった。同年の学校教育法施行令の改正では，就学基準に該当する障害のある児童生徒は原則特別支援学校に就学するという制度を改め，本人・保護者の意向を最大限尊重し，障害の状態等を踏まえた総合的な観点から就学先を決定するという仕組みや柔軟な転学に関する規定などが示されることとなった。

　このように，インクルーシブ教育システム構築に向けた体制の整備が進み，障害のある児童生徒の就学は，確実に小学校や中学校に拡大しはじめている。例えば，文部科学省初等中等教育局特別支援教育課の「特別支援教育資料」によると，2016年 5 月現在で，公立小学校に在籍する学校教育法施行令第22条の 3（特別支援学校に就学する障害の程度）に該当するものは，1 万4672人（特別支援学級在籍者 1 万3098人，通常の学級在籍者1574人）であり，中学校では5364人（特別支援学級在籍者4548人，通常の学級在籍者816人）である。さらに，2012年には文部科学省は，通常の学級に在籍する発達障害の可能性のある特別な教育的支援を必要とする児童生徒は6.5％の割合であることを公表している。これらのことからも，現在の小学校や中学校においては，特別な支援を必要とする児童生徒が多く在籍していることがわかる。

　2019年度からは教育職員免許法および同施行規則に基づき，大学の教職課程で共通的に修得すべき資

質能力が示された文部科学省の「教職課程コアカリキュラムの在り方に関する検討会」で検討された教職課程コアカリキュラムによる教員養成が開始される。教員免許状を取得するためには，教育の基礎理論に関する科目のなかで「特別の支援を必要とする幼児，児童及び生徒に対する理解」が必修となり，これまでわが国では位置づけられることのなかった，母国語や貧困の問題等により障害はないが特別な教育的ニーズのある幼児児童生徒に対する一般目標「障害はないが特別の教育的ニーズのある幼児，児童及び生徒の学習上又は生活上の困難とその対応を理解する」ことが示された。

　本書の刊行は，まさにこのような状況を受けて，それぞれの分野で活躍されている新進気鋭の研究者にお願いし，特別支援学校の教師を目指す学生はもとより，小学校，中学校，高等学校の教師を目指す学生の学びが深まることを意図して行われた。本書では，特別支援教育を取り巻く歴史や理念・制度を踏まえたうえで，特別支援学校の対象となる視覚障害，聴覚障害，知的障害，肢体不自由，病弱・身体虚弱に加えて，言語障害や発達障害も含めた教育的ニーズのある子どもたちの指導や支援について解説した。さらに，特別支援教育制度のなかで求められている医療・労働・福祉との連携についても概説している。この視点は，特別支援学校に在籍する幼児児童生徒のみならず，今後は小学校や中学校で学ぶ特別な支援を必要とする子どもたちにも必要になることと考えている。さらに，学生には，教壇に立った後も自己の専門性を高め続け，教師としての成長を続けてくれることを願い，教師の専門性と研修の章も設けた。本書が，多くの関係者に活用され，特別な教育的ニーズのある幼児児童生徒に対する教育の礎となり，その理解が深まることを編者一同期待している。

　最後に，本書を刊行する機会を与えてくださった筑波大学人間系教授の吉田武男先生，種々の観点からアドバイスを頂いたミネルヴァ書房の河野菜穂様，深井大輔様に心より感謝を申し上げる。

　2018年1月

編著者　小林秀之／米田宏樹／安藤隆男

目　次

第Ⅲ部　教師としての成長を支えるために

第 I 部

共生社会実現のために

第1章
特別支援教育の理念と制度

〈この章のポイント〉

　特別支援教育とは，特殊教育で支援の対象となっていた障害種に加え，LD，ADHD，高機能自閉症等を含めた障害のある児童生徒に対して，個々の教育的ニーズに応じた指導および支援をすべての学校において行うものである。また特別支援教育の発展は，「インクルーシブ教育システム」の構築に不可欠であるとされる。本章では特別支援教育の理念ならびに制度について解説する。

1　特別支援教育とは

1　特別支援教育の基本的考え方と対象

　特別支援教育は，約60年の歴史を蓄積してきた特殊教育に代わる比較的新しい制度である。2003（平成15）年3月に発表された「今後の特別支援教育の在り方について（最終報告）」において，障害児童生徒の教育をめぐる諸情勢の変化にともない，特別支援教育へ転換を図る必要性が指摘される。その後，2005（平成17）年12月の中央教育審議会「特別支援教育を推進するための制度の在り方について（答申）」を経て，2006（平成18）年6月に「学校教育法等の一部を改正する法律」が公布され，2007（平成19）年4月1日から施行されている。

　「特別支援教育を推進するための制度の在り方について（答申）」によれば，特別支援教育とは，「障害のある幼児児童生徒の自立や社会参加に向けた主体的な取組を支援するという視点に立ち，幼児児童生徒一人ひとりの教育的ニーズを把握し，その持てる力を高め，生活や学習上の困難を改善又は克服するため，適切な指導及び必要な支援を行うもの」である。ここから，特別支援教育が対象としている範囲は，障害があるがゆえに学習上なんらかの困難を有する子どもであることがわかる。詳細については次節で述べるが，2016（平成28）年5月においては，特別支援教育が対象としている児童生徒数は，38万7089人で，義務教育段階の全児童生徒数の3.8％に相当する。諸外国の状況を見ると，日本と同様に全体の3％程度を対象としている国としてはフランスとイタリアがある。一方，その倍以上の児童生徒を対象としている国もあり，アメリカやオーストラリアは10％程度を，イギリスは15％程度を対象としている（特

別支援教育総合研究所，2015）。対象者数が多いイギリスでは，対象を障害に特化せず，少数民族や貧困層の児童生徒をはじめとする障害以外の理由から学習上，困難を示す児童生徒にまで広げている。

このように特別支援教育の場合，対象はあくまでも障害児童生徒になるが，対象となっている3.8％という数自体は，特殊教育制度下にあった2006（平成18）年の20万2307人（全体の1.9％）と比べると飛躍的に増加している。この背景には，従来の特殊教育では，障害の種類や程度に応じて盲学校，聾学校，養護学校や特殊学級といった特別な場で指導を行ってきたのに対し，一人ひとりが有する「教育的ニーズ」に応じて，通常の学校を含めた，すべての学校において支援を展開しようというパラダイム転換がある。

なお，特別支援教育の理念や基本的考え方が，学校教育全体にいきわたることにより，現在の学校教育全体が抱えている課題の解決につながると期待されている。つまり，通常の学校においても教育的ニーズの把握やそれに応じた指導法の重要性が浸透することにより，いじめや不登校を未然に防止する効果が期待できるほか，すべての児童生徒の確かな学力の向上，豊かな心の育成にも資するものと考えられている。

② 障害者の権利に関する条約と特別支援教育の関係性

① インクルーシブ教育の定義

2006（平成18）年12月に国連総会において採択された障害者の権利に関する条約（以下，障害者権利条約）の，第24条の教育に関する条項においては，「インクルーシブ教育システム（inclusive education system）」の理念や，「合理的配慮（reasonable accommodation）」の提供が示されている。日本では2007（平成19）年9月の署名以降，2014（平成26）年1月の批准までの約6年をかけて，両者の理念や解釈の議論が重ねられ，それを踏まえた国内法制度の整備が進められてきた。

World Health Organization & World Bank によると「インクルーシブ教育」の定義は，国や地域によって異なり，その捉えかたは広義と狭義とに分けられる。狭義には，「すべての子どもが同年齢の子どもと共に通常の学級で教育されるべきもの」である。一方，広義のインクルーシブ教育とは，「すべての子どもの教育が教育省やその他同類の行政機関の責任の下，共通の規則や手続きに基づいて行われるべき」と解される（World Health Organization & World Bank, 2011）。

この分類に鑑みると，日本が採択する「インクルーシブ教育」とはどちらに分類されるのだろうか。障害者権利条約の批准に向けて，わが国で最初に改正された法律が，障害者基本法（2013年）である。同法の第16条には，「国及び地

方公共団体は，障害者が，その年齢及び能力に応じ，かつ，その特性を踏まえた，十分な教育が受けられるようにするため，可能な限り障害者である児童及び生徒が障害者でない児童及び生徒と共に教育を受けられるよう配慮しつつ，教育の内容及び方法の改善及び充実を図る等必要な施策を講じなければならない」とある。ここから，国および地方公共団体に課されていることは，障害のある児童生徒とない児童生徒が，単に同じ場で学ぶことではなく，教育的ニーズに即して十分な教育が受けられるよう柔軟に対応することである。また，中央教育審議会初等中等教育分科会が2012（平成24）年 7 月にとりまとめた「共生社会の形成に向けたインクルーシブ教育システム構築のための特別支援教育の推進（報告）」においても，障害のある児童生徒とない児童生徒が同じ場でともに学ぶことを追求するとともに，個々の教育的ニーズに最も的確に応える指導を提供できる「多様な学びの場」が重要であるとし，具体的に小・中学校における通常の学級，通級による指導，特別支援学級，特別支援学校をあげている。さらに，こうした学びの場・形態は，連続性のある柔軟な仕組みによって支えられることが重要であるとしている。

　つまり，日本の「インクルーシブ教育」は，障害児が通常の学校・通常の学級で学習することだけを一義的に意味するのではなく，教育的ニーズに応じて柔軟に対応する，広義の定義を採択している。

② 合理的配慮と特別支援教育

　先述の「共生社会の形成に向けたインクルーシブ教育システム構築のための特別支援教育の推進（報告）」では合理的配慮について触れている。合理的配慮とは「障害のある子どもが，他の子どもと平等に教育を受ける権利を享有・行使することを確保するために，学校の設置者及び学校が必要かつ適当な変更・調整を行うことであり，障害のある子どもに対し，その状況に応じて，学校教育を受ける場合に個別に必要とされるもの」とある。またそれは，「学校の設置者及び学校に対して，体制面，財政面において，均衡を失した又は過度の負担を課さないもの」とされている。

　合理的配慮の提供は任意ではなく義務である。この意義について考えたい。以前から特別支援学校では，個々の障害の状態に応じた合理的配慮をはじめ，専門教員の確保，バリアフリー・ユニバーサルデザインの観点を踏まえた施設・設備等を整備してきた。ここから一歩進んで，通常の学校においてもある一定の対応が求められるようになったということである。よって，通常の学校が今後，より多様な児童生徒にとって学びやすい環境へと変容することが推察される。一方，合理的配慮とは，提供する学校側にとって「その実施にともなう負担が過重でないもの」でもある。言い換えれば，どの範囲が「合理的」であるのかは，その場の環境（人材，財源等）に大きく左右される。それゆえ，

合理的配慮の決定には，障害児童生徒・保護者と学校や教育委員会等との建設的対話による相互理解が肝要となる。また，特別支援学校が，重度重複障害児も含めたあらゆるニーズに応じた教育環境を提供できるのに対し，通常の学校では自ずと環境整備に限界があるため，今後も特別支援学校は重要な教育の場であることに変わりない。

2　多様な教育の場・形態と対象となる障害種

　障害児童生徒の学びの場や形態として，特別支援学校，特別支援学級，通級による指導，通常の学級がある。ここでは，それぞれの特徴について触れたい。

1　特別支援学校

　特別支援学校とは視覚障害，聴覚障害，知的障害，肢体不自由，病弱（身体虚弱を含む）やそれらをあわせもつ児童生徒のために設置された学校であり，専門的知識を有する教員が児童生徒の教育的ニーズに合わせて手厚い指導を行う場である。2016（平成28）年5月現在，日本には計1125校の特別支援学校があり，障害種のなかでも比較的数が少ない視覚障害児を対象とした特別支援学校は全国に63校，聴覚障害児を対象とした学校は全国に86校ある。義務教育段階の児童生徒，998万769人のうちおよそ0.7％にあたる7万939人の児童生徒が特別支援学校で学んでいる（文部科学省，2017d）。

　特別支援学校は，学校教育法第1条に明示されているように，小学校，中学校，高等学校等と同等の教育機関として位置づけられている。また特別支援学校の目的は，学校教育法第72条にあるように，「幼稚園，小学校，中学校又は高等学校に準ずる教育を施す」とともに，「障害による学習上又は生活上の困難を克服し自立を図るために必要な知識技能を授ける」ことと示されている。

　なお，特別支援教育制度が実施された2007（平成19）年4月以降，すべての特別支援学校は，これまで蓄積した教育上の経験やノウハウを活かして地域の小・中学校に支援を行うなど，地域における障害児教育の中核として機能することが求められている。このことは，学校教育法第74条において明確に規定されている。文部科学省（2014）が実施した，「平成25年度特別支援学校のセンター的機能の取組に関する状況調査」によれば，センター的機能を主として担当する分掌・組織を設けている学校は全国で9割を超えることが報告されている。

２　特別支援学級

　特別支援学級とは通常の小・中学校に設置された特別な学級のことである。学校教育法第81条第２項には特別支援学級の対象となる障害種についての記載があり，そこには知的障害，肢体不自由，身体虚弱，弱視，難聴，その他障害[1]のある者で特別支援学級において教育を行うことが適当なものとある。特別支援学級は，原則として，障害種別ごとに編制することとなっており，１学級当たり８人が標準となっている。現実には地域によって設置状況は異なっており，例えば，弱視や身体虚弱等，数が少ない障害種（低発生頻度障害）の場合には，複数の障害種を合わせた特別支援学級や，１人１学級の特別支援学級が存在する。2016（平成28）年現在，特別支援学級は，小学校に３万9386学級，中学校に１万7842学級の計５万7228学級ある。小，中学校の特別支援学級で学ぶ児童生徒数は21万7839人であり，義務教育段階にある児童生徒の2.2%に該当する（文部科学省，2017d）。

▷１　その他の障害とは，言語障害および自閉症，情緒障害をさす（通知「障害のある児童生徒の就学について」（14文科初第291号）および「『情緒障害者』を対象とする特別支援学級の名称について」（20文科初第1167号））。

３　通級による指導

　通級による指導とは，小・中学校の通常の学級に在籍する児童生徒に対して，各教科の授業はその学級で行いつつ，障害に応じた指導を通級指導教室等の特別な場で行う形態である。自校通級と他校通級があり，前者は通級指導教室と担当教員がその児童生徒が在籍する通常の学校に配置されている。それに対し，後者はそれらが他の小・中学校あるいは近隣の特別支援学校に設置されており，児童生徒が定期的にその学校に出向き特別な支援・指導を受ける形である。他校で受けた授業でも，自校で行った授業とみなすことができるのも通級による指導の特徴である。

　通級による指導の対象となるのは，言語障害，自閉症，情緒障害，弱視，難聴，学習障害，注意欠陥多動性障害，その他[2]であり，学校教育法施行規則第140条で規定されている。通級による指導の標準は，年間の指導時間が自立活動と各教科の補充指導を合わせて35単位時間（週１単位時間）からおおむね280単位時間（週８単位時間）以内となっている。指導時間にこれほど幅がある理由としては，難聴児童生徒や弱視児童生徒のように比較的手厚い指導・支援が必要な児童生徒もいる一方で，LD や ADHD を有する児童生徒のように，年間10単位時間（月１単位時間）程度でも十分指導上の効果が期待できるケースも少なくないからである。文部科学省（2017c）が実施した「平成28年度通級による指導実施状況調査」によれば，通級による指導を受けている児童生徒数は過去３年間で17.4%増加しており，障害種別にみると，ADHD で2313人増となっていた。指導時間別にみると，全体の５割が週１単位時間で，週２単位時

▷２　ここでその他の障害とは肢体不自由，病弱および身体虚弱をさす（通知「障害のある児童生徒の就学について」（14文科初等291号））。

間の指導を受けているものとあわせると全体の 8 割を占めている。

4　通常の学級

　冒頭で述べたとおり，特別支援教育とは特別支援学校等の特別な場のみならず，すべての教育の場において児童生徒の教育的ニーズに応じた指導が展開される教育である。したがって，通常の学級においても複数の教員によるティームティーチングやインクルーシブな指導方法を採用することによって，障害を有する児童生徒だけでなくすべての児童生徒にとってわかりやすい授業環境・教育環境を整備することが求められている。

　このことは学校教育法においても規定されている。2006（平成18）年に学校教育法が一部改正された際に，第74条が新設され，小学校，中学校，高等学校，中等教育学校および幼稚園においては，教育上特別の支援を必要とする児童生徒及び幼児に対し，障害による学習上または生活上の困難を克服するための教育を行う旨が明記されている。

　文部科学省（2012）による「通常の学級に在籍する発達障害の可能性のある特別な教育的支援を必要とする児童生徒に関する調査」では，学習面または行動面で著しい困難を示すとされた児童生徒の割合が6.5％に相当することが明らかとなっている。つまり，障害のなかでも LD，ADHD，高機能自閉症等を含め，学習や生活の面で特別な教育的支援を必要とする児童生徒の多くは，通常の学級に在籍していることを意味している。このことからも，通常の学級においても特別支援教育が普及・拡大することの重要性が理解できる。

3　就学先決定の仕組み

　障害を有する児童生徒の就学先を決定する際には，市町村教育委員会が，障害の状態や本人の教育的ニーズ，本人・保護者の意見，教育学，医学，心理学等の専門的知見からの意見，学校や地域の状況等を総合的に踏まえたうえで決定する。次頁の図 1 - 1 にはその具体的プロセスと時期を記す。

　就学先の決定の仕組みについては，2013（平成25）年 8 月に公布された，「学校教育法施行令の一部を改正する政令」（同年 9 月 1 日施行）を受けて，それまで学校教育法施行令第22条の 3 に該当する障害のある児童生徒は特別支援学校に就学する原則が改められたほか，障害者基本法の改正により，本人・保護者の意向を聴取し，可能な限り尊重することが求められている。

　就学先決定の過程で最も重要な視点は，その子どもにとって最も適切な教育の場はどこかということである。したがって，就学先の決定にあたって本人・保護者が意向を示す前提条件として，就学先の様子やその教育の長所や短所等

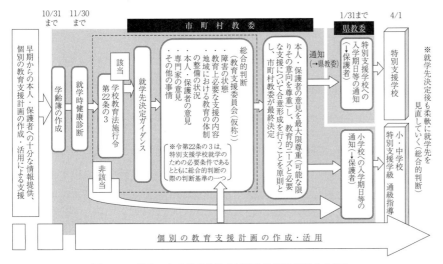

図1−1　障害のある児童生徒の就学先決定の手続きの流れ
出所：文部科学省（2015, 30ページ）をもとに作成。

も含め，客観的に判断できる材料をもっていることが必要となる。また保護者
によっては，障害の理解にかなりの時間を要する場合もあり，保護者に寄り添
いながら共通認識を醸成していく専門家の存在も欠かせない。インクルーシブ
教育を積極的に進めてきたアメリカやイギリスでは，保護者や本人が主体的に
就学先を決めるために，行政から医療，福祉，教育関連の情報を提供し，保護
者や本人が情報交換できるセンターを設置する取り組みが進んでいる。イギリ
スでは，各地方当局がその地域にある医療，福祉，教育関連の情報をパンフ
レットやホームページを通して提供している。日本でもこうした取り組みが各
地域で積極的に進むことが望まれる。

　また冒頭で述べたとおり，特別支援教育は，連続性のある「多様な学びの
場」の提供を基本方針としている。児童生徒の学びの場は，児童生徒の発達の
程度等によって変容する教育的ニーズに付随するものであり，就学時に決定し
た「学びの場」は，決して固定したものであってはならない。しかし，児童生
徒の状況に応じて柔軟に対応するためには，障害のある児童生徒の情報を，教
育委員会，本人・保護者，他の関連組織が就学移行期を含めて継続的に把握
し，情報共有していく必要がある。また，通常の学校から特別支援学校への転
学が必要となった場合には，特別支援学校の設置者である都道府県の教育委員
会と，小・中学校の設置者である市町村の教育委員会との連携も欠かせない。

4　特別支援教育を支える仕組み

2003（平成15）年に「今後の特別支援教育の在り方について（最終報告）」に

おいて特別支援教育を支える鍵として新たに提案されたのが，「特別支援教育コーディネーター」「個別の教育支援計画」ならびに「広域特別支援連携協議会」である。

[1]　特別支援教育コーディネーター

　通常の学校で教育的ニーズを有する児童生徒に対して適切な教育を行うためには，障害について知識をもつ教員の存在が欠かせない。また，必要に応じて学外の専門家の支援を得ながら学内における支援体制を整備していく必要がある。特別支援教育コーディネーターとは，学校内の関係者や福祉・医療等の関係機関との連絡調整および保護者に対する学校の窓口として，校内における特別支援教育に関するコーディネーター的な役割を担う者をさす。文部科学省（2017b）が実施した「平成28年度特別支援教育体制整備状況調査」によれば，小・中学校においてはほぼすべての学校に配置されている。一方，幼稚園と高等学校については，年々状況は改善しつつあるものの，小・中学校と比べると配置率は低い。

　各学校の特別支援教育コーディネーターは，校長によって１人以上の教員が指名されることとなっている。文部科学省（2017b）によれば，配置する教員数１人のケースが小学校の７割，中学校の８割で大半を占めるが，２人以上配置する学校も存在する。また，特別支援教育コーディネーターは，その職務に専念できるよう，学級・教科担任をもたないなど「専任」とすることが推奨されているが，専任としているところは小・中学校ともに全体の１割程度にすぎない。小・中学校では，特別支援学級担任が特別支援教育コーディネーターを兼務しているケースが半数を占めていた。

[2]　個別の教育支援計画

　特別支援教育が基本理念として掲げる，障害のある幼児児童生徒の自立や社会参加に向けた取り組みを支援するためには，成長と共に変化するニーズに応じて，教育，医療，福祉等の多職種が連携して支援を行う必要がある。また，それは長期的視点にたった，一貫性のあるものであることが肝要である。

　個別の教育支援計画とは，障害児のニーズと保護者の希望を踏まえながら，学校が中心となって医療・福祉等の関係機関と連携しながら作成する長期計画である。そこには，支援の方針，内容，方法および評価方法が記述される。その内容は学校間ではもちろんのこと，保護者や地域，そして学外の関係機関で共有することによって支援の連続性を担保することができる。定期的に評価し，見直していくことによって児童生徒の今のニーズに最適化できる。

　文部科学省（2017b）によれば，学校が個別の教育支援計画の作成を必要だ

と把握している人数のうち，実際に作成している児童生徒の割合は，小・中学校ともに 7 割以上となっている。

<u>3</u>　広域特別支援連携協議会

障害児童生徒やその保護者はライフステージに応じてさまざまなニーズや困難が生じることが想定される。適切な支援や相談を行っていくためには，ある一定の地域規模で多分野，多種職による総合的な支援体制を構築することが必要となる。広域特別支援連携協議会とは，都道府県レベルなど一定規模の地域において，障害のある児童生徒の支援にかかわる教育，福祉，医療，労働等の関係部局が相互の連携協力を円滑にするためのネットワークである。同協議会は，教育委員会，保健福祉部局，衛生部局，労働部局，大学，その他 NPO の関係者で構成される。

5　特別支援学校教諭免許状

特別支援学校の教員になるためには，小学校，中学校，高等学校または幼稚園の教諭免許状（これを基礎免許状，基礎免と呼ぶ）とあわせて特別支援学校の教諭免許状を取得することが原則となっている。

特別支援学校教諭免許状には視覚障害，聴覚障害，知的障害，肢体不自由または病弱（身体虚弱を含む）に関する 5 領域が定められている。教員を目指す者は，取得する障害種の最低履修単位数のほか，発達障害，重複障害，言語障害，情緒障害等についてもあわせて履修することが要件となっている。一種免許状の単位数を例にしてあげるとすれば，基礎理論に関する科目（第一欄）を 2 単位，心理・生理・病理の科目と教育課程および指導法に関する科目（第二欄）を 16 単位，免許状に定められる領域以外の領域に関する科目（第三欄）を 5 単位，そして教育実習（第四欄）を 3 単位と計 26 単位の習得が必須となっている。なお，第三欄の 5 単位については，免許状に定められる領域以外の全領域とされており，ここからもわかるように，特別支援教育教諭免許状を取得するものは，すべての障害種に関する科目を少なくとも 1 単位以上履修することになる。現行の特別支援教育教諭免許状は，2007（平成19）年 4 月に施行された学校教育法等の一部改正を受けて，2007（平成19）年度入学生から実施されているものであり，従来の，盲学校，聾学校，養護学校と学校ごとに分けられた 3 つの教諭免許状を一本化したものである。その背景には，特別支援教育に携わる教員は，障害の種類に応じた専門性が求められる一方で，重度・重複障害児の増加や，特別支援学校が，地域の特別支援教育のセンター的機能を担うことに鑑みて，LD・ADHD・高機能自閉症等を含めた障害に関する幅広い知識

を有することが求められるようになったことがあげられる。

　文部科学省（2017a）の「平成28年度特別支援学校教員の特別支援学校教諭等免許状保有状況等調査」によれば，6万6796人の全特別支援学校教員のうち，当該障害種の免許状を保有している教員は5万663人で，年々増加傾向にあるものの全体の75.8％に留まっている。保有率について細かく障害種別にみると，知的障害，肢体不自由，病弱においては7割以上の教員が当該障害種の免許状を有しているのに対し，視覚障害では58.7％，聴覚障害では51.0％と比較的低い数値となっている。

　なお，今のところ，基礎免許を有するものは，特別支援学校の教諭免許状を所有しなくても特別支援学校の教師となることを可能にする「教育職員免許法附則第16項」が存在する。これは，戦後設けられた教育職員免許法を受け，当時特殊教育諸学校の免許状保有者が少ない状況から移行措置として設けられたものであった。しかし，60年以上たった今も免許保有の猶予は解消されていない。

6　特別支援教育制度の課題と展望

1　通常の学校における特別支援教育体制の整備と合理的配慮の普及・拡大の必要性

　最後に，日本の教育が目指す「インクルーシブ教育システム」を実現するにあたって喫緊となる課題について触れたい。上述したように日本が目指すインクルーシブ教育とは，同じ場でともに学ぶことを追求しつつ，児童生徒一人ひとりの教育的ニーズに応じて柔軟に対応する，広義の定義を採択している。このことに鑑みれば，第一の課題としてはより多様な児童生徒が同じ場で学べるよう，通常の学校における特別支援教育体制を整備するとともに合理的配慮の普及拡大を図ることであろう。

　文部科学省（2016）が実施した「平成27年度特別支援教育体制整備状況調査」では，ほぼすべての小・中学校において特別支援教育コーディネーターが配置されている。今後は，幼稚園や高等学校においても普及していくことが望まれる。また，特別支援教育に関する教員研修の受講状況は，全体で75.9％であった。学校全体がより多様な教育的ニーズを有する児童生徒への支援を実施するためには管理職ならびに教員両者の受講率の増加が望まれる。

　少人数学級の実現に向けた取り組みや指導方法の工夫改善も必要である。アメリカやイギリスの実態をみると，平均学級規模は日本よりも小規模であるうえ（OCED, 2016），小規模なクラスの利点を生かし，児童生徒と教師，生徒同

士の対話を大事にした授業が展開されている。このような基礎的環境整備が進むことによって，障害児童生徒のみならず，すべての児童生徒の確かな学力と心の育成が可能となる。これが実現されることによって，はじめて本来の特別支援教育の教育的・社会的意義が発揮されるであろう。

２　教師の専門性と専門性の維持・継承のためのシステム構築

　児童生徒一人ひとりの教育的ニーズに応じた教育を提供するためには，特別支援学校，特別支援学級，通級による指導，そして通常の学級といった「多様な学びの場」において，それぞれに適した専門性と経験を有する教師を配置することは喫緊の課題である。インクルーシブ教育を積極的に導入してきた諸外国を見ても，その成功条件の一つにあげられるのが障害や障害特性を理解する専門家の存在である（Office for Standards in Education, 2006）。

　特別支援学校における教師の特別支援学校教諭免許状保有率が７割程度である現状を踏まえれば，これを引き上げることを目指す必要がある。また，特別支援学級や通級による指導を担当する教員は，小・中学校の教諭免許状をもっていれば担当することができ，制度上，特別支援学校の教諭免許状を有している必要はない。しかし，通常の学校においても適切な支援を提供するためには，こうした担当教師による専門的研修の受講，そして特別支援学校教諭免許状の保有率を向上させていくことは欠かせない。

　さらに人事異動制度の見直しを含め，専門性を維持・継承していくためのシステムを早急に考える必要がある。日本の場合には，戦後から導入されてきた各都道府県市町村での人事異動制度によって，多くの教師が３年から５年，長くて８年程度をサイクルにほかの学校に異動する。とくに低発生頻度障害の教育に携わる教師の場合，その移動先では自らが専門とする障害領域以外の障害種の担当となることがほとんどである。全国の小・中学校の弱視特別支援学級（以下，弱視学級）を調査した澤田（2013）は，全国の小学校弱視学級担任215人のうち，181人（84.2%）が視覚障害教育経験２年以下という衝撃的な結果を明らかにしている。また視覚障害教育経験年数10年以上を占める割合は小学校弱視学級担任で3.3%（215人中７人），中学校の弱視学級担任については一人もいなかった（56人中０人）。特別支援学校や特別支援学級といった，本来であれば手厚い専門的支援が受けられるべき「特別な場」でさえ，その専門性が，危うい状況に置かれているのが現状である。

Exercise

① 特殊教育から特別支援教育に移行した背景について，以下の一次資料をもとに，障害者施策を巡る国内外の動向ならびに，特殊教育の成果・課題を踏まえ整理してみよう。
  ・文部科学省「21世紀の特殊教育の在り方について──一人一人のニーズに応じた特別な支援の在り方について（最終報告）」2001年。
  ・文部科学省「今後の特別支援教育の在り方について（最終報告）」2009年。
  ・中央教育審議会「特別支援教育を推進するための制度の在り方について（答申）」2005年。

② 日本と諸外国の障害児教育の実態を調べ，比較してみよう。(1)障害のある子どもの数，(2)就学率，(3)教育の場，(4)障害児教育に携わる教員に必要とされている資格の観点から整理し，それぞれの特徴について考えてみよう。

③ 特別支援教育の現状について，特別支援教育資料をはじめとする文部科学省が発行する資料・報告書をもとに調べてみよう。現在の課題は何であろうか，またその課題への解決策について考えてみよう。

📖次への一冊

安藤隆男・中村満紀男編著『特別支援教育を創造するための教育学』明石書店，2009年。
  特別支援教育の理念と制度について詳述した，この領域を代表する専門書。世界的動向と日本の歴史的変遷の分析は，他書にはない精密さがあり，理解を深めるうえで最適である。

引用・参考文献

中央教育審議会「特別支援教育を推進するための制度の在り方について（答申）」2005年。http://www.mext.go.jp/b_menu/shingi/chukyo/chukyo0/toushin/05120801.htm（2017年1月4日閲覧）
中央教育審議会「共生社会の形成に向けたインクルーシブ教育システム構築のための特別支援教育の推進（報告）」2012年。
文部科学省「21世紀の特殊教育の在り方について──一人一人のニーズに応じた特別な支援の在り方について（最終報告）」2001年。http://www.mext.go.jp/b_menu/shingi/chousa/shotou/006/toushin/010102.htm（2017年1月4日閲覧）
文部科学省「今後の特別支援教育の在り方について（最終報告）」2009年。http://www.mext.go.jp/b_menu/shingi/chousa/shotou/054/shiryo/attach/1361204.htm（2017年1月4日閲覧）

文部科学省「通常の学級に在籍する発達障害の可能性のある特別な教育的支援を必要と
　　する児童生徒に関する調査結果について」2012年。http://www.mext.go.jp/a_menu/
　　shotou/tokubetu/material/__icsFiles/afieldfile/2012/12/10/1328729_01.pdf（2017年 1
　　月 4 日閲覧）

文部科学省「平成25年度特別支援学校のセンター的機能の取組に関する状況調査につい
　　て」2014年。http://www.mext.go.jp/a_menu/shotou/tokubetu/material/1354780.htm
　　（2017年 1 月 4 日閲覧）

文部科学省「特別支援教育の現状と課題」教育課程部会特別支援教育部会配布資料 9 ，
　　2015年。http://www.mext.go.jp/b_menu/shingi/chukyo/chukyo3/063/siryo/__icsFiles/
　　afieldfile/2015/11/19/1364472_08_1.pdf（2017年 1 月 4 日閲覧）

文部科学省「平成27年度特別支援教育体制整備状況調査結果について」2016年。http://
　　www.mext.go.jp/component/a_menu/education/micro_detail/__icsFiles/afieldfi
　　le/2017/04/07/1383638_02.pdf　（2017年 1 月 4 日閲覧）

文部科学省「平成28年度特別支援学校教員の特別支援学校教諭等免許状保有状況等調査
　　結果の概要」2017年a。http://www.mext.go.jp/a_menu/shotou/tokubetu/material/__
　　icsFiles/afieldfile/2017/05/31/1386391_ 1 .pdf　（2017年12月10日閲覧）

文部科学省「平成27年度特別支援教育体制整備状況調査結果について」 2017年 b。
　　http://www.mext.go.jp/a_menu/shotou/tokubetu/material/__icsFiles/afieldfi
　　le/2017/04/07/1383567_02.pdf　（2017年12月10日閲覧）

文部科学省「平成28年度通級による指導実施状況調査結果について」2017年c。http://
　　www.mext.go.jp/a_menu/shotou/tokubetu/material/__icsFiles/afieldfile/2017/04/07
　　/1383567_03.pdf　（2017年12月10日閲覧）

文部科学省「特別支援教育資料（平成28年度）」2017年d。http://www.mext.go.jp/a_
　　menu/shotou/tokubetu/material/1386910.htm　（2017年12月10日閲覧）

Office for Standards in Education, *Inclusion: does it matter where pupils are taught? :
　　provision and outcomes in different settings for pupils with learning difficulties*, HMI,
　　2006.

Organisation for Economic Co-operation and Development, "Education at a Glance 2016:
　　OECD Indicators," 2016. http://www.keepeek.com/Digital-Asset-Management/oecd/
　　education/education-at-a-glance-2016_eag-2016-en#page403（2017年 1 月 4 日閲覧）

澤田真弓「全国小・中学校弱視特別支援学級及び弱視通級指導教室実態調査（平成24年
　　度）研究成果報告書」独立行政法人国立特別支援教育総合研究所，2013年。

特別支援教育総合研究所「諸外国における障害のある子どもの教育」『国立特別支援教
　　育総合研究所ジャーナル』 4 ，2015年，61〜77ページ。https://www.nise.go.jp/cms/
　　resources/content/10163/20150409-164135.pdf（2017年 1 月 4 日閲覧）

World Health Organization & World Bank, "World Report on Disability," World Health
　　Organization, 2011. http://www.who.int/disabilities/world_report/2011/en/（2017 年
　　1 月 4 日閲覧）

第2章
インクルーシブな学校と特別な支援が必要な障害のない児童生徒

〈この章のポイント〉

通常学校でも実施されるようになった特別支援教育は，プロセスとしてのインクルーシブ教育の一環であり，インクルーシブな学校を目指すものである。本章では，インクルーシブ教育について国際社会における思潮とともに学ぶ。また，障害はないが特別な教育的支援が必要な児童生徒への通常学校における適切な対応とその考え方に触れ，多様な児童生徒を包含する学校のあり方について解説する。

1 「万人のための教育」実現のプロセスとしてのインクルーシブ教育

1 インクルーシブ教育とは

1990（平成2）年3月，タイで開催された「万人のための教育世界会議」において，「万人のための教育（Education for All：EFA）」をスローガンに，すべての人に基礎教育を提供することが，世界共通の目標とされた。その後，1994年には，スペインのサラマンカにおいて，ユネスコとスペイン政府共催の「特別なニーズ教育に関する世界会議」が開かれ，「特別なニーズ教育における原則，政策，実践に関するサラマンカ声明ならびに行動の枠組み」（以下，サラマンカ声明）が採択された。

この会議は，インクルーシブ教育（inclusive education）のアプローチを促進するために必要な基本的政策の転換を検討することによって，「万人のための教育」の目的をさらに前進させ，学校がすべての子どもたち，とりわけ特別な教育的ニーズのある子どもたちに役立つものとなることを意図したものであった。サラマンカ声明では，「通常の学校内にすべての子どもたちを受け入れるインクルーシブ教育」を原則とすること，インクルーシブ教育を原則とする通常の学校（以下，インクルーシブ学校）こそ，「差別的態度と戦い，すべての人を喜んで受け入れる地域社会をつくり上げ，インクルーシブ社会を築き上げ，万人のための教育を達成する最も効果的な手段」となることが確認された。そして，インクルーシブ学校の成功のためには，「カリキュラム，建物，学校組織，教育学，アセスメント，教職員，校風および課外活動のすべてにおける変

▷1 基礎教育
「人々が生きるために必要な知識・技能を獲得するための教育活動」と定義され，具体的には就学前教育，初等教育，前期中等教育およびノンフォーマル教育（成人教育，識字教育など）を含むものとされている（外務省，2016）。

▷2 サラマンカ声明では，「特殊学校（日本の特別支援学校が該当）や通常学校内の常設の特殊学級（日本の特別支援学級が該当）に子どもを措置することは，通常の学級内での教育では子どもの教育的ニーズや社会的ニーズに応ずることができない，もしくは，子どもの福祉や他の子どもたちの福祉にとってそれが必要であることが明白に示されている，まれなケースだけに勧められる，例外であるべき」ことが示されている。その一方で，サラマンカ声明は，特殊学校が，「通常の学校における教職員に対する研修センターや資源センターとして」役立つ，インクルーシブ学校実現のための貴重な資源になるとも述べている。とく

に，「特殊学校の教職員が
なしうる通常の学校への一
つの重要な寄与は，カリ
キュラム内容や方法を生徒
たちの個々のニーズにマッ
チさせることに関するもの
である」と指摘している。

化」が必要であると明記されたのである。

　つまり，インクルーシブ教育とは，排除のない社会を実現する手段であり，すべての子どもには何らかのニーズがあることを前提とし，その多様なニーズに対応できる教育システムを作るプロセスであるということができる（UNESCO, 2005）。

2　通常教育カリキュラムへのアクセス

　インクルーシブ教育の重要な論点の一つに，障害児を含むすべての児童生徒の通常教育カリキュラムへのアクセスがある。1994年のサラマンカ声明以降，通常教育カリキュラムのなかに特別な教育的ニーズ（SEN）のある児童生徒のための教育内容・方法を組み込むことにより，多様なニーズに応える新しいカリキュラムに改変することが求められている（UNESCO, 1994；2005）。

　アメリカやイギリスでは，教育法制上，障害のある児童生徒の通常教育カリキュラムへのアクセスが義務づけられており，通常教育カリキュラムを基盤として，対象の児童生徒の特性や状態に応じて教育内容・方法の一部を変更・調整することで，個々のニーズにも対応することができるとされている（野口・米田，2012；米田・宮内，2015）。

　ここでは，特別な教育的ニーズのある児童生徒を通常教育カリキュラムにアクセスさせるカリキュラムの修正方法が重要になってくる。

　特別な教育的ニーズがある児童生徒たちに，通常教育カリキュラムへのアクセスを提供するためのカリキュラム修正・変更方法は以下4分類の連続体で説明できる（Nolet & McLaughlin, 2005）。どの児童生徒に対しても，通常教育カリキュラムを学習することへの期待を前提として，通常教育カリキュラムを学習するために，児童生徒にどのようなスキルが必要かを考えることから始められなければならないとされている。

　(1)通常教育カリキュラムの教育内容，達成水準，順序と時間割，指導方法に変更を加えないカリキュラム。

　(2)通常教育カリキュラムの教育内容，達成水準には変更を加えないが，順序と時間割と指導方法を変えるアコモデーション。

　(3)通常教育カリキュラムの教育内容，達成水準，順序と時間割，指導方法のすべてあるいは一部に変更を加えるモディフィケーション。

　(4)通常カリキュラムと内容・方法が異なる個別の教育目標に基づく代替的な個別のカリキュラム。

2　日本におけるインクルーシブ学校としての通常学校・通常学級

1　通常学校における特別支援教育とインクルーシブ教育

　2007（平成19）年4月1日付の「特別支援教育の推進について（通知）」（19文科初第125号）では，(1)特別支援教育は，これまでの特殊教育の対象だけでなく，知的な遅れのない発達障害も含めて，特別な支援を必要とする幼児児童生徒が在籍するすべての学校において実施されるものであることと，(2)特別支援教育は，障害のある幼児児童生徒への教育にとどまらず，障害の有無やその他の個々の違いを認識しつつさまざまな人々が生きいきと活躍できる共生社会の形成の基礎となるものであり，わが国の現在および将来の社会にとって重要な意味をもっていることが示された。

　ちなみに，特別な支援を必要とする児童生徒は，2002（平成14）年と2012（平成24）年の「通常の学級に在籍する特別な教育的支援を必要とする児童生徒に関する全国実態調査」の結果から，どの学級にも在籍している可能性があることが指摘された。つまり，上述(1)の「特別な支援を必要とする幼児児童生徒が在籍するすべての学校」は，日本全国のすべての通常学校も該当するのであり，上述(2)の意味では，すべての学校で実施される特別支援教育は，学校教育改革・社会改革の手段となる「プロセスとしてのインクルーシブ教育」そのものであるといえる。

　インクルーシブ教育では，できるだけ多くの多様なニーズのある児童生徒を通常学校の通常学級に包含することが目指され，必要な場合にのみ特別な学びの場が提供されることになる。そのためには，通常の学校全体の環境整備と通常の各学級における授業の改善が，カギとなる。通常学校の教師には，インクルーシブ教育と特別支援教育に対する理解と確かな実践力が求められているといえよう。

2　インクルーシブ学校への指向とユニバーサルデザイン教育

①　授業のユニバーサルデザイン・学校環境のユニバーサルデザイン

　インクルーシブ教育システムにおいて，同じ場でともに学ぶことを追求する場合，通常の学級におけるインクルーシブ教育を実現するために，学級の教育システムを見直す必要がある。すなわち，できるだけ多くの児童生徒が，その学級における学習（授業）と生活に包含されるような教室環境・学級のルール・授業方法等の改善を行うことである。

▷3　「共生社会の形成に向けたインクルーシブ教育システム構築のための特別支援教育の推進（報告）」では，「基本的な方向性としては，障害のある子どもと障害のない子どもが，できるだけ同じ場で共に学ぶことを目指すべきである。その場合には，それぞれの子どもが，授業内容が分かり学習活動に参加している実感・達成感を持ちながら，充実した時間を過ごしつつ，生きる力を身に付けていけるかどうか，これが最も本質的な視点であり，そのための環境整備が必要である」と指摘されている。なお，同報告では，特別な教育的支援を必要とする児童生徒一人ひとりの教育的ニーズに応じた適切な教育的支援を，連続性のある学びの場としての小・中学校等の通常の学級，支援付き通常学級，通級指導教室，特別支援学級，特別支援学校等のうち，その時点で教育的ニーズに最も的確に応えることができる場で行うことが意図されている。通常学級以外の特別な学びの場は，必要があるときにのみ選択されるものであり，原則的には，すべての児童生徒の学びの場は，通常学校の通常学級という立場が取られているといえる。

　特別な支援を必要としている児童生徒だけでなく，学級にいるすべての児童
生徒が，安心，安全に生活し，居心地のよい，自分の居場所がある学級にして
いくためには，適切な教室・学習環境の整備，学校生活のルールの明示，お互
いの違いを認められる学級，児童生徒同士がお互いに支えられる集団，わかり
やすく興味のもてる授業等の「学級全体への指導の工夫や配慮」や「学級経営
の工夫」が必要である。とくに「学級全体への指導の工夫や配慮」が整えられ
ると，個別の支援なしで，授業や学級活動に実質的に参加できる子どもたちが
増え，個別の支援が必要な児童生徒が少人数に絞られることになる（図2-1）。
結果的に，個別的な指導や支援を行ううえでも，担任教師や補助の教師，特別
支援教育支援員が，支援の必要な児童生徒に十分なゆとりをもってかかわるこ
とが可能になる。したがって，通常学級においては，真っ先に特別支援教育の
対象児に対する個別的支援を考えるのではなく，まずは，学級全体への働きか
け方や環境整備の状況を見直すことから始められるべきである。

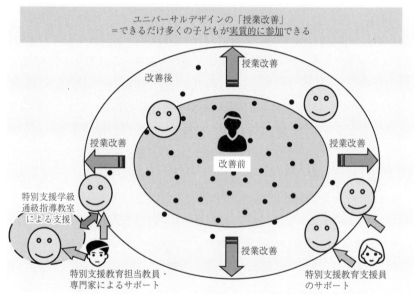

図2-1　授業改善による特別支援教育対象児童生徒数の変化のイメージ
出所：筆者作成。

　このようなことから，「授業のユニバーサルデザイン」のように，ユニバー
サルデザインという用語が，近年注目されている。佐藤（2015）は，ユニバー
サルデザインという用語には，2つのタイプがあると指摘している。一つは，
ある教え方が多くの児童生徒の「わかる・できる」につながることを意味する
指導者を主体としたタイプである。もう一つは，一人ひとりのニーズに応える
ことを意味する学習者を主体としたタイプである（後述②学習のユニバーサルデ
ザイン参照）。できるだけ多くの児童生徒を包含する授業のユニバーサルデザイ

表2-1　授業のユニバーサルデザインにおける調整・工夫のポイント（例）

学級環境の整備	(1)場の構造化	○学習環境をわかりやすく整理する。 ○教室の物の置く位置を決める。 ○教材の置き場所が一目でわかるように整理する。 ○座席の位置は個々の特徴に合わせる。
	(2)刺激量の調整	○教室の掲示物によって注意が逸れないよう配慮する。 ○教室前面の掲示物は最小限なものに絞る。 ○教室の棚等の目隠しなど，余計な刺激を抑制する。 ○児童生徒の座席の位置を配慮する。
	(3)ルールの明確化	○クラス内のルールはシンプルで誰もが実行できるものに設定する。 ○クラスの役割（当番，係等）の行動の手順・仕方をわかりやすくする。 ○担任がクラス内のルールについて確認・評価をする。
指導方法の工夫	(1)時間の構造化	○予定を「見える化」する（今行われていることがわかる工夫をする）。 ○授業の始めに，授業の流れとめあてを示す。 ○作業などの時間の区切りがわかる工夫を行う。
	(2)情報伝達の工夫「視覚化」（ビジュアル化）	○「視覚化」：視覚的な手がかりを効果的に活用すること。 ・視覚・感覚・動作を入り口にして思考につなげる工夫 ・挿絵・写真・動画による理解（ICT，機器の活用等） ・センテンスカード・図・色などで文章の構造を理解 ・整理された板書など
	(3)参加の促進「共有化」（シェア）	○「共有化」：一人の考えを他の子どもに伝え，理解や指導を深める工夫をしたり，話し合い活動を組織化すること。 ・ペア学習による思考の深まり ・グループ活動での思考の深まり ・意見の再現・解釈 ・意見の比較検討 ・子どもの意見の板書など
	(4)授業内容の構造化「焦点化」（シンプル化）	○「焦点化」：授業のねらい（教えたいこと）を焦点化して，指導計画や1時間の学習の進め方を工夫すること。 →説明内容の理解から論理に深まるようにする工夫 ・1時間の授業展開の構造化 ・発問の焦点化 ・活動の焦点化 ・教材の焦点化など

出所：岡山県教育庁特別支援教育課（2015）をもとに作成。

ンのポイントには，(1)学級環境の整備と，(2)指導の工夫があげられる。それぞれ調整や工夫の例をあげれば表2-1のとおりである。

② 　学習のユニバーサルデザイン

　学びのユニバーサルデザイン（UDL）は，アメリカのCASTという機関が提唱した，学習者が主体的に学ぶことができるようにするための理論的枠組みである。児童生徒が主体的に学ぶための枠組みがUDLであり，「授業でどう教えるか」ではなく，「どのように学ぶか」という視点から，学びという活動を捉えているのがその特徴である。UDLは，(1)取り組みのための多様な方法の

提供（目的をもち，やる気のある学習者となるために），(2)認知のための多様な方法の提供（学習リソースが豊富で，知識を活用できる学習者となるために），(3)行動と表出のための多様な方法の提供（方略的で，目的に向けて学べる学習者となるために）の3つの枠組みの下で多様な方法を提示する。このように，一人ひとりの学習者に応じた多様な手段を個々に提供するという視点に立った取り組みである（佐藤，2015）。

また，UDL の特徴的な考え方の一つに，「カリキュラム$^{\triangleleft 4}$の障害」がある。例えば目が不自由な児童生徒に紙の教科書を渡しても，当然のことながら読むことができない。この時通常ならば，その個人に視覚に関する障害があると考えるが，UDL では，この時に「視覚的な情報しか提供されない，そのカリキュラムのほうに障害がある」と考える。例えば読むことが苦手な児童生徒もその子どもに学習の障害があるのではなく，読まなければ学べないカリキュラムに障害があると考えることができる。UDL はまさにこのカリキュラムの障害，バリアを取り除くための方法である。まず実践のなかのカリキュラムの障害を探すこと，それが UDL の始まりとなる（CAST, 2011）。

この UDL の考え方は，個別の支援や合理的配慮の提供を考える際の参考になるだろう。

3　障害はないが特別な教育的ニーズのある児童生徒への対応

1　インクルーシブ教育による障害以外の教育的ニーズへの積極的対応

社会的・経済的格差，民族・人種・文化・宗教等の差異がもたらす差別の軽減・解消を目指し，不利な立場にある人々の自立および社会への完全参加を，教育・学校の改革によって実現しようとするものがインクルーシブ教育であるから（中村・岡，2007），日本の学校においても，帰国児童生徒や外国人児童生徒，外国につながる児童生徒にみられる日本語のニーズから生じる困難や，貧困やその他の家庭の問題等から生じる困難などに対する対応が，積極的に求められるようになってきている。

特別な教育的ニーズとは，児童生徒の最適な発達を妨げることがわかっている多様な理由によって生じる教育的ニーズをさしていることを考えれば（中村・岡，2007），当然の流れであるといえる。そこで，ここでは，障害はないものの特別な教育的ニーズがある児童生徒への教育的対応について，解説することにする。

▷4　UDL では，カリキュラムを広く4つの基本的な要素を含めて定義している。(1)目標：指導および学習の到達基準や期待されること──技能の指導において，目当てや順序等の形ではっきりと示されることが多い。(2)方法：教師のための特定の指導方法──教師用指導書においてよく書かれているようなもの。(3)教材：指導と学習に用いられる媒体やツール。(4)評価：生徒の進歩を測定する根拠と方法。カリキュラムという用語は大抵，目標・目的や計画についてのみを述べる際に用いられて，指導法，教材，評価の"手段"とは区別されている。しかし，先述の各要素は効果的な学習のために不可欠であり，また，そのなかに隠れた障壁を含んでいて生徒それぞれが学びのエキスパートになろうとする努力を阻むことがあるので，これら一つひとつをカリキュラムの構成部分をなすものと考えてデザインするべきである（CAST, 2011）。

2 　日本語指導が必要な児童生徒に対する支援

①　帰国児童生徒や外国人児童生徒，外国につながる児童生徒の状況

　1990（平成2）年の「出入国管理及び難民認定法」の改正，翌年の施行以来，日本に暮らす外国籍者の状況は大きく変化し，2009（平成21）年末では，外国人登録者数は約218万6000人，日本国在住者の約1.7％，189か国の国籍に達した（文部科学省初等中等教育局国際教育課，2011）。

　このような国際化の進展にともない，学校では帰国児童生徒や外国人児童生徒に加え，両親のいずれかが外国籍であるなどのいわゆる外国につながる児童生徒の受け入れが多くなっている。

　これらの児童生徒のなかには，学校での学習のためには日本語指導が必要な子どもたちがいる。公立学校に在籍する外国人児童生徒数は，2014（平成26）年度に7万3289人で，このうち，39.8％に当たる2万9198人が，日本語指導が必要な児童生徒であった（文部科学省，2015）。この人数は，2008（平成20）年度以降，2014年度までの間，ほぼ横ばいである。公立学校に在籍する日本語指導が必要な日本国籍の児童生徒数についてみると，2008年度の4895人から2014年度の7897人まで，増加し続けている。

　これらの児童生徒の多くは，異文化における生活経験等を通して，日本の社会とは異なる言語や生活習慣，行動様式を身につけているが，一人ひとりの実態は，それぞれの言語的・文化的背景，年齢，就学形態や教育内容・方法，さらには家庭の教育方針などによってさまざまである。このため，これらの児童生徒の受け入れに当たっては，一人ひとりの実態を的確に把握し，当該児童生徒が自信や誇りをもって学校生活において自己実現を図ることができるように配慮することが大切である（文部科学省，2017a；2017b）。

②　受け入れ担任教員として必要な視点

　帰国児童生徒や外国人児童生徒，外国につながる児童生徒は，他の児童生徒が経験していない異文化での貴重な生活経験をもっている。外国での生活や異文化に触れた経験や，これらを通じて身につけた見方や考え方，感情や情緒，外国語の能力などの特性を，本人の各教科等の学習に活かすことができるよう配慮することが大切である。また，本人に対するきめ細かな指導とともに，他の児童生徒についても，帰国児童生徒や外国人児童生徒，外国につながる児童生徒とともに学ぶことを通じて，互いの長所や特性を認め，広い視野をもって異文化を理解し，ともに生きていこうとする姿勢を育てるよう配慮することが大切である。そして，このような相互啓発を通じて，互いに尊重し合う態度を育て，国際理解を深めるとともに，国際社会に生きる人間として望ましい能力や態度を育成することが期待される（文部科学省，2017a；2017b）。

③　特別の教育課程編成と日本語指導プログラム

　2014（平成26）年に学校教育法施行規則が改正され，日本語の習得に困難がある児童生徒に対し，日本語の能力に応じた特別の指導を行うための特別の教育課程を編成し，実施することが可能となった。この特別の教育課程による日本語指導は，児童生徒が日本語を用いて学校生活を営むとともに，学習に取り組むことができるようにすることを目的する。

　この制度を活用しながら，児童生徒の実態に応じた指導内容や指導方法の工夫を組織的・計画的に行うことが必要である。例えば，指導内容については，学校生活に必要な基礎的な日本語（サバイバル日本語）の習得のための指導を行ったり，各教科等の指導と学習のために必要な日本語[5]の習得のための指導を統合して行ったりする（日本語と各教科の統合学習）などの工夫が考えられる。指導方法については，通級による指導，通常の学級における日本語の能力に配慮した指導，放課後等を活用した指導などの工夫が考えられる。「日本語指導[6]」といっても，その内容はさまざまである。「来日直後」「日常会話ができるまで」「在籍学級の授業に参加できるまで」などの段階を設けて，学習内容を決定する必要がある（文部科学省初等中等教育局国際教育課，2011）。

③　貧困児童生徒に対する支援

　児童生徒の将来が，その生まれ育った家庭の事情等に左右されてしまう場合が少なくない。政府の調査によれば，日本の子どもの貧困の状況は先進国のなかでも厳しく[7]，また，生活保護世帯の生徒の高等学校等進学率も全体と比較して低い水準[8]になっている。いわゆる貧困の連鎖によって，子どもたちの将来が閉ざされることは決してあってはならないことから，2013（平成25）年6月に「子どもの貧困対策の推進に関する法律」が成立し，2014（平成26）年1月に施行された。また，同年，「子供の貧困対策に関する大綱」が策定され，教育の支援については，学校を子どもの貧困対策のプラットフォームと位置付けて総合的に対策を推進することとされた。

　末冨（2016）は，子どもの貧困対策のプラットフォームとしての学校に求められる最大公約数的な役割として以下の5つを提示した。

役割1：子どもの居場所を保障し，子どもを包摂する学校
役割2：子どもの不登校・中退を予防できる学校
役割3：子どもと保護者，双方への支援（教育支援に限らず生活支援や経済的支援）と出会うための窓口としての学校
役割4：学校の教員だけでなく，SSWや関係機関が支援を行う連携拠点としての学校
役割5：不登校や中退状況になった子ども・若者のセーフティネットとしての役割を果たす学校（居場所）の保障

▷5　「日常会話はできても，授業などの学習に参加できない子どもが多い。日常会話の力と，学習で求められる力は違う」という声が聞かれる。この2つの能力は，一般には「生活言語能力」と「学習言語能力」と呼ばれる。前者は，1対1の場面での日常的で具体的な会話をする口頭能力であり，後者は，教科等の学習場面で求められる情報を入手・処理し，それを分析・考察した結果を伝えるような思考を支える言語の力である。「生活言語能力」については，ある程度は，普段の生活のなかで自然に身に付くが，教員による支援も必要である。一方，「学習言語能力」については，生活の中で身に付くことはあまり期待できない。日本語指導担当教員が中心となった計画的な支援が必要になる。

▷6　取り出し指導における基本的な「日本語指導プログラム」には，(1)「サバイバル日本語」プログラム，(2)「日本語基礎」プログラム，(3)「技能別日本語」プログラム，(4)「日本語と教科の統合学習」プログラム，(5)「教科の補習」プログラムがある。

▷7　子どもの貧困率16.3%（2012年厚生労働省データ）。2010年OECD加盟34か国中25位（OECD，2014　※日本の数値は2009年，15.7%）。

▷8　生活保護世帯の子どもの高等学校等進学率90.8%（全体98.6%）（2013年厚生労働省／文部科学省データ）。

　とくに，役割1，2は貧困世帯の子どもの学校からの文化的排除による自己肯定感や学習意欲の低下，不登校・中退のリスクを「予防」するための学校を重視するものであり，学校および教師には，特別支援教育の視点からの児童生徒へのアプローチを期待したい。

４　不登校児童生徒に対する支援

　小・中学校の新学習指導要領解説（文部科学省，2017a，b）の記述から，不登校児に対する支援の留意点等を確認したい。

① 不登校に対する基本姿勢・捉え方

　不登校は，取り巻く環境によっては，どの児童生徒にも起こり得ることとして捉える必要がある。また，不登校とは，多様な要因・背景により，結果として不登校状態になっているということであり，その行為を「問題行動」と判断してはならない。加えて，不登校児童生徒が悪いという根強い偏見を払拭し，学校・家庭・社会が不登校児童生徒に寄り添い共感的理解と受容の姿勢をもつことが，児童生徒の自己肯定感を高めるためにも重要である。

　また，不登校児童生徒については，個々の状況に応じた必要な支援を行うことが必要であり，登校という結果のみを目標にするのではなく，児童生徒や保護者の意思を十分に尊重しつつ，児童が自らの進路を主体的に捉えて，社会的に自立することを目指す必要がある。

② 的確な情報収集・実態把握による支援

　不登校児童生徒への支援の際は，不登校のきっかけや継続理由，学校以外の場において行っている学習活動の状況等について，家庭訪問も含めた継続的な把握が必要である。さらに，不登校児童生徒の状況によっては休養が必要な場合があることも留意しつつ，学校以外の多様で適切な学習活動の重要性も踏まえ，個々の状況に応じた学習活動等が行われるよう支援することが必要である。

　例えば，いじめられている児童生徒の緊急避難としての欠席が弾力的に認められてもよく，そのような場合には，その後の学習に支障がないように配慮する必要がある。あわせて，不登校児童生徒の保護者に対し，不登校児童生徒への支援を行う機関や保護者の会などに関する情報提供および指導要録上の出席扱いや通学定期乗車券の取扱等を周知することも重要である。加えて，家庭で多くの時間を過ごしている不登校児童生徒に対しては，その状況を見きわめ，当該児童生徒および保護者との信頼関係を構築しつつ，必要な情報提供や助言，ICT 等を通じた支援，家庭等への訪問による支援を行うことが重要である。

③　不登校児童生徒の登校時の支援

不登校児童生徒が自らの意思で登校した場合は，温かい雰囲気で迎え入れられるよう配慮するとともに，保健室，相談室や学校図書館等も活用しつつ，安心して学校生活を送ることができるような支援を行うことが重要である。こうした支援を行うためには，担任の教師のみならず教育相談担当教師など他の教師がスクールカウンセラーやスクールソーシャルワーカー等の専門スタッフ等と連携・分担し学校全体で行うことが必要である。

④　特別の教育課程の編成

相当の期間小・中学校を欠席し引き続き欠席すると認められる児童生徒を対象として，文部科学大臣が認める特別の教育課程を編成することができる。その場合には，例えば，不登校児童生徒の学習状況に合わせた個別学習，グループ別学習，家庭訪問や保護者への支援等個々の児童の実態に即した支援，学校外の学習プログラムの積極的な活用など指導方法や指導体制の工夫改善に努めることが求められる。

⑤　被虐待児童生徒に対する支援

ここでは，文部科学省が設置した「学校等における児童虐待防止に向けた取組に関する調査研究会議（平成18年度）」作成の研修教材「児童虐待防止と学校」をもとに，被虐待児童生徒の支援について述べることにする。

①　児童虐待とは

2000（平成12）年，深刻化する児童虐待の予防，および対応方策とするために，児童虐待防止法（児童虐待の防止等に関する法律）が，公布・施行された。この法律では，児童虐待は次の4つに分類されている。(1)身体的虐待（殴る，蹴る，叩く，投げ落とす，激しく揺さぶる，やけどを負わせる，溺れさせる，首を絞める，縄などにより一室に拘束するなど），(2)性的虐待（子どもへの性的行為，性的行為を見せる，性器を触るまたは触らせる，ポルノグラフィの被写体にするなど），(3)ネグレクト（家に閉じ込める，食事を与えない，ひどく不潔にする，自動車の中に放置する，重い病気になっても病院に連れて行かないなど），(4)心理的虐待（言葉による脅し，無視，きょうだい間での差別的扱い，子どもの目の前で家族に対して暴力をふるう（ドメスティック・バイオレンス：DV），きょうだいに虐待行為を行うなど）。なお，ここでいう児童とは児童福祉法でいう児童であり18歳未満の子どもである。学校教育の範疇でいえば幼児児童生徒ということになる。

全国の児童相談所での児童虐待に関する相談対応件数は，年々増加し，児童虐待防止法施行前の1999（平成11）年度の1万1631件に比べ，2014（平成26）年度は8万8931件で7.6倍に増加している。虐待の種類別では，心理的虐待が43.6％で最も多く，次いで身体的虐待が29.4％，虐待者の別では，実母が

52.4％と最も多く，次いで実父が34.5％となっている。被虐待者の年齢では，小学生が34.5％と最も多い（厚生労働省，2015）。

　最近では，いじめや暴力行為，不登校など，学校における生徒指導上の諸課題の背景として，児童虐待の問題が影響を与えているケースが少なくないこともわかってきた。適切な児童生徒理解に基づく効果的な指導を進めていくうえでも，教師が，児童虐待に関する正しい知識とこれへの対処法を身につけることが重要となっている。

② 　学校および教師の責務

　児童虐待防止法では，学校および教師が，児童の福祉に関係する業務を行う他の機関や職と同様，児童虐待を発見しやすい立場にあることから，次の責務を課している。(1)児童虐待の早期発見等に努めるべき努力義務，(2)虐待が疑われるケースに遭遇した場合，しかるべき機関にその旨を通告する義務（自身で確実な証拠を見つけることではなく，適切に疑い，虐待と思われる場合は直ちに通告して，関係機関による安全確認に協力していくこと），(3)児童相談所等の関係機関が，虐待を受けた子どもの保護や自立支援のための施策を行うに当たっても，これに協力するよう努めなければならないこと，などである。

③ 　虐待を受けた児童生徒の理解

　虐待とは，大人から子どもに対する不適切な力の行使である。適切なしつけでは，子どもは，大人が自分を誉めたり罰したりすることが，自分の言動と一定のルールの下に結びついていることを理解することができる。何をしたら誉められ，何をしたら罰せられるのかが予測できることで，子どもは外界とのかかわりのなかで自分が上手にやれているという感覚を失わずにすむ。

　一方，虐待では，こうした大人の力の行使は，完全に大人の側に主導権が握られているため，子どもは，どんなに努力しても大人の気分や，子どもには理解しがたい理由によって罰せられる。自分にふりかかる苦痛を自分ではどうすることもできないという無力感が，虐待を受けた子どもの育ちの根底に横たわることになる。決定的な自己評価の低下が起こり，子どもの心の発達を歪ませていくことになるのである。力の行使の主導権がどこに，どのようにあるのかが虐待としつけを分けるポイントである。

　虐待環境への適応によって子どもに生じる問題性は，次の３つの源に分けて考えられている。(1)虐待環境に対する当然の防衛反応からくる理解はできるが過剰な行動。(2)虐待環境での特異的な学習からくる理解しがたい逸脱した言動。(3)適切な学習機会の逸失からくるアンバランスなソーシャルスキル。

　こうした３つの源から派生してくる学校生活上の困難としての現れ方を表2 −2に示した。

▷9　実際には，これらの特徴的な行動が，虐待を受けた子どものすべてに現れるわけではないし，極端な逸脱行動が見られなくとも，虐待を受けていたケースは数多くある点に留意してほしい。

表2-2　虐待の影響の学校生活での現れ

(1)　大人との安定した信頼関係を築けない
・極端に甘えるかと思うと，些細なことでキレて攻撃的になる。
・向かい合って話そうとしても視線が合わない。視線を合わそうとしない。
・初対面の人に対してもべたべたと甘えていく（無差別的愛着）。
・今までなついていたように見えていた相手に対して，手のひらを返すかのように無関心な態度をとる（分離不安の欠如）。
・感情が不連続である。
(2)　家庭等で受けた虐待行為の「反復」
・自分が保護者などからされてきたのと同じようなやり方で，他者への暴力や暴言，執拗な嫌がらせを繰り返す。
・わざと相手から怒られたり，嫌われたりするような言動を繰り返し，相手の怒りや暴力をひきだしてしまう。
・他者との人間関係を切実に求めながらも，養育者との関係と同じような「支配─被支配」「傷つけ─傷つけられる」関係性を築いてしまう。
・年齢に見合わない強い性的関心や性的言動，及び性的逸脱行動，不適切な場面での自慰行為が見られる（性化行動）。
(3)　感情・衝動コントロールの困難さ
・些細な注意でキレて，歯止めのかからない暴力を振るったり，モノをなげたり，壊したりする。
・一度，興奮すると落ち着くまでにずいぶんと時間がかかる。
・いくら注意されても，遊びや生活の場面で順番を守ることができない。
・自分のパターン，プランどおりにいかないとどうしてよいかわからなくなり，すぐにパニックを起こす。
・頭を壁にぶつける，手をハサミで傷つける，リストカットなどの自傷行為を繰り返す。
(4)　学習の遅れや学習内容の定着の困難さ
・何度教えてもすぐに忘れてしまい，学習内容が定着しない。
・予測を立てたり，落ち着いて物事を考えたりすることが非常に苦手である。
・机の周囲やロッカー，鞄のなかの整理等ができず，毎日持ち物をなくす。
(5)　食やモノへの異常なこだわり
・給食を異常なほどがつがつと食べる。
・机やロッカーの中に，食べ物の残りなどを溜め込む。粘土や色紙など，特定のものを異常なほどに集めている。
・他の子どもの持ち物をしばしば盗ったり，家庭や学校からお金を持ち出して，大量にモノを買い込んだりする。
(6)　侵入的，攻撃的行動の強迫的な繰り返し
・教室などに侵入してモノをさわったり，盗ったり，壊したりを繰り返す。
・強迫的に万引きや盗みを繰り返し，注意しても叱責しても止まらない。
・特定の子どもへのいじめや攻撃行為を執拗に繰り返す。
・勝つことへの強迫的なこだわりがあり，ゲームなどでも負けることを受け入れることができない。
・火遊びや放火を何度も繰り返す。

出所：文部科学省（2012）をもとに作成。

④　学校における被虐待児童生徒への支援

　今まで見てきたように，虐待は，子どもの心の発達に大きな歪みをもたらす。こうした歪みがもたらすさまざまな障害が，多くの場合，児童生徒の学校

への適応を難しくし，同時に，教師自身も，指導上の困難を経験することになる。学校は専門的な治療機関ではないので，他機関・専門家等と連携・協力しながら，学校でできる対応を，次の5つの柱で実行していくことになる。

　(1)学校は安全な場所だと伝える。(2)感情を許容される方法で表現させる[10]。(3)適切な社会的行動のスキル獲得を支援する。(4)自己イメージと他者イメージを回復させる。(5)自分が変われたという自覚をもたせる。

　虐待は複雑で難しい問題が絡み合っていることから，「学校的」な時間区分で考えすぎることなく，今できることをして，次へ引き継ぐという時間軸におけるチームプレーの発想も大切である。

Exercise

①　通常教育主導（Regular Education Initiative：REI）について調べてみよう。
②　ノーマライゼーションの思想について調べてみよう。

📖次への一冊

清水貞夫『インクルーシブな社会をめざして──ノーマリゼーション・インクルージョン・障害者権利条約』クリエイツかもがわ，2010年。
　　北欧と北米のノーマライゼーションを対比しながら，インクルージョンの原理・思想を論じている。今後の社会・教育のあり方を考える参考になる。
渡邉健治編著『特別支援教育からインクルーシブ教育への展望』クリエイツかもがわ，2012年。
　　障がい者制度改革推進会議の「意見」と中央教育審議会「特別委員会報告」の内容の比較などを踏まえ，今後のインクルーシブ教育を展望している。日本にふさわしいインクルーシブ教育（プロセス）のあり方を考えるうえで参考になる。
東京都日野市公立小中学校全教師・教育委員会・小貫悟『通常学級での特別支援教育のスタンダード──自己チェックとユニバーサルデザイン環境の作り方』東京書籍，2010年。
　　公立小・中学校25校の教師650人が取り組んだユニバーサルデザイン成功事例集である。通常学級における特別支援教育の実践を考えるうえで参考になる。
安部博志『発達障害の子どもの指導で悩む先生へのメッセージ──結い廻る：つながっていきましょ！』明治図書，2010年。
　　著者が，特別支援学校の教員として，特別支援教育コーディネーターとして実践してきたことに基づき，教師の協働による授業改善・学校改善・特別支援教育の展開を，わかりやすく紹介している。子ども・保護者とのかかわり方，教師，コーディネーターの心構えを考える参考になる。

▷10　教師との間に一定の信頼関係が築かれることは，とりもなおさず子どもが学校生活を安全なものだと感じ始めたことを意味する。そこに至るまでには，リミットテスティング（試し行動）と呼ばれる行動が示されることもしばしばある。リミットテスティングとは，子どもが，学校生活のなかで，どこまでやったら「慣れ親しんだ」虐待的な関係が出てくるのかを確かめようとする行動傾向のことである。ひどく挑発的な言動，叱らざるを得ない言動などが示される。学校は社会的な場面であるため，どうしても許容できない行動というものがある。社会場面の現実感のあるルールを毅然として守ってみせる態度は重要である。他者を傷つける，自分を傷つける，意図的に物を壊すといった行動は，制止しなければならない。ただし，その場合にも教員が子どもの言動の背後にある心性を十分に理解していることがきわめて重要である。表面的な言動ではなく，子どもの心の動きを汲み取った言葉かけをしていくことで，社会的な基準から見て許されない行為であっても，その行為に結びついてしまった感情は認めることが必要である。その感情を，社会的に許される行為につなげていくのが特別支援教育の視点からの教師の仕事である。

引用・参考文献

CAST，金子晴恵・バーンズ亀山静子訳「学びのユニバーサルデザイン（UDL）ガイドライン　Version 2.0」2011年。http://www.udlcenter.org/sites/udlcenter.org/files/UDL_Guidelines_2%200_Japanese_final%20(1).pdf（2017年11月5日閲覧）

中央教育審議会「今後における学校教育の総合的な拡充整備のための基本的施策について（答申）」1971年。http://www.mext.go.jp/b_menu/shingi/old_chukyo/old_chukyo_index/toushin/1309492.htm（2017年11月5日閲覧）

中央教育審議会「特別支援教育を推進するための制度の在り方について（答申）」2005年。http://www.mext.go.jp/b_menu/shingi/chukyo/chukyo0/toushin/05120801.htm（2017年11月5日閲覧）

中央教育審議会「共生社会の形成に向けたインクルーシブ教育システム構築のための特別支援教育の推進（報告）」2012年。http://www.mext.go.jp/b_menu/shingi/chukyo/chukyo3/044/houkoku/1321667.htm（2017年11月5日閲覧）

外務省「万人のための質の高い教育」2016年。http://www.mofa.go.jp/mofaj/gaiko/oda/bunya/education/index.html（2017年11月5日閲覧）

厚生労働省「児童虐待の現状」2015年。http://www.mhlw.go.jp/file/06-Seisakujouhou-11900000-Koyoukintoujidoukateikyoku/0000108127.pdf（2017年11月5日閲覧）

文部省『特殊教育百年史』東洋館出版社，1978年。

文部科学省「日本語指導が必要な児童生徒の受入状況等に関する調査（平成26年度）」2015年。http://www.mext.go.jp/b_menu/houdou/27/04/1357044.htm（2017年11月5日閲覧）

文部科学省「小学校学習指導要領解説　総則編」2017年a。

文部科学省「中学校学習指導要領解説　総則編」2017年b。

文部科学省初等中等教育局国際教育課「外国人児童生徒　受入れの手引き」2011年。http://www.mext.go.jp/a_menu/shotou/clarinet/002/1304668.htm（2017年11月5日閲覧）

文部科学省・学校等における児童虐待防止に向けた取組に関する調査研究会議「『児童虐待防止と学校』研修教材」2012年。http://www.mext.go.jp/a_menu/shotou/seitoshidou/1280054.htm（2017年11月5日閲覧）

内閣府「子供の貧困対策に関する大綱について」2016年。http://www8.cao.go.jp/kodomonohinkon/pdf/taikou.pdf（2017年11月5日閲覧）

中村満紀男・岡典子「インクルーシブ教育の国際的動向と特別支援教育」『教育』2007年10月号，2007年。

中谷茂一「ノーマライゼーション」『知恵蔵』朝日新聞社，2007年。

西谷三四郎『障害児全員就学』日本文化科学社，1977年。

野口晃菜・米田宏樹「米国における通常教育カリキュラムの適用を前提とした障害児教育の展開」『特殊教育学研究』50(4)，2012年，413～422ページ。

Nolet, V. & McLaughlin, M.J., *Accessing the General Curriculum-Including Students with Disabilities in Standards-Based Reform*. 2nd ed. Corwin Press Inc., 2005.

小川啓一・江連誠・武寛子「万人のための教育（EFA）への挑戦——日本のODAに対する提言」平成16年度独立行政法人国際協力機構客員研究員報告書，国際協力機構国際協力総合研修所，2007年。

岡山県教育庁特別支援教育課「通常学級の特別支援教育ガイド——特別支援教育の観点を取り入れた授業づくり」2015年。http://www.pref.okayama.jp/uploaded/life/420961_3599396_misc.pdf（2017年11月 5 日閲覧）

佐藤克敏「ユニバーサルデザイン教育のめざすもの」『教育心理学年報』54，2015年，173〜180ページ。

「サラマンカ声明」特別支援教育総合研究所，特別支援教育法令等データベース http://www.nise.go.jp/blog/2000/05/b1_h060600_01.html（2017年11月 5 日閲覧）

総理府障害者対策推進本部担当室「障害者の機会均等化に関する標準規則」（仮訳），1994年。http://www.ipss.go.jp/publication/j/shiryou/no.13/data/shiryou/syakaifukushi/515.pdf（2017年11月 5 日閲覧）

末冨芳「子どもの貧困対策のプラットフォームとしての学校の役割」『日本大学文理学部人文科学研究所研究紀要』91，2016年，25〜44ページ。

特別支援教育の在り方に関する調査研究協力者会議「今後の特別支援教育の在り方について（最終報告）」2003年。http://www.mext.go.jp/b_menu/shingi/chousa/shotou/054/shiryo/attach/1361204.htm（2017年11月 5 日閲覧）

特殊教育の改善に関する調査研究会「重度・重複障害児に対する学校教育の在り方について」1975年。http://www.mext.go.jp/b_menu/shingi/chukyo/chukyo3/003/gijiroku/05062201/001.pdf（2017年11月 5 日閲覧）

UDL 研究会「わかりたいあなたのための学びのユニバーサルデザイン（UDL）」。http://udl-japan.up.seesaa.net/image/UDLE383AAE383BCE38395E383ACE38383E38388E9858DE5B883E794A8.pdf（2017年11月 5 日閲覧）

UNESCO "GENDER AND EFA 2000-2015: achievements and challenges," The 2015 EFA Global Monitoring Report, 2015. http://unesdoc.unesco.org/images/0023/002348/234809E.pdf（2017年11月 5 日閲覧）

米田宏樹・宮内久絵「英国の知的障害児教育におけるカリキュラムの現状と課題——1994年から2014年の文献レビューを中心に」『障害科学研究』39，2015年，75〜89ページ。

第3章
特別支援教育の歴史

〈この章のポイント〉
　障害児に対して特別な施設を設けて集団で教育を行うようになったのは18世紀頃からである。20世紀前半には，通学制の公立学校特殊学級が開設され障害カテゴリー別の教育の蓄積がなされた。1960～70年代から欧米ではノーマライゼーションの理念の下で障害者権利擁護運動が高まり，障害児・者の権利を保障する法が制定され，インクルーシブ教育が展開されていく。本章では，各時代の主な出来事・教育の特徴・教師に求められることについて学ぶ。

1　盲・聾教育による障害児教育の創始

1　欧米における盲・聾教育の創始（18～19世紀頃）

　障害児に対して，特別な教育施設を設けて集団として教育を行うようになったのは，18世紀後半以降のことで，その最初の事例は1760年フランスのパリでド・レペ（C. M. de l'Epeé）が開設した聾唖院である。教育の目的は聾唖者を原罪説^{▷1}から解放し，彼らに信仰心をもたせることであった。ド・レペは16, 17世紀にヨーロッパに存在した聾児の指導者^{▷2}とは異なり，貧富の別になく多くの子どもを受け入れ教育法も公開するなど献身的な活動を行った。聾教育分野では19世紀初頭にアメリカで聾唖院設立運動がおこり，1817年にコネチカット州ハートフォードに寄宿舎制聾学校が創設された。創設期の寄宿舎制聾学校は，宗教教育，読み書き教育，職業教育を教育目標としていた。

　最初に盲人に対し組織的教育を行ったのは，フランスで政府通訳官のアユイ（V. Hauy）である。アユイは，貧窮者の救済事業を行っていた博愛協会がパリジャーナル上で盲児の救済を呼びかけたことに応じて，自ら盲児の教育を申し出た。彼は，宗教教育，古典語，外国語，数学，修辞学，職業教育などを行い，教授の手段として凸字^{▷3}を考案した。

　このように欧米において盲・聾教育が組織的に行われはじめた時期の障害者に対する障害観は，宗教上あるいは貧困などの社会問題からの救済の対象であった。

▷1　キリスト教において信仰は説教すなわち話し言葉からもたらされると考えられており，聾唖者は説教を受けとり信仰をもつことが困難であると考えられていた。

▷2　貴族の子弟を対象とする個人教授（家庭教師）が中心だった。

▷3　晴眼者が使う文字と同じ文字を凸刻活字として組み，盲人用に印刷物を作成した。

2　日本における盲・聾教育の創始（19〜20世紀頃）

　日本において障害児を集団で教育するための具体案が提案されるのは，1871（明治4）年に官僚の山尾庸三が太政官に提出した建白書「盲唖学校ヲ創立セラレンコトヲ乞フノ書」においてである。翌1872（明治5）年の「学制」には「廃人学校アルヘシ」という規定がなされた。廃人学校は，盲学校・聾唖学校をさすと一般的に理解されている。

　しかし明治初期の政府の障害児教育に対する積極的な実施志向は徐々に消失し，1890（明治23）年の第二次小学校令では，盲唖学校が各種学校として設置される一方で，就学義務が猶予される。1923（大正12）年に盲学校及聾唖学校令によって盲学校と聾唖学校の設置義務が都道府県に課されるが，就学義務は免除されたままであった。

　前述のように，政府による障害児教育への志向は積極的なものから消極的なものに変化したが，その間，有志によって盲児，聾児を対象とする学校が開設された。東京では，1876（明治9）年に楽善会訓盲院が，京都では1878（明治11）年に京都盲唖院が設立された。楽善会訓盲院では，凸字で教科書を作成し，読み書きの指導を試みていた。京都盲唖院では，発音発語，書取，談話応接法，綴語作文，助辞手勢法などが試行されていた。いずれも先駆者らの実践的研究と創意工夫の努力によるものだった。日本において点字が作成されるのは1901（明治34）年のことで（石川倉次が「日本訓盲点字」を発表），訓盲点字の完成は，盲人の「読み・書き」に画期的な転換をもたらすことになった。

2　障害カテゴリー別の集団教育の展開
——通学制公立学校（学級）の設立

1　欧米における通学制公立学校（学級）の設立（19世紀後半〜20世紀初頭）

　19世紀，欧米において，寄宿舎制の盲院・聾唖院，「白痴」学校（施設）が設置されていった。白痴学校の施設長らは主に医師であり，「白痴」に対する主な障害観は，宗教的／道徳的治療（モラル・トリートメント）の対象から医学心理学的見方（「欠陥（defect）」を治療する者）へと変化した。また社会的には，救済の対象，保護の対象であり，「精神薄弱」者は脅威であった。

　19世紀後半から20世紀初頭において障害児教育に大きな変化が生じる。従来の寄宿舎制ではなく，公立の通学制学校（学級）が設立し普及していくのである。盲聾児の場合，寄宿舎教育では家庭における早期教育の機会を盲聾児に十

▷4　助辞手勢法
単語や短文を身振り手振りで表現したり指文字のようなものを用いたりする方法で，現在の手話の原型になっている。

▷5　石川倉次は8点点字などを試案した後，改良を重ね，最終的には6点点字として1901年に官報に発表した。

▷6　19世紀末から20世紀初頭にかけてアメリカの「精神薄弱」者施設の大規模化が進んだ。その理由は，コミュニティを「精神薄弱」者の経済的負担や脅威から守るためであり，同時に精神薄弱者をコミュニティの犯罪等から守るためであった。多くの「精神薄弱」者施設では断種が行われた。

分に与えられないという批判から通学制学校（学級）が開設された。「精神薄弱」児（feeble-minded），「精神遅滞」児（mentally retarded）の場合，初等教育制度の整備と普及による就学者数の増加とそれにともなう学業不振児の顕在化により通学制学級が設置された。

通学制学校（学級）における教育内容は，盲・聾教育では通常教育課程が行われる一方で，精神遅滞教育では独自のカリキュラムが形成されていき，アメリカの場合，1936年の「精神遅滞児のためのカリキュラム（A Guide to curriculum adjustment for mentally retarded children）」に結実する。[7]

通学制「精神薄弱」学級の創設期の教師は，モデルとなるカリキュラムも作成されていなかったため，「精神薄弱」者施設教育を参考にしたり，子どもの反応を見ながら試行錯誤で教育実践を積んだりしていた。さらに学級が設置された地区のセツルメント[8]において子どもと家族のケアも行うこともあった。つまり創設期の教師は，現在でいうところのソーシャルワーカーや心理士が行うような役割も担っていた。しかしアメリカでは，1910年代には現在でいうスクールソーシャルワーカー（Visiting Teacher）や心理士が教育委員会に所属する専門職として位置づけられはじめ，1920年代には全米に広がっていく。教師は関連する分野の専門家と連携し仕事をする必要性が生じた。

なお，先に述べた寄宿舎制時代の教師と異なり，通学制学校（学級）教師はコミュニティ生活や学校卒業後の就労を強く意識して教育を行う必要があったのである。

2　日本における特別学級の設置と「精神薄弱」者施設教育（19世紀末～20世紀初頭）

日本における最初の公立学校特別学級は，長野松本尋常小学校の「落第生」学級である（1890年設置）。「学制」における卒業試験制度と就学者数の増加による「学業不振児」問題に対応するため設置され，通常のカリキュラムの進度を緩やかにし実施していた。

大正期の後半には，東京，大阪，京都といった大都市を中心に，公立小学校内に特別学級の設置が促進された。東京では，1920（大正9）年，林町小学校と太平小学校にそれぞれ1学級設置されたのを初例とし，1940（昭和15）年までには30学級に増設した。教育の重点は，身体の保健，日常生活訓練，道徳的態度の養成，日常の簡単な読み書き計算に困らないようにするための学課，職業的な準備であった。

このように特別学級が増設されていくが，「精神薄弱」児（低能児）の教育形態として全国に特別学級が普及することはなく，日本における「精神薄弱」児教育は，社会事業であるごく少数の「精神薄弱」児施設で教育・保護がなされ

▷7　日本では「マーティンズのカリキュラム」として戦後紹介される。

▷8　セツルメント
19世紀末からアメリカでは南欧・東欧系の移民が大量に流入し，都市では居住環境の劣悪化，貧困，犯罪などの社会問題が生じた。また就学義務化により大量の子どもたちが公立学校に就学したが，怠学・長期欠席も絶えなかった。セツルメントとは，そうした都市の貧困地域において社会問題・教育問題を解決すべく主に中産階級の教育関係者や知識人によってつくられた。ニューヨーク市の最初の通学制「精神薄弱」学級もセツルメント（ヘンリー・ストリート・セツルメント）に開設された。

ることになる。その先駆的な事業が石井亮一，石井筆子による滝乃川学園（1891年当初「孤女学園」として創設），脇田良吉の白川学園（1909年創設），川田貞治郎の藤倉学園（1911年当初日本心育園として創設）である。いずれの先駆者もキリスト教の信徒であり，信仰と救済の信念が施設創設と運営の基底にあった。これらの先駆者たちの「精神薄弱」「低能児」の教育に対する研究成果は，「精神薄弱」「低能児」教育を志す教師たちに大きな影響を与えた。

　なお，肢体不自由児を対象とする学校が設置されたのは昭和期には入ってからのことである。1932（昭和7）年には，田代義徳の尽力により東京市に肢体不自由のための光明学校が設置された（校長は結城捨次郎）。独立した学校による肢体不自由児教育は，第二次世界大戦後まで光明学校だけであった。

3　障害カテゴリー別の教育実践の蓄積と発展

1　欧米における障害カテゴリー別の教育の蓄積（1945～1960年頃）

　この時期は，専門家により障害名や障害の程度が定められ，障害カテゴリー別の特殊教育の拡大と充実が図られていく。また，第二次世界大戦で生じた退役・傷痍軍人の機能復帰と市民生活への復帰に関連しリハビリテーションという概念が市民に浸透し，障害者もリハビリテーションの対象という見方が広がっていった。

　イギリスでは1944年教育法（Education Act 1944）によって，障害児教育が通常教育制度の一部と位置づけられ，11の障害カテゴリー（盲，弱視，聾，難聴，病虚弱，糖尿病，教育遅滞，てんかん，不適応，肢体不自由，言語障害）で教育の充実が図られた。

　アメリカでは，1931年のホワイトハウス会議の特別学級委員会（The White House Conference on Child Health and Protection, the Committee on Special Classes）において，精神遅滞児教育では社会適応（social adjustment）と成人後の職や生活の観点からカリキュラムを構成すべきだという提言がなされた後，精神遅滞教育分野のカリキュラム開発がなされた。例えばニューヨークでは，1940年代に「職業教育（Occupational Education）」のコア・カリキュラムが開発された。このカリキュラムでは，コミュニティをベースにした指導もなされ，学年ごとに領域別に学習内容の段階を示した教師のモデル・カリキュラムとなった。精神遅滞教育に携わる教師は，関連する分野の専門家と連携しながら指導を行うことは1920年代から引き続き必要であったが，指導については，モデルのカリキュラムを参考にして教育を行う，ワークショップに参加して授業力をつけることが求められていった。

[2] 戦後日本における特殊教育の制度化（1945〜1960年頃）

　戦前展開してきた日本の障害児教育は戦時中に停滞したが，戦後は聾教育の現場の教師がいち早く立ち上がり障害児教育の再建が目指された。1946（昭和21）年，全国の聾学校教師90名が研究大会を開催し，戦後の聾教育のあり方について話し合った。そしてその場で「全国聾唖学校教師聯盟」を結成した。聯盟は聾唖教育の義務制即実施，聾唖学校教員の待遇改善などを求め運動を開始し，同年8月に設置された教育刷新委員会の委員に川本宇之介を推薦した。教育刷新委員会には，知的障害児の保護・教育問題に戦前からかかわっていた城戸幡太郎も参画していた。

　1947（昭和22）年に学校教育法が施行され六・三制が実施された。この実施にともない，知的障害分野では，中学校における「精神薄弱」生徒の教育の必要を感じた当時文部省教育研修所員であった三木安正らが品川区立大崎中学校の特殊学級を実験学級として設置した。この学級は1950（昭和25）年都立青鳥中学校（現在の青鳥特別支援学校）に発展した。1952（昭和27）年には，特殊学級を地域別の「精神薄弱」児数に基づいて計画設置する墨田プランが実施された。この計画は当時東京教育大学の講師であった杉田裕らが指導したもので，全国的な反響を呼び，全国の「精神薄弱」特殊学級増設の推進役となった。

　1947年から特殊教育再教育講習会が東京で開催され，1950年代には現職教員のための特殊教育ワークショップが開催された。これらの講習会ではアメリカを中心とする諸外国の障害児教育事情や指導法の紹介がなされた。

　なお，1948（昭和23）年，「盲学校及び聾学校の就学義務及び設置義務に関する政令」が交付され，学年進行ではあるが盲・聾学校教育の義務制が実施された（1956年完成）。養護学校教育の義務制は1979（昭和54）年まで待つことになる。

4　インクルージョンと特別支援教育

[1] 欧米における重度障害児・者の教育の展開とインクルージョン（1960年代〜現代）

① アメリカにおける障害者権利擁護運動の高まり

　アメリカでは通学制「精神薄弱」学級の増設後も，重度・最重度障害者の生活の場は主に「精神薄弱」者施設であった。しかしアメリカでは1950年代から親の団体がIQ50未満の子どもの卒業後の地域生活の活動の場として作業所を設置するなど，障害が重くとも地域生活を実現する志向は徐々に高まっていっ

た。

　1960年代になると親の団体と教育委員会は「精神遅滞」児・者の地域生活を目指しともに活動を行った。さらに連邦政府レベルでは，ケネディ大統領（J. F. Kennedy）の下，1958年国防教育法（the National Defense Education Act），1965年初等中等教育法（the Elementary and Secondary Education Act）によって「精神遅滞」教育に対する連邦政府による資金提供がなされた。1961年の「精神遅滞」に関する大統領諮問委員会の最終報告（1962年）には，「精神遅滞」者の権利，教育の強化，コミュニティ中心の生活，連邦の関与が含まれたのであった。

　上記のような地域生活への要求が高まるなかで1966年ブラット（B. Blatt）の『煉獄のクリスマス（Christmas in Purgatory）』は，その後のアメリカの脱施設化とノーマライゼーションの推進による権利擁護運動の方向性を決定づけた。『煉獄のクリスマス』は，重度「精神遅滞」者が州立施設の奥の病棟で非人道的な待遇を受ける状況を明らかにしたのであった。

　ノーマライゼーションとは，デンマークのバンク-ミケルセン（N. Bank-Mikkelsen），スウェーデンのニィリエ（B. Nirje）が1960年代に提唱した理念で，ヴォルフェンスバーガー（W. Wolfensberger）はアメリカにノーマライゼーションを導入した。アメリカでは北欧で生まれたノーマライゼーションをアメリカの「精神遅滞」問題や社会状況に応じて応用し発展させていった。パースキー（R. Perske）が『リスクを負う尊厳と精神遅滞者（Dignity of risk and the mentally retarded)』で発表した「地域生活をするなかでは，障害者もそうでない人も同様にリスクを負うこともあるが，それは失敗の経験も挑戦の経験もない保護された人生よりも豊かでノーマルな状態だ」という考えはアメリカで広く受け入れられ，「精神遅滞」者の地域生活の実現を後押しした。

　1970年代初頭の2つの訴訟も障害者の権利擁護を推進した。1971年のペンシルベニア遅滞者協会（Pennsylvania Association of Retarded Citizens）によって提起された訴訟（ペンシルベニア訴訟）により無償の公教育が「精神薄弱」者に提供されることとなり，1972年のミルズ vs ワシントン D. C. 教育委員会の訴訟（ミルズ訴訟）により，すべての障害児が公教育を受ける権利をもつとされた。

　上記の流れを受けて，1975年には全障害児教育法（The Education for All Handicapped Children Act）によりすべての障害児に最小制約環境で無償で適切な公教育を保障することが定められたのである。

　さらにアメリカでは1990年に障害者の権利擁護の歴史上重要な2つの法律が制定された。一つは「障害をもつアメリカ人法（The Americans with Disabilities Act：ADA）」であり，この法は障害者の雇用における差別を禁止し，障害者が公共の場で適切なアコモデーションを受け，交通へのアクセスを可能にするこ

▷ 9 『煉獄のクリスマス（Christmas in Purgatory）』「精神遅滞」者施設における重度精神遅滞者に対する非人道的な処遇の現状を明らかにした写真集で，アメリカ市民に大きな衝撃を与えた。

とを義務化した。もう一つの「個別障害者教育法（The Individuals with Disabilities Act：IDEA）」は，個別移行支援計画（Individual Transition Plan：ITP）や学校区が障害のある生徒が必要とする適切なアシスティブ・テクノロジー（Assistive Technology：AT）を提供する責任があると定めた。

　1990年代後半から生じた学力問題を背景に1997年にはIDEAは改正され，障害のある子どもは通常教育カリキュラムやプログラムにアクセスし，参加することが求められた。1997年IDEAでは，障害のある子どもを州や学区で行う評価プログラムのなかで評価し，通常の評価に参加できない場合は適切なアコモデーションを行うことが定められた。そして2002年にはNCLB法（No Child Left Behind Act）が定められ，アメリカの近年におけるインクルージョンの議論は障害のある子どもの教育の場についての議論から「教育内容」，通常カリキュラムへのアクセス，連続性のあるカリキュラムと支援の議論へ移行してきている。

② 国連の動向

　1975年，国連は「障害者の権利宣言」を採択した。そこでは，障害者が「同年齢の市民と同等の権利を有する」こと，障害児の教育が治療やリハビリテーションと同様に「社会的統合もしくは再統合の過程を促進する」ために不可欠なものとして位置づけられた。さらに1989年，国連は「子どもの権利条約」を採択した。第2条で，人種，性，財産などと並んで障害による差別の禁止が規定された。

　1994年，スペインのサラマンカにてサラマンカ声明が採択された。サラマンカ声明は，インクルージョンの教育原則とインクルーシブな学校における特別ニーズ教育の施策の推進を各国に呼びかけた。「特別な教育的ニーズをもつ子ども」とは，従来特殊学校や施設で行われる障害のある子どもの教育ではなく，障害カテゴリーに含まれる者を越えて，子どもの最善の進歩を妨げることになるさまざまな理由によって学校についていけなくなった子どもをもカバーする概念である。

　2006年，国際連合の会議において障害者権利条約（Convention on the Rights of Persons with Disabilities）が採択された。

２　日本における重度・重複障害教育の展開と特別支援教育（1960年代〜現代）

① 重度・重複障害教育

　1960年代の日本においては，欧米の脱施設化やノーマライゼーションとは異なる文脈で重度障害児者の教育が開始されていく。1963（昭和38）年，「精神薄弱」施設であった滋賀県立近江学園を基盤に，重症心身障害児施設「びわこ学

園」が開設された。糸賀一雄は，それまで「教育不可能」とされていた「寝た
きりの子」「動き回る重症児」といわれる子どもに対して「発達保障」の理念
に基づき教育を行った。「発達保障」の考え方は，1963（昭和38）年に結成され
る全国障害者問題研究会が中心となりその後の日本の障害児教育の展開に大き
な影響を与えることとなる。

　重度・重複障害児への対応の必要性は，1967（昭和42）年に当時文部省が
行った心身障害児童生徒の実態把握調査においても浮き彫りになり，1971（昭
和46）年中央教育審議会答申「今後における学校教育の総合的な整備拡充のた
めの基本的施策について」では，養護学校教育の義務制の実施，療養により通
学困難な児童生徒に対する教師の派遣，重度・重複障害児のための施設の設置
などの提言がなされた。

　1972（昭和47）年には盲学校，聾学校および養護学校の学習指導要領［昭和47
年改訂］に「養護・訓練」が新設され，重複障害のある子どもの指導において
下学年の内容との代替や各教科等の一部を「養護・訓練」（1999年に「自立活動」
となる）に替えて指導することを認める「特例」が設けられた。1979（昭和54）
年より養護学校教育が義務化され，同年の学習指導要領［昭和54年改訂］では，
「特例」が改訂され，各教科を「精神薄弱」養護学校の教科に代替することも
可能とされた。

② 　国連と日本の特別支援教育

　日本の障害児教育は，明治の開国後以降，欧米の教育を輸入しつつも，日本
の状況に合わせて取捨選択・応用し，実践研究を重ねることで障害種別の「特
殊教育制度」を構築してきており，1990年代初頭まで文部省は「特殊教育制
度」を維持しようとしていた。しかし1994年に国連によって発表されたサラマ
ンカ声明のインパクトは強く，国内において既存の制度を改革する必要があっ
たことから，2001（平成13）年，文部省は「21世紀の特殊教育の在り方に関す
る調査研究協力者会議」の最終報告で「特殊教育制度」の維持から大きく方針
を転換した。そこでは障害児学校への就学基準の見直し，LD，ADHD，高機
能自閉症などの通常学級在籍障害児への教育的支援，障害児教育教員の専門性
の向上などが提言された。

　2003（平成15）年の「今後の特別支援教育の在り方に関する調査協力者会
議」の最終報告では，センター的機能をもつ特別支援学校設置と，特殊学級と
通級指導教室を一本化した「特別支援教室」への転換，「特別支援教育コー
ディネーター」の配置などが提起された。同年より文部科学省は「特別支援教
育推進体制モデル事業」を実施し，2005（平成17）年には中央教育審議会が
「特別支援教育を推進するための制度の在り方について（答申）」を出した。
2006（平成18）年には学校教育法が改正され，特殊教育から特別支援教育に転

換したのである。

　特別支援教育では，長期的な視点で乳幼児期から学校卒業後までを通じて一貫して的確な支援を行うために「個別の教育支援計画」「個別の指導計画」を作成する必要がある。また，学校組織と関連する専門家チームも含めた総合的なチーム体制を構築することが求められる。

　このように日本は国連の方針に沿って教育改革を進めることとなり，2007（平成19）年には障害者権利条約に署名し，2009（平成21）年に批准することとなった。2011（平成23）年には，障害者基本法が改正され，「障害の有無によって分け隔てられることのない共生社会（インクルーシブ社会）の実現」「地域での共生」「合理的配慮の不提供を含む差別の禁止」等が明記された。これらを具体化する法として，2013（平成25）年，障害を理由とする差別の解消の推進に関する法律（障害者差別解消法）が制定された。

　現在の特別支援教育に携わる教師は，学校組織の一員として，「ノーマライゼーション」「権利擁護（アドボカシー）」「コーディネーター」「個別の教育支援計画」「個別の指導計画」「インクルージョン」「合理的配慮」「意思の表明」等の欧米社会の歴史において形成されてきた概念や国際的動向，キーワードの本質を理解し，本人の社会参加と自立のために教育活動を展開する必要がある。

▷10　個別の指導計画
盲学校，聾学校及び養護学校の学習指導要領［平成11年改訂］の「自立活動の指導」において作成するものとされた。

▷11　個別の教育支援計画
医療，保健，福祉，教育，労働等の各機関が乳幼児期から学校卒業後まで障害のある子どもに一貫した支援を行うことができるようにするための計画を「個別の支援計画」といい，学校等の教育機関が策定するものを個別の教育支援計画という。

Exercise

①　歴史のなかで障害観はどのように変化したか，さまざまな時代の障害観について考えてみよう。

②　教師の仕事はどのように変化したか，考えてみよう。

③　教師は伝統と歴史から何を引き継ぎ，何を変化させていくべきか，考えてみよう。

📖次への一冊

中村満紀男・荒川智編著『障害児教育の歴史』明石書店，2003年。
　　日本と世界の障害児教育について草創期から2000年頃までの基礎的な内容を概説している学習図書である。
ベルガ，F.，中村満紀男・二文字理明・岡田英己子監訳『障害者権利擁護運動事典』明石書店，2015年。
　　アメリカにおける障害者の権利運動の歴史における出来事，法律，人物，団体，障害者教育，障害者福祉について知ることができる。

藤島岳・大井清吉・清水寛・津曲裕次・北沢清司編著『特別支援教育史・人物事典』日本図書センター，2015年。

　日本文化科学社（1988ケ発刊）の復刻・刊行版である。主に19世紀初頭から20世紀前半に障害児教育を牽引したパイオニア222人を取り上げている。

引用・参考文献

荒川勇・大井清吉・中野善達『日本障害児教育史』福村出版，1976年。

花村春樹『「ノーマリゼーションの父」N・E・バンク-ミケルセン——その生涯とその思想（増補改訂版）』ミネルヴァ書房，1998年。

本間貴子「1940年代ニューヨーク市公立学校精神遅滞学級における『職業教育（Occupational Education)』の理念とコア・カリキュラムの実態」『障害科学研究』40，2016年，119〜133ページ。

本間貴子・米田宏樹・野口晃菜「1950年代末〜1970年代初頭ニューヨーク市における『訓練可能』級精神遅滞者移動訓練（Travel Training）プログラム開発の過程」『障害科学研究』38，2014年，79〜92ページ。

一木薫「重複障害教育におけるカリキュラム研究の到達点と課題」『特殊教育学研究』50(1)，2012年，75〜85ページ。

中村満紀男「20世紀初頭アメリカ合衆国における公立学校センター論と特殊学級の確立」『社会事業史研究』19，1991年，85〜101ページ。

中村満紀男・岡典子「第二次世界大戦前と後の日本の特殊教育における不連続性と連続性に関する試論」『福山市立大学教育学部研究紀要』2，2014年，73〜90ページ。

中野善達・藤田和弘・田島裕編『障害をもつアメリカ人に関する法律』湘南出版社，1991年。

ニィリエ，B.，ハンソン友子訳『再考・ノーマライゼーションの原理——その広がりと現代的意義』現代館，2008年。

野口晃菜・米田宏樹「米国における通常カリキュラムの適用を前提とした障害児教育の展開」『特殊教育学研究』50(4)，2012年，413〜422ページ。

「障害者の権利に関する条約（日本政府公定訳)」2014年1月20日公布。http://www.dinf.ne.jp/doc/japanese/rights/adhoc8/convention131015.html（2017年10月10日閲覧）

高野聡子『川田貞治郎の「教育的治療学」の体系化とその教育的・保護的性格に関する研究——小田原家庭学園における着想から藤倉学園における実践』大空社，2014年。

東京教育大学教育学部雑司ヶ谷分校「視覚障害教育のあゆみ」編集委員会『視覚障害教育百年のあゆみ』第一法規出版，1976年。

トレント，J. W.，清水貞夫・茂木俊彦・中村満紀男監訳『「精神薄弱」の誕生と変貌——アメリカにおける精神遅滞の歴史』上・下，学苑社，1997年。

津曲裕次『滝乃川学園石井亮一・筆子が伝えた社会史1　女子教育から知的障害者教育へ（シリーズ知的障害教育福祉の歩み1）』大空社，2012年。

Winzer, M., *From integration to inclusion: a history of special education in the 20 th century*, Gallaudet University Press, 2009.

Wolfensberger, W., *The principle of normalization in human services*, National Institute on mental retardation, 1972（ヴォルフェンスベルガー，W.，中園康夫・清水貞夫編訳『ノーマリゼーション——社会福祉サービスの本質』学苑社，1982年).

第4章
特別支援教育の教育課程

〈この章のポイント〉
　特別支援教育を担う教師には，個々の子どもの多様な実態に即した教育課程の編成が求められる。今後，学校に求められるカリキュラム・マネジメントの主体者は，授業を担う教師である。本章では，主体者として備える必要のある知識および考え方について学ぶ。弾力的な教育課程の編成を可能とする法的基盤と，その適用の考え方について概観するとともに，教科および自立活動の授業づくりの手続きや，実態に幅のある学習集団の授業づくりについて取り上げ，教育課程と授業の関係を授業者の視点から捉えられるよう解説する。

1　個々の子どもの多様な教育的ニーズと教育課程の編成

1 　特別支援教育の対象となる子どもの実態

　近年，少子化が進むなか，特別支援学校で学ぶ子どもたちの数は増加傾向にある（表4-1）。また，自閉症を含む重複障害のある子どもも増えている。図4-1に，特別支援学校（小・中学部）の重複障害学級在籍率を示した。特別支援学校小・中学部在籍者数の増加率（2015年度6万9933人，2000年度比1.42倍）が重複学級在籍者数の増加率（2015年度2万5998人，2000年度比1.17倍）を上回るため，重複障害学級在籍率の割合は減少しているが，視覚障害，聴覚障害，肢体不自由および病弱部門のある特別支援学校の重複障害学級では，小・中・高等部，いずれも，「知的障害特別支援学校の教育課程」[1]「自立活動を主とした教育課程」[2]が70〜74％を占める現状にあり（柘植ほか，2012），在籍する子どもの障害の重度・重複化への対応は重要な課題となっている。

　一方，障害の程度が比較的軽度な子どものなかには，小学校や中学校（以下，小学校等）と特別支援学校のそれぞれに在籍し，学習経験を積む子どももいる。2010年度の全国特別支援学校知的障害教育校長会による調査では，知的障害特別支援学校に在籍する児童生徒の療育手帳程度別の状況は，軽度判定が小学部約

▷1　知的障害特別支援学校の教育課程
視覚障害，聴覚障害，肢体不自由，病弱の特別支援学校では小学校等の教科を指導することが前提となるが，在籍する子どもが知的障害をあわせ有する場合，知的障害の特別支援学校の教科を指導することができる。その場合の教育課程をさす。なお，小学校等の教科を指導する教育課程を「準ずる教育課程」と称し，当該学年の目標を下学年や下学部の目標に下げて指導する場合，「下学年・下学部適用の教育課程」と分けて説明する場合もある。

▷2　自立活動を主とした教育課程
重複障害の子どもの教育課程については，とくに必要がある場合，教科や総合的な学習の時間等の指導を自立活動の指導に替えることができる。その結果，総授業時数の半分程度以上を自立活動の指導が占めた場合，「自立活動を主とした教育課程」と称される。

表4-1　在籍児童生徒数の推移
（人）

	特別支援学校	小・中・高等学校
2007年度	108,173	14,168,889
2016年度	139,821	13,244,016

出所：文部科学省（2016）をもとに作成。

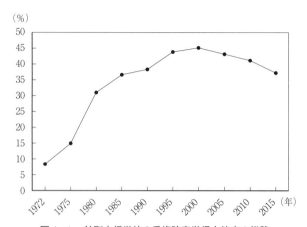

図4-1　特別支援学校の重複障害学級在籍率の推移

出所：文部科学省初等中等教育局特別支援教育課（2016）をもとに作成。

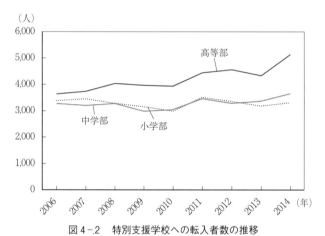

図4-2　特別支援学校への転入者数の推移

出所：文部科学省初等中等教育局特別支援教育課（2016）をもとに作成。

1000人（在籍率5％），中学部約1400人（9％）であるのに対し高等部は約9900人（28％）と多いこと，高等部入学前の在籍機関については中学校特別支援学級が50％を超え，少数ながら中学校通常学級から入学するケースがある現状を報告している（井上ほか，2010）。

　2015年度の特別支援学校（知的障害）高等部卒業者数（1万7522人）が中学部卒業者数（7294人）の約2.4倍となっている背景には，中学校特別支援学級卒業者の特別支援学校高等部への進学率が61.4％であることも一因にあると想定される。特別支援学校転入前に，小学校等の特別支援学級に在籍し特別支援学校（知的障害）の各教科[3]（以下，知的障害教育教科）を学んだ子どもだけでなく，通常学級もしくは特別支援学級で通常の各教科を学んだ子どもも存在することが想定される。特別支援学校には，子どもの学びの履歴の多様化への対応が求められる。

▷3　特別支援学校（知的障害）の各教科
特別支援学校（知的障害）で扱う教科。名称は小学校等の教科と同一であるが（一部を除く），目標および内容は，知的障害の特徴や学習上の特性等を踏まえ，独自に設定されている。

2 教育課程とは

　教育課程は,「学校教育の目的や目標を達成するために,教育の内容を児童生徒の心身の発達に応じ,授業時数との関連において総合的に組織した学校の教育計画」と定義される（文部科学省,2009）。自校の教育目標を達成するために,「国語」3時間,「算数」3時間,「生活」5時間,「自立活動」10時間,といった具合に,それぞれの教育内容をどれだけの時数をかけて指導するのかについて,学校として検討した計画である。

　小・中学校は,学習指導要領に標準時数[4]が示されている。例えば,小学校第1学年の場合,標準時数を週あたりに換算すると,国語9時間,算数4時間,生活3時間,音楽2時間,図画工作2時間,体育3時間,道徳1時間,特別活動1時間の計25時間となり,この時数を満たすように教育課程を編成すると,ほぼ週あたりの総時数を占めることになる（図4-3）。教育内容の選択や配当時数について,各学校が判断できる余地は限られるため,子どもたちは,在籍校にかかわらず,共通の教育内容を同様の時数で学ぶことになる。

▷4　**標準時数**
学校で1年間に扱う各教科や領域等の授業時間数の標準。学校教育法施行規則（小学校は第51条,中学校は第73条）に規定される。

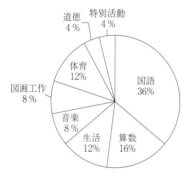

図4-3　小学校第1学年の標準時数
出所：筆者作成。

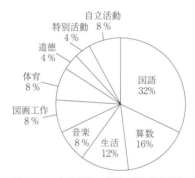

図4-4　小学部第1学年（準ずる教育課程の例）
出所：筆者作成。

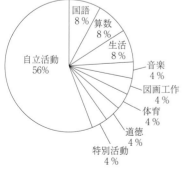

図4-5　小学部第1学年（自立活動を主として指導する教育課程の例1）
出所：筆者作成。

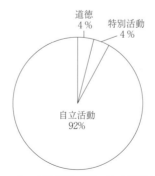

図4-6　小学部第1学年（自立活動を主として指導する教育課程の例2）
出所：筆者作成。

　一方，特別支援学校には，在籍する子どもの多様な実態に即した教育課程を編成するための裁量が委ねられている。在学期間に，何を，どれだけの時間をかけて指導するのか，教育内容の選択および配当時数の決定は各特別支援学校の判断によるところとなる。このことは，各学校の判断が在籍する子どもの学びを大きく左右することを意味する。図4-4〜4-6に小学部の教育課程の例を示した。同じ学年に複数の教育課程が編成される。また，自立活動を中心に学ぶ子どもたちに対する教育内容の内訳も学校により異なる。

③ 特別支援学校の教育課程

　特別支援学校で扱う教育内容については，学校教育法施行規則第126条〜第129条に規定される。以下に，小学部と中学部について示した。

> ▷5　2018（平成30）年4月1日より，「道徳」は「特別の教科である道徳」に改正される。

第百二十六条　特別支援学校の小学部の教育課程は，国語，社会，算数，理科，生活，音楽，図画工作，家庭及び体育の各教科，道徳，外国語活動，総合的な学習の時間，特別活動並びに自立活動によつて編成するものとする。
2　前項の規定にかかわらず，知的障害者である児童を教育する場合は，生活，国語，算数，音楽，図画工作及び体育の各教科，道徳，特別活動並びに自立活動によつて教育課程を編成するものとする。
第百二十七条　特別支援学校の中学部の教育課程は，国語，社会，数学，理科，音楽，美術，保健体育，技術・家庭及び外国語の各教科，道徳，総合的な学習の時間，特別活動並びに自立活動によつて編成するものとする。
2　前項の規定にかかわらず，知的障害者である生徒を教育する場合は，国語，社会，数学，理科，音楽，美術，保健体育及び職業・家庭の各教科，道徳，総合的な学習の時間，特別活動並びに自立活動によつて教育課程を編成するものとする。ただし，必要がある場合には，外国語科を加えて教育課程を編成することができる。

　それぞれ第1項に視覚障害，聴覚障害，肢体不自由，病弱の特別支援学校で扱う教育内容が，第2項に知的障害特別支援学校で扱う教育内容が示されている。また，高等部に関しては第128条に規定される。
　なお，授業では，これらの教育内容（「何を学ぶか」図4-7）を子どもたちが確実に習得するための工夫（「どのように学ぶか」図4-7）が図られる。各教科や領域等の目標を達成させるためには，教科や領域ごとに指導する場合と，教科や領域の目標や内容を合わせて指導する場合のいずれが効果的か，指導形態の選択もその一つである。指導形態については，第130条に規定される。

> ▷6　各教科や領域等
> 教育内容には各教科（知的障害の各教科も含む），特別の教科の道徳，特別活動，自立活動，外国語活動，総合的な学習の時間がある。特別活動と自立活動は領域に相当する。外国語活動と総合的な学習の時間は教科でも領域でもない位置づけとされる。

第百三十条　特別支援学校の小学部，中学部又は高等部においては，特に必要がある場合は，第百二十六条から第百二十八条までに規定する各教科（次項において「各教科」という。）又は別表第三及び別表第五に定める各教科に属する科目の全部又は一

部について，合わせて授業を行うことができる。
　2　特別支援学校の小学部，中学部又は高等部においては，知的障害者である児童若しくは生徒又は複数の種類の障害を併せ有する児童若しくは生徒を教育する場合において特に必要があるときは，各教科，道徳，外国語活動，特別活動及び自立活動の全部又は一部について，合わせて授業を行うことができる。

　重複障害の子どもや訪問教育を受ける子どもについては，第126条〜第129条の規定にかかわらず，特別の教育課程によることができる（第131条）。

　特別支援学校は，在籍する子どもに提供しなければならない教育内容を第126条〜第129条に照らして確認したうえで，子どもの多様な実態に即した教育課程を編成することになる。その際の具体的な規定が，以下に示した特別支援学校の新学習指導要領総則の「重複障害者等に関する教育課程の取扱い」である。

　小学校等の通常学級ではすべての子どもが当該学年の目標水準で学ぶことになるが，特別支援学校や特別支援学級ではこの取り扱いの適用により，子どもの実態に即して達成を目指す目標が準拠する学年を下げたり，小学校等の教科を知的障害の教科に，さらには教科等を自立活動に替えたりして教育課程を編成することも可能となる。なお，すべての規定は，学校の判断で選択「できる」規定であり，達成を目指す目標が準拠する学年を下げたり知的障害教育教科の目標に替えたり「しなければならない」規定ではないことに留意する必要がある。学校（＝一人ひとりの教師）の判断により子どもが在学期間に学ぶ教育内容が左右されることを十分に自覚し，適用の判断には慎重に臨む姿勢が求められる。

▷7　2018（平成30）年4月1日より，「道徳」は「特別の教科である道徳（特別支援学校の高等部にあっては，前条に規定する特別支援学校高等部学習指導要領で定める道徳）」に改正される。

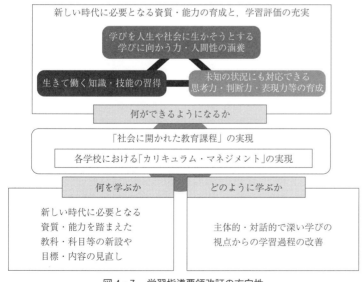

図4-7　学習指導要領改訂の方向性
出所：中央教育審議会（2016）をもとに作成。

第8節　重複障害者等に関する教育課程の取扱い　※一部を掲載

1　児童又は生徒の障害の状態により特に必要がある場合には，次に示すところによるものとする。

⑴　各教科及び外国語活動の目標及び内容に関する事項の一部を取り扱わないことができること。

⑵　各教科及び道徳科の各学年の目標及び内容の一部又は全部を，当該学年の前各学年の目標及び内容の一部又は全部によって，替えることができること。

⑶　視覚障害者，聴覚障害者，肢体不自由者又は病弱者である生徒に対する教育を行う特別支援学校の小学部の外国語科については，外国語活動の目標及び内容の一部を取り入れることができること。

⑷　中学部の各教科及び道徳科の目標及び内容に関する事項の一部又は全部を，当該各教科に相当する小学部の各教科及び道徳科の目標及び内容に関する事項の一部又は全部によって，替えることができること。

⑸　中学部の外国語科については，小学部の外国語活動の目標及び内容の一部を取り入れることができること。

⑹　幼稚部教育要領に示す各領域のねらい及び内容の一部を取り入れることができること。▷8

2　知的障害者である児童に対する教育を行う特別支援学校の小学部に就学する児童のうち，小学部の3段階に示す各教科又は外国語活動の内容を習得し目標を達成している者については，小学校学習指導要領第2章に示す各教科及び第4章に示す外国語活動の目標及び内容の一部を取り入れることができるものとする。

　　また，知的障害者である生徒に対する教育を行う特別支援学校の中学部の2段階に示す各教科の内容を習得し目標を達成している者については，中学校学習指導要領第2章に示す各教科の目標及び内容並びに小学校学習指導要領第2章に示す各教科及び第4章に示す外国語活動の目標及び内容の一部を取り入れることができるものとする。

3　視覚障害者，聴覚障害者，肢体不自由者又は病弱者である児童又は生徒に対する教育を行う特別支援学校に就学する児童又は生徒のうち，知的障害を併せ有する者については，各教科の目標及び内容に関する事項の一部又は全部を，当該各教科に相当する第2章第1節第2款若しくは第2節第2款に示す知的障害者である児童又は生徒に対する教育を行う特別支援学校の各教科の目標及び内容の一部又は全部によって，替えることができるものとする。

4　重複障害者のうち，障害の状態により特に必要がある場合には，各教科，道徳科，外国語活動若しくは特別活動の目標及び内容に関する事項の一部又は各教科，外国語活動若しくは総合的な学習の時間に替えて，自立活動を主として指導を行うことができるものとする。

5　障害のため通学して教育を受けることが困難な児童又は生徒に対して，教員を派遣して教育を行う場合については，上記1から4に示すところによることができるものとする。

6　重複障害者，療養中の児童若しくは生徒又は障害のため通学して教育を受けることが困難な児童若しくは生徒に対して教員を派遣して教育を行う場合について，特に必要があるときは，実情に応じた授業時数を適切に定めるものとする。

▷8　幼稚部教育要領に示す各領域
幼稚部の教育内容は，「健康」「人間関係」「環境」「言葉」「表現」と「自立活動」の各領域で構成される。

　新学習指導要領改訂のポイントの一つが，上記「2」の規定の新設である。小学校等から特別支援学校（知的障害）へ転入する子どもが増加傾向にあるなか，一人ひとりの子どもの確かな学びを保障する観点から必要な措置として設けられた。特別支援学校には，自校の教育内容に関する子どもの学習状況の把握と，学習評価のデータに基づく「適」用の判断と説明が一層求められることになる。

4　特別支援学級の教育課程

　小学校等の特別支援学級の教育課程については，学校教育法施行規則第138条に規定されている。特別支援学級は設置された学校の教育課程（教育内容と標準時数）が前提となるが，とくに必要がある場合は，「重複障害者等に関する教育課程の取扱い」を適用し，特別の教育課程を編成することができる。例えば，教科の指導において下学年の目標を扱ったり，知的障害をともなう子どもに対して知的障害教育教科を指導したりすることができる。なお，小学校および中学校の新学習指導要領総則に，障害による学習上または生活上の困難を克服し自立を図るため，「自立活動を取り入れること」が明示されている。

5　通級による指導を受ける子どもの教育課程

　通級による指導を受ける子どもについては特別の教育課程によることができ，特別な場で受けた授業を在籍する小学校等の特別な教育課程に係る授業としてみなすことができる（第140条，第141条）。

　通級による指導を利用する子どもの数は，年々増加している（表4-2）。通級による指導の標準時数については，年間35～280単位時間，学習障害者および注意欠陥多動性障害者については月1単位時間程度の指導でも十分な教育的

表4-2　通級による指導を利用する子どもの数の推移

（人）

	1995年度	2006年度	2011年度	2015年度
言語障害	13,486	29,713	31,607	35,337
自閉症		3,912	10,342	14,189
情緒障害	1,858	2,898	6,332	10,620
弱　視	132	138	130	161
難　聴	1,206	1,777	2,051	2,080
LD		1,351	7,813	13,188
ADHD		1,631	7,026	14,609
肢体不自由	6	6	9	68
病弱・身体虚弱	12	22	50	18
計	16,700	41,448	65,360	90,270

出所：文部科学省（2016b）をもとに作成。

▷9　特別支援学級
小学校，中学校，義務教育学校，高等学校および中等教育学校内に置かれる，特別な教育的ニーズのある子どものための学級。その対象は，学校教育法第81条に以下のように規定される。
一　知的障害者
二　肢体不自由者
三　身体虚弱者
四　弱視者
五　難聴者
六　その他障害のある者で，特別支援学級において教育を行うことが適当なもの

▷10　通級による指導
小学校，中学校もしくは義務教育学校または中等教育学校の前期課程の通常学級に在籍する児童生徒を対象に，個々の障害に応じた特別な指導を特別な場で行うもの。その対象は，学校教育法施行規則第140条に以下のように規定される。2018年度から，高等学校の生徒も対象となる。
一　言語障害者
二　自閉症者
三　情緒障害者
四　弱視者
五　難聴者
六　学習障害者
七　注意欠陥多動性障害者
八　その他障害のある者で，この条の規定により特別の教育課程による教育を行うことが適当なもの

効果が認められる場合があることから，年間10〜280単位時間とされている。通級による指導の利用に至った背景を理解し，子どもの学習上や生活上の困難そのものの改善を図るためには，自立活動の指導が不可欠となる。学校教育法施行規則の改訂（2016年12月 9 日）においても，「障害に応じた特別の指導は，障害による学習上又は生活上の困難を改善し，又は克服することを目的とする指導」であることが明示された。

［6］　通常学級における教育課程

　特別な教育的ニーズのある子どもは小学校等の通常学級にも在籍している。しかし，通常学級では重複障害者等に関する教育課程の取り扱いの適用や自立活動の時間を設けることはできない。各教科等の目標達成に必要な手だてや学習に取り組みやすい配慮について，個々の実態に即して検討することになる。

2　各教科の指導と自立活動の指導

　ここでは，障害のある子どもに提供する教育内容のうち，各教科（知的障害教育教科を含む）の指導と自立活動の指導について取り上げる。

［1］　各教科の指導

①　障害特性と学習上の困難

　障害のある子どもたちは，その障害特性により何らかの学習上の困難を抱えている。例えば，視覚情報や聴覚情報を入手することの困難や，入手した情報の処理に関する困難，自らの思いを整理して言葉にすることの困難や，身体的制約から自らの意思の通りに表現することの困難，体調管理や注意の持続の難しさ等，障害特性の実態はさまざまである。本来，その子どもには各教科の目標を達成する力が備わっているにもかかわらず，これらが各教科の授業における学びの成立に影響を及ぼし，目標の達成を阻んでしまうことが少なくない。

　したがって，障害のある子どもに対する教科指導においては，障害特性が学習に及ぼす影響を把握し，それに対応する指導の工夫を図ることが必要となる。適切な実態把握に基づく指導目標および指導内容の設定と，それらに応じた手だてや配慮を，授業に先立って検討しておくことが，一人ひとりの教育的ニーズに応じた指導を行うために重要不可欠となる。

　また，知的障害教育各教科については，知的障害の子どものみならず，知的障害をあわせ有する子どもの多くも学んでいる。しかし，知的障害教育各教科の目標・内容に際し考慮されているのは知的障害の特性のみであり，その他の障害の特性は踏まえられていない。よって実際の指導に際しては，知的障害以

▷11　授業者は，これから行う授業では，学習指導要領に示される各教科の「目標」「内容」のいずれを扱うのかを明確にしたうえで，子どもが主体的に学ぶために適した学習活動を構想し，その学習活動に即して具体的な「指導目標」「指導内容」を設定する。

外の障害特性に応じた手だてを適切に講じる必要があることに留意しなければならない。

② 　重複障害のある子どもの教科指導

これまで特別支援学校の多くは，重複障害の子どもに対し自立活動を主とした教育課程を編成してきた。これは，「重複障害者等に関する教育課程の取扱い」の適用により各教科を自立活動に替えて編成した教育課程であり，なかには，教科のすべてを自立活動に替え，自立活動と道徳，特別活動のみで教育課程を編成している学校もある。

一方で，最近は，自立活動の指導を丁寧に行うのと合わせて，発達に関する研究の知見に基づくツール（徳永，2014）も活用しながら知的障害の各教科の授業実践に臨む学校も増えている。卒業後の生活も視野に入れて学校教育の意義や役割を改めて捉え直し，在学期間に提供する教育内容を吟味する取り組みが展開されている。障害がより重度な子どもたちに「生きる力」を育むためのバランスのとれた教育内容とは何か，その判断の主体は各特別支援学校である。

③ 　実態に幅のある学習集団の授業づくり

重複障害者等に関する教育課程の取り扱いの適用が可能な特別支援学校や特別支援学級における指導では，学習集団を構成する個々の子どもが達成を目指す目標の準拠する学年（段階）が異なる場合が多々ある。例えば，3人の中学部2年生の学習集団において，Aさんは中学校2年生の目標・内容で学んでいるが，Bさんは中学校1年生，Cさんは小学校5年生の目標・内容で学ぶ場合がある。知的障害教育各教科の指導においても同様に，同じ学習集団を構成するDさんは小学部2段階相当の目標・内容を学んでいるが，Eさんは小学部3段階相当の目標・内容を学ぶ場合がある。

このような学習集団に対しては，同単元異目標による授業づくりが必要となる。各教科の目標の系統性を十分に理解し，授業で引き出したい姿を個別に具体化すること，また，その具体化した個々の姿を引き出すために必要な手だてや授業展開の工夫を授業に先立って検討することが肝要となる。なお，個別の指導計画に記された個々の実態や目標を踏まえ，学習集団に対する年間指導計画を立案するのであり，その逆ではないことに留意しなければならない。

④ 　指導内容の精選

前述のとおり，障害のある子どもは，日々の授業において障害ゆえの学習上の困難に直面する。在籍する学年の目標・内容で学ぶ子どもであっても，当該学年の教科書をそのまま用いて指導していては，年度内に当該学年の目標を十分に達成させることは難しい。教科書会社は，学習指導要領に示された各教科の目標・内容と標準時数，そして障害のない一般の子どもの実態を踏まえ，教

▷12　同単元異目標による授業づくり
達成を目指す目標が準拠する学習指導要領の学年（段階）の異なる複数の子どもを対象に，同じ単元のなかで，個々の目標の達成を図る授業づくりのこと。

▷13　限られた授業時数のなかで，学習指導要領に示された各教科の内容を通して目標の達成を図るためには，授業の実際において，重点の置き方や学習活動のまとめ方（単元の設定）等を工夫することが不可欠となる。なお，学習指導要領に示された各教科の内容は，すべて扱わなくてはならない。

科書を作成する。しかし，障害のある子どもの場合，障害ゆえの学びにくさか
ら本来であれば一般の子ども以上に時間を要するにもかかわらず，自立活動の
時間の確保にともない，標準時数よりも少ない時数で学ばざるを得ない状況に
ある。

　特別支援学校小学部・中学部の新学習指導要領の第2章「各教科」に，「指
導内容を適切に精選し，基礎的・基本的な事項から着実に習得できるよう指導
すること」とあるのはこのような背景による。授業者が教科書を活用しつつ
も，各教科の目標・内容を吟味し，単元設定の工夫を図ることが不可欠となる。

2　自立活動の指導

① 　自立活動の意義および目標・内容

　自立活動の指導の意義について，特別支援学校の学習指導要領解説（自立活
動編）第2章「自立活動の意義と指導の基本」には，以下のように示されてい
る。自立活動の指導を担う教師には，心身の発達の段階等を考慮した教育だけ
では不十分であることを認識し，個々の障害による学習上または生活上の困難
を把握して，その状態の改善・克服に向けた指導を実践することが求められ
る。

> 　小・中学校等の教育は，幼児児童生徒の生活年齢に即して系統的・段階的に進めら
> れている。そして，その教育の内容は，幼児児童生徒の発達の段階等に即して選定さ
> れたものが配列されており，それらを順に教育をすることにより人間として調和のと
> れた育成が期待されている。
> 　しかし，障害のある幼児児童生徒の場合は，その障害によって，日常生活や学習場
> 面において様々なつまずきや困難が生じることから，小・中学校等の幼児児童生徒と
> 同じように心身の発達の段階等を考慮して教育するだけでは十分とは言えない。そこ
> で，個々の障害による学習上又は生活上の困難を改善・克服するための指導が必要と
> なる。このため，特別支援学校においては，小・中学校等と同様の各教科等のほか
> に，特に「自立活動」の領域を設定し，その指導を行うことによって，幼児児童生徒
> の人間として調和のとれた育成を目指しているのである。

　自立活動の目標は，「個々の児童又は生徒が自立を目指し，障害による学習
上又は生活上の困難を主体的に改善・克服するために必要な知識，技能，態度
及び習慣を養い，もって心身の調和的発達の基盤を培う」ことであり，これが
特別支援学校の新学習指導要領に明示された唯一の目標である。

　自立活動の内容については，「健康の保持」「心理的な安定」「人間関係の形
成」「環境の把握」「身体の動き」「コミュニケーション」の6区分のもとに27
項目が示されているが，各教科のようにそのすべてを扱うことを前提としてない。

② 　実態把握から指導目標・内容の設定に至る手続き

　各教科の指導と自立活動の指導では，実態把握から指導目標の設定に至る手

▷14　新学習指導要領で，従来の6区分26項目から6区分27項目に改められた。自立活動の内容は，個々の子どもに設定した指導目標を達成するために指導する必要のある内容のみ扱うことになる。

続きが異なる。「指導目標・内容を設定する際の各教科等と自立活動における手順の違いを再確認するとともに，両者の関連を分かりやすく示す必要がある」とした中央教育審議会の答申（2016年12月21日）を受けて，新学習指導要領の改訂も行われた。

教科については，新学習指導要領に目標の系統性や扱う内容の順序性が示されている。よって，教師は，各教科の学年（知的障害教育教科は段階）ごとの目標に子どもの現在の姿を照らし，1年間で達成を目指す目標を設定する。

一方で，自立活動については，小学部から高等部に至る目標の系統性や扱う内容の順序性が示されない。いつ，何を指導するのかは，指導を担当する教師が，個々の子どもの自立を描き，障害の状態や発達段階等を踏まえて決定しなければならない。自立活動では，内容の6区分を実態把握の視点として現在の姿に関する情報を収集し，今年度の自立活動の指導で扱う必要のあるものを課題として抽出したうえで，それぞれの課題がその子どものなかでどのように関連しているのかを紐解き，指導目標を設定することになる。

実態把握から指導目標設定に至る手続きの違いは，子どもの「いまもてる力」を土台として「次にどのような力を育むのか」を見出す手続きの違いである。双方の違いを踏まえた教育内容の選択（教育課程の編成）が重要となる。

▷15 同一学年でも知的障害の状態や経験等は多様であることを考慮し，知的障害の各教科の内容は，学年別ではなく段階別に示されている（小学部は3段階，中学部は2段階，高等部は2段階）。

3　学校に求められるカリキュラム・マネジメント

1　学校教育目標，目指す子ども像と教育課程および各種計画

学校は，学校教育目標を掲げ，在籍する子どもたちの卒業時の姿を「目指す子ども像」として描く（図4-8）。教育課程は，学校目標を達成するために，何を（教育内容），どれだけの時間をかけて指導するか（指導時数），学校として

▷16 目指す子ども像
各学校が，自校の学校教育目標を体現した子どもの姿として描く像。

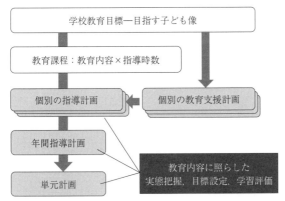

図4-8　学校教育目標，目指す子ども像と教育課程等の関係
出所：筆者作成。

立案する教育計画であり，その教育計画を子どもの実態に即して個別に具体化したものが個別の指導計画である。よって，個別の指導計画には，自校で提供する教育内容に照らして把握した実態や設定した目標，そして，学習評価が記載される必要がある。また，個々の子どもの個別の指導計画に基づき作成される年間指導計画や単元計画にも，扱う教育内容に照らした実態等が記載されることが，子どもの学習評価を教育課程の評価に還元するために不可欠となる。

　個別の教育支援計画は，子どもの生活にかかわる関係者で支援の方向性を共有し必要な連携を図るためのツールである。確認された内容が，個別の指導計画に記す教育活動全体を通じて目指す「3年後の姿」や「長期目標」に反映されることはあるが，学校として扱う教育内容に直接関与するものではない。なお，教師が個々の子どもの長期的な成長を的確に描くためには，在籍期間にわたる個々の子どもの変容に関するデータを蓄積し，そのデータに基づき「目指す子ども像」を検討・検証する学校としての取り組みが重要となる。

［2］　特別支援学校のカリキュラム・マネジメント

　新学習指導要領では，授業の Plan-Do-Check-Action（以下，PDCA）と教育課程の PDCA を連動させるカリキュラム・マネジメントの確立が一層重視された（図4-9）。カリキュラム・マネジメントは，授業で扱った教育内容に関する子どもたちの学習状況を把握し，その学習評価に基づき，教育課程，すなわち，選択した教育内容や配当時数を評価，改善する取り組みと考えることができる。

　特別支援学校では，個々の子どもの各授業や年度末における学習評価を，それぞれの子どもの次時や次年度の目標設定に生かす営みが，授業の単元計画や個別の指導計画において丁寧に重ねられている。とくに，自立活動を主とした教育課程では，子どもの個別性に対応する視点が強調されてきた。この視点は

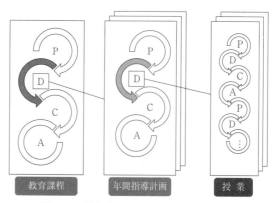

図4-9　教育課程の PDCA と授業の PDCA
出所：筆者作成。

今後も継承すべき視点であるが，同時に，在籍するすべての子どもの学習評価を集約し，教育課程の評価・改善に生かす手続きを学校として確立することが求められる。

「重複障害者等に関する教育課程の取扱い」の適用が可能な特別支援学校は，現行の教育課程の下で子どもたちが習得した力を把握し，教育課程編成時の自らの判断（教育内容の選択や配当時数の判断，指導形態の選択等）が適切であったかを絶えず評価し，改善に努めなければならない。

教育課程の評価に際しては，次の2つの視点が必要と考える。一つは，個別の教育支援計画や個別の指導計画に記される子どもたちの達成状況に基づき，改善を図る視点である。もう一つは，卒業後の社会生活を営む立場から，在学期間の学びを評価する視点である。個別性に即した指導の実現には，現在の姿から次の目標を判断するボトムアップの視点と，将来の姿から優先して取り組む必要のある課題を導き出すトップダウンの視点の双方が必要となる。在学時の指導を担った教師が，個々の子どもに描いた将来像や指導仮説が妥当であったのかを，卒業生の生活の実態に基づき検証する視点である。教育課程編成における裁量が大きい特別支援学校には重要不可欠な視点と考える。

Exercise

① 　特別支援学校の教育課程について各校のホームページなどで調べ，教育内容や指導時数を比較してみよう。また，重複障害者等に関する教育課程の取り扱いのいずれを適用したものか，考えてみよう。

② 　特別支援学校には教育課程編成の大きな裁量が委ねられているが，そのことにより生じうるマイナスの側面について考え，改善策を話し合ってみよう。

③ 　障害が重度な子どもの教育課程の実態について調べ，自分ならどのように編成するか，教科と自立活動の指導目標設定に至る手続きの違いも踏まえながら考え，話し合ってみよう。

次への一冊

田中耕治・水原克敏・三石初雄・西岡加名恵『新しい時代の教育課程　第3版』有斐閣アルマ，2011年。
　　日本の教育課程の変遷や教育課程を支える思想，教育課程編成の方法原理，教育評価のあり方等について，教職を目指して初めて学ぶ方を想定してわかりやすく解説

　　　　した一冊。

筑波大学附属桐が丘特別支援学校『肢体不自由教育の理念と実践』ジアース教育新社，
　2008年。
　　　障害のある子どもの教科指導の考え方や，多様な実態の学習集団に対する同単元異
　　目標による授業づくりについて，わかりやすく解説した一冊。すべての障害の子ど
　　もの指導に共通する手続きが解説されており，特別支援学級担当者も必読の一冊。

古川勝也・一木薫編著『自立活動の理念と実践——実態把握から指導目標・内容の設定
　に至るプロセス』ジアース教育新社，2016年。
　　　自立活動の指導の意義や歴史的変遷，カリキュラム構造の理論をおさえたうえで，
　　さまざまな障害のある子どもの実践を取り上げている。自立活動の授業づくりの手
　　続きを具体的に学ぶことができる一冊。

引用・参考文献

中央教育審議会「幼稚園，小学校，中学校，高等学校及び特別支援学校の学習指導要領
　等の改善及び必要な方策等について（答申）」2016年。
井上昌士・猪子秀太郎・菊地一文・涌井恵・大崎博史「知的障害者である児童生徒に対
　する教育を行う特別支援学校に在籍する児童生徒の増加の実態と教育的対応に関する
　研究」国立特別支援総合研究所，2010年。
文部科学省『小学校学習指導要領解説総則編』東洋館出版社，2009年a。
文部科学省『特別支援学校小学部・中学部学習指導要領』海文堂出版，2009年b。
文部科学省『特別支援学校学習指導要領解説自立活動編（幼稚部・小学部・中学部・高
　等部）』海文堂出版，2009年c。
文部科学省「学校基本調査（平成28年度）」2016年a。
文部科学省「特別支援教育資料（平成27年度）」2016年b。
文部科学省「特別支援学校小学部・中学部学習指導要領」2017年。
徳永豊編著『障害の重い子どもの目標設定ガイド——授業における「学習到達度チェッ
　クリスト」の活用』慶應義塾大学出版会，2014年。
柘植雅義・原田公人・長沼俊夫・大内進・井上昌士・滝川国芳・猪子秀太郎・柳澤亜希
　子「特別支援学校における新学習指導要領に基づいた教育課程編成の在り方に関する
　実際的研究」国立特別支援総合研究所，2012年。

第Ⅱ部

教育的ニーズに応じた指導・支援

第5章
視覚障害の理解と教育

〈この章のポイント〉
　視覚障害の定義や分類と，視覚障害教育に携わるにあたって理解しておきたい心理的特性について，発達，触運動知覚，弱視児の視知覚を取り上げて解説し，視覚障害児の教育の場として，特別支援学校（視覚障害）【盲学校】，弱視特別支援学級，弱視通級指導教室について概観する。そのうえで，本章では，視覚障害の理解と視覚障害教育における配慮事項と教育内容や方法について学ぶ。

1　視覚障害の定義と原因

1　視覚障害の定義と分類

　視覚障害とは，視力や視野，色覚，光覚，調節といった視機能の永続的な低下で，日常生活や社会生活に何かしらの制限を受けている状態をさす。視覚障害に共通する視機能の低下は視力である。

　特別支援学校の対象となる視覚障害の程度は，学校教育法施行令第22条の3に示され，「両眼の視力がおおむね0.3未満のもの又は視力以外の視機能障害が高度のもののうち，拡大鏡等の使用によつても通常の文字，図形等の視覚による認識が不可能又は著しく困難な程度のもの」とある。なお，特段の補足はないが，条文中にある「両眼の視力」とは矯正視力をさしている。さらに，身体障害者福祉法の別表による視覚障害は，次のとおりである。

一　次に掲げる視覚障害で，永続するもの
　1　両眼の視力（万国式試視力表によつて測つたものをいい，屈折異常がある者については，矯正視力について測つたものをいう。以下同じ。）がそれぞれ0.1以下のもの
　2　一眼の視力が0.02以下，他眼の視力が0.6以下のもの
　3　両眼の視野がそれぞれ10度以内のもの
　4　両眼による視野の2分の1以上が欠けているもの

　さらに，視覚障害は，「盲」という状態と「弱視」という状態に分類される。「盲」は，主として触覚や聴覚などの視覚以外の感覚を活用して，学習や生活をする程度の視覚障害をいい，「弱視」は，文字の拡大や視覚補助具を活

用するなどして墨字を使って学習や生活をする程度の視覚障害をさす。なお，医学分野における「弱視」は，乳幼児期の視機能が発達していく過程における視性刺激遮断が原因で正常な視覚の発達が停止あるいは遅延している状態をさすことから，あえて「医学的弱視」と呼び，先に示した「弱視」を「教育的弱視」あるいは「社会的弱視」として使い分けることもある。教育分野と医療・労働・福祉分野でコミュニケーションをとる際には，不必要な混乱を避けるために教育的あるいは社会的弱視に代わり「ロービジョン」という用語が用いられるようになってきている。

2 視覚障害の原因

　2011（平成23）年の厚生労働省による調査では，視覚障害者は31万5500人であると推計されている。このうち，20歳未満の者は5900人であり，全体の2％弱にすぎない。視覚障害の原因は，疾患や事故等をあげることができるが，学齢期においては先天性の要因によることが多い。具体的には，柿澤（2016）によると，特別支援学校（視覚障害）在籍者全体の視覚障害原因は，先天素因が54.73％で最も多く，次いで未熟児網膜症が18.40％，原因不明が11.25％，全身病が6.24％，腫瘍が6.13％，外傷が2.03％，感染症が1.15％，中毒が0.07％の順である。さらに，特別支援学校（視覚障害）小学部の児童の視覚障害原因部位をみると，網脈絡膜疾患（未熟児網膜症，網膜色素変性症，網膜芽細胞腫など）が44.10％，眼球全体（小眼球・虹彩欠損，視神経欠損，緑内障・牛眼など）が24.51％，視神経視路疾患（視神経萎縮，視中枢障害など）が16.86％で全体のおおよそ85％を占めている。

3 視力と使用文字の関係

　視覚障害は，「盲」と「弱視」に分類されることを上述したが，この分類は何かしらの基準によって明確に分けるようなものではない。

　まず，ここで視力について簡単に説明したい。視力とは，対象の細部構造を見分ける能力で，図5-1に示されるように，その測定にはランドルト環を用い，識別できる最小視角（分）の逆数をもって視力とする小数視力が採用されている。また，視力と最小視角の関係を表5-1に示した。視力1.0の最小視角は1.0分であるのに対して，視力0.02では50.0分となっている。このことは，視力が0.02の者は視力1.0の者と比較すると50倍の大きさがないと見えないということを示している。

　2015年度の特別支援学校（視覚障害）中学部生徒の視力と使用文字の関係を図5-2に示した。なお，点字と墨字を両用しているものは図のなかに含めていない。視力が0.01以下では，全体として点字を常用して学習する生徒が多

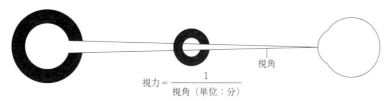

$$視力 = \frac{1}{視角}（単位：分）$$

図5-1　ランドルト環および視角と視力
出所：大川原ほか編（1999，42ページ）。

表5-1　視力と最小視角（分）の関係

視　力	最小視角	視　力	最小視角
1.0	1.0	0.06	16.7
0.7	1.4	0.05	20.0
0.3	3.3	0.04	25.0
0.2	5.0	0.03	33.3
0.1	10.0	0.02	50.0

出所：筆者作成。

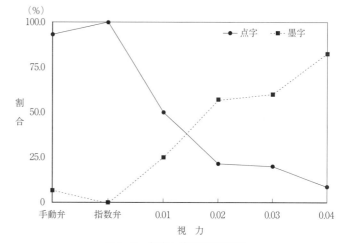

図5-2　視力と使用文字の関係
出所：柿澤（2016）をもとに作成。

く，視力が0.02以上となると墨字を常用する生徒が多いことがわかる。このことから，弱視の範囲を「矯正した視力がおおよそ0.02以上，おおむね0.3未満」とされることもある。ただし，矯正した視力が0.02であっても，視覚補助具等を活用して墨字により生活したり，学習したりしている者がいる一方で，使用文字は点字を常用している者もおり，一人ひとりの視機能の状態により一概ではないことに留意する必要がある。また，図5-2は5メートルで測定する遠距離視力と使用文字の関係を示したものであるが，視力ではなく最大視認力により使用文字が示されることもある。最大視認力が0.2を下回るような場合は，点字による学習を検討する必要性が指摘されている（五十嵐ほか，1995）。

2　視覚障害児の学習の特性とニーズ

1　視覚障害児の発達

　視覚障害児の発達の特徴としては，晴眼児と比較して手の操作能力や移動能力などに遅れがみられることが指摘されている。これらの遅れは直接的に視覚障害から影響を受けているのではなく，視覚障害があることによる生活のなか

▷2　最小可読視標といわれることもある。弱視児が至近距離で文字等を視認する際の能力を教育的に評価するため活用されている指標である。近距離視力標を用いて本人が一番見やすい視距離において識別できる最小の視標とその時の視距離をもって表される。

▷3　視覚障害に対して，視覚障害のない状態。「正眼」と書かれることもある。

での体験的な操作や活動の絶対量の少なさなどが影響していると考えられている。

　視覚障害児にみられる発達の遅れの多くの側面は，視覚障害それ自体によるものではなく，視覚障害にともなう環境的要因によるものであることが指摘されている（Warren, 1994）。同様に，五十嵐（1993）は，視覚障害幼児の発達を規定する要因について，医学的な問題を背景とする一次的要因と，教育支援等により対応が可能な二次的要因とに整理している。この対応可能な二次的要因として，次の4点をあげている。対応可能とは，養育や教育上の工夫や配慮によって，影響を最小限に抑えられるということである。

① 行動の制限

　子どもの発達において外界の対象物に手を伸ばすリーチングといわれる行動の出現は生後4～5か月といわれているが，盲乳児での出現は生後10か月頃であることが指摘されている（Fraiberg, 1977）。また，乳幼児にみられる接近・接触行動や後追い行動といわれている行動の出現やその頻度は視覚障害幼児では少ないことが報告されている。

② 視覚的情報の欠如

　人間は情報の80％を視覚から得ているとよく指摘される。視覚からの情報なしに事物の具体的な概念を形成するなかでは，知識の全体量が少なくなったり，偏った知識や誤った知識を形成したりしがちになる。

③ 視覚的模倣の欠如

　視覚障害幼児は，親やきょうだい，周囲の人々とのかかわりを通して，見よう見まねでさまざまな動作や技術を身につけていくことが困難となる。このことから，視覚障害幼児は，一つひとつの動作等を周囲から教えられなければならないために，自主性や自発性が育ちにくいという側面をあわせ有してしまう点が指摘されている。

④ 視覚障害児に対する社会の態度

　見えないことで周囲の大人が過保護になりすぎて，その年齢その年齢で経験してもよいことが経験されぬまま発達，成長していってしまう傾向があることが指摘されている。また，弱視児は「目で触る」と表現されるくらい極端に対象に目を近づけてモノを見ることが一般的である。この行動が弱視児の見る意欲や視経験を育てるが，「これ以上目が悪くなってしまったら」などと不安を感じ，保護者や周囲の大人から目を近づけることを禁止されてしまっている場合もある。この視行動は，見ようとしているからこそ目を近づけているのだと理解すべきである。弱視幼児児童に対する「目を離しなさい」という指示は「見てはいけない」という意味の指示に置き換わってしまうことを十分に理解する必要がある。

▷4　弱視児が，わずか2～3センチの視距離でものを見ている姿からこのように表現される。この状態での視認力を教育的にアセスメントするのが「最大視認力」である。

② 触知覚の特徴

　視覚障害児・者が指先で点字を読む場面を見て「盲人の指先の感覚は鋭い」と考えられることが多いが，触覚の精度を示す指標としての触覚二点弁別閾▷5で比較すると晴眼者との差はない。どちらも指先の触覚二点弁別閾は2ミリ程度である（黒川，1988）。さらに，視覚と触覚を比較すると，触覚は触れることのできる範囲内の情報しか活用できなかったり，その情報が部分的，継続的にしか把握できないことから，決して活用しやすい感覚ではない。触察▷6では，対象の形状や大きさ，重さ，温度，硬さ，材質・テクスチャー（肌理，肌触り）などを認識することが可能であるが，それぞれの属性を捉えるためには，適切な手指の動かし方が必要となる。例えば，材質等を確認する際には，指を対象に当てて横方向に動かしたり，硬さの場合は指や手のひらを対象に押し当てたりすることが有効である。さらに，形状を認識する際には，まず全体像をおおまかに押さえたうえで，基点をつくり，1本の指で触らずに多指を活用すること，両手を協応させること，全体から細部を観察しつつ全体をイメージすること，基点を移動させながら触察することなどが重要となる。

③ 弱視児の見え方

　先に視覚障害の原因となる眼疾患はさまざまであることを示した。このことは，例えば同じ視力値であっても眼疾患が異なれば，見え方にも大きな違いがあることを意味している。この弱視児の見え方を香川（2016）は次の7点で説明している。

　(1)ピンボケ状態：カメラのピントのあっていない状態。

　(2)混濁状態：すりガラスを通して見ているような状態。

　(3)暗幕不良状態：周囲が明るすぎる室内で映画を上映しているような状態。

　(4)光源不足状態：(3)とは逆に暗幕状態であっても映写機の光源が弱い状態。一般的に夜盲といわれているのもこの状態である。

　(5)振盪状態：弱視児には眼球が不随意的に揺れ動いていることがある。本などを左右に小刻みに動かしながら読書する場合に近い状態。

　(6)視野の限定状態や(7)暗点：視野のなかに見えない部分が存在する状態。視野の中心部が見えない中心暗点や視野の周辺部が見えない求心性視野狭窄のほかに，例えば視野の下部など一部が見えなかったりする場合もある。

　加えて，上記以外に色の弁別力が低い場合もある。弱視児は色の明度，彩度，色相の3要素のなかで，とくに彩度と色相の弁別力が低く，明度の近い色の識別が困難なことが多い。そのため明度が同じだと赤と茶，ピンクとグレーを識別できないこともある。▷7

さらに，これらの多様な見え方の困難があることを前提とした弱視児の見え方の特徴を佐藤（1974）は9点をあげて説明している。

(1)細かい部分がよくわからない。

(2)大きいものでは全体把握が困難である。

(3)全体と部分を同時に把握することが難しい。

(4)境界がはっきりしない。

(5)立体感に欠ける。

(6)運動知覚の困難なものが多い。

(7)知覚の速度が遅い。

(8)目─手の協応動作が悪い。

(9)遠くのものがよく見えない。

さらに，10点目として上述の色覚の観点を加えるとよいと考える。

(10)色覚の感度が低下していることがある。

3　視覚障害教育の現状と課題

1　視覚障害児の学びの場

　視覚障害児童生徒の学びの場としては，特別支援学校（視覚障害），通常の小学校および中学校に設置されている弱視特別支援学級，弱視通級指導教室（通級による指導），さらに通常の学級がある。また，例えば視覚障害と知的障害の重複障害の児童生徒は，特別支援学校（知的障害）や知的障害特別支援学級に在籍している場合もあることを理解しておくことは重要である。

① 特別支援学校（視覚障害）

　ここで示す特別支援学校（視覚障害）は，2006（平成18）年度までの「盲学校」を発展させて教育活動を展開し，現在も「全国盲学校長会」の諸活動に参画している学校である。なお，2006（平成18）年の通知「特別支援教育の推進のための学校教育法等の一部改正について」（18文科初第446号）により視覚障害教育を専ら行う特別支援学校は，「盲学校」の名称を用いることが可能とされている。全国盲学校長会（2016）の調査では67校中43校が「盲学校」を校名としており，24校が「視覚特別支援学校」や「視覚支援学校」等の名称を用いている。

　2015年度の在籍幼児児童生徒数は3001人（全国盲学校長会，2016）でありピークであった1959年の1万264人から減少傾向にある。特別支援学校（視覚障害）は，視覚に障害のある幼児児童生徒に対して，幼稚園，小学校，中学校，高等学校と同等の教育を行うことと，視覚障害による学習上または生活上の困難を

克服し自立を図ることを目的とし，幼稚部，小学部，中学部，高等部が設置されている。多くの特別支援学校（視覚障害）にこれらの学部が一貫して設置されているが，幼稚部から中学部のみの学校や，高等部のみの学校もある。高等部には専攻科が設置されており，理療科，保健理療科，理学療法科，音楽科など高度な職業教育を行っている。また，各校の学区は非常に広範囲にわたることが多いため，ほとんどの特別支援学校（視覚障害）に寄宿舎が設置されており，週末以外は寄宿舎から登下校する児童生徒もいる。

　なお，例えば校名として「盲学校」が使用されていると，盲幼児児童生徒のみが在籍していると思われがちであるが，視覚活用が可能である弱視幼児児童生徒が60〜70％程度在籍しており，墨字を用いて学習していることを理解しておく必要もある。

② 　弱視特別支援学級

　2015年度の弱視特別支援学級は，小学校に350学級，中学校に90学級が設置され，それぞれ407人の児童，103人の生徒が在籍している（文部科学省，2016）。

　弱視特別支援学級では，児童生徒の見やすい学習環境を整えるとともに，保有する視力を最大限に活用したり，視覚補助具を最大限に活用したりするための指導等と，見やすさを保障する教材や教具を用いた教科指導が行われている。なお，弱視特別支援学級では「固定学級方式」ではなく，交流及び共同学習として，教科の一部を弱視特別支援学級で，他の教科等を通常の学級で指導する「協力学級方式」で運営されることが多い。このことから，各教科や道徳[8]，特別活動，総合的な学習の時間等の指導は，弱視特別支援学級と通常の学級との密接な連携の下で行われる必要がある。

③ 　弱視通級指導教室（通級による指導）

　2015年度に通級による指導を受けている弱視児は，小学生で139人，中学生で22人である（文部科学省，2016）。通級による指導の対象となる児童生徒は「拡大鏡等の使用によっても通常の文字，図形等の視覚による認識が困難な程度の者で，通常の学級での学習におおむね参加でき，一部特別な指導を必要とするもの」（通知「障害のある児童生徒等に対する早期からの一貫した支援について」，25文科初第756号）とされており，視覚補助具を活用して，教科等の学習は通常の学級でほぼ支障なく行うことができる軽度の弱視児である。

　通級による指導の内容は，主として，視覚認知，目と手の協応動作，視覚補助具の活用等の自立活動領域の指導が中心となるが，視覚的な情報収集や処理の方法を指導する必要のある場合は各教科の補充指導も行われている。また，通常の学級での学習や生活を円滑に行うための援助や助言も必要となり，弱視特別支援学級の場合と同様に弱視通級指導教室と通常の学級の担任同士の緻密な連携も必要となる。

▷8　道　徳
2017（平成29）3月に小・中学校の学習指導要領が改訂され，「道徳」が「特別の教科　道徳」として実施されることになった。小学校では2018（平成30）年，中学校では2019（平成31）年に全面実施となる。

④　通常の学級での指導

　各自治体による弱視特別支援学級や弱視通級指導教室の設置の状況，本人または保護者の意向を尊重した就学先の決定などの理由から，多くの弱視児が通常の学級に在籍している。具体的には，2005年1月の文部科学省の調査（池尻，2005）によると，小学校1024校に1255人，中学校406校に484人，計1739人の児童生徒が在籍していることが明らかになっている。さらに，文部科学省（2016）は，学校教育法施行令第22条の3に該当する視覚障害児が小学校の通常学級に101人，中学校の通常学級に41人在籍していることを示している。これらの児童生徒の学習環境等を考えると，座席の位置の工夫や板書の文字の大きさを見やすい大きさとするなどの配慮があったとしても，十分な教材・教具が準備されることは難しく，それ以外にも視覚補助具の活用技術が未熟であったり，補助具を一切使用していなかったりと困難な環境を強いられている可能性もある。特別支援学校（視覚障害）は，地域のセンター的機能の一部として，これらの児童生徒に対する支援も積極的に行っている。

［2］　視覚障害教育の配慮事項

　特別支援学校（視覚障害）における視覚障害児への教育は，学校教育法第72条の「幼稚園，小学校，中学校又は高等学校に準ずる教育を施すとともに，障害による学習上又は生活上の困難を克服し自立を図るために必要な知識技能を授けることを目的とする」に基づき行われる。条文中にある「準ずる教育」とは，幼稚園教育要領，小学校，中学校，高等学校の学習指導要領に示される教育目標を達成するために，指導上で特別な配慮を行うということである。これは単に視覚的な情報を触覚あるいは聴覚的な情報に置き換えたり，弱視児に対して見えにくい教材を拡大したりするだけにとどまらない。例えば，小学校に入学するまでの生活経験のなかで，青空に浮かぶ白い月やありの行列を見たことがないという晴眼児はいないであろう。その一方で，点字を常用して学ぶ児童生徒に限らず，弱視児童生徒であってもこのような経験を有していないものが多いのが事実である。見えない，見えにくいなかでの生活経験を踏まえたうえでの特別な配慮が必要となる。

　なお，特別支援学校小学部・中学部新学習指導要領第2章第1節第1款の1には，視覚障害者である児童に対する教育を行う特別支援学校において，各教科の指導計画の作成や内容の取り扱いに当たって，次に示す5つの事項に配慮することが求められている。

① 児童が聴覚，触覚及び保有する視覚などを十分に活用して，具体的な事物・事象や動作と言葉とを結び付けて，的確な概念の形成を図り，言葉を正しく理解し活用できるようにすること。
② 児童の視覚障害の状態等に応じて，点字又は普通の文字の読み書きを系統的に指導し，習熟させること。なお，点字を常用して学習する児童に対しても，漢字・漢語の理解を促すため，児童の発達の段階等に応じて適切な指導が行われるようにすること。
③ 児童の視覚障害の状態等に応じて，指導内容を適切に精選し，基礎的・基本的な事項から着実に習得できるよう指導すること。
④ 視覚補助具やコンピュータ等の情報機器，触覚教材，拡大教材及び音声教材等各種教材の効果的な活用を通して，児童が容易に情報を収集・整理し，主体的な学習ができるようにするなど，児童の視覚障害の状態等を考慮した指導方法を工夫すること。
⑤ 児童が場の状況や活動の過程等を的確に把握できるよう配慮することで，空間や時間の概念を養い，見通しをもって意欲的な学習活動を展開できるようにすること。

③　盲児の教育内容と方法

　ここでは，盲児に対する教育内容と方法のなかから，点字と歩行を取り上げて解説する。

① 点字指導

　点字は，縦3点，横2点の6点で構成される。日本語だけでなく，数学・理科記号，外国語なども表すことができる。

　点字は学習手段となるため最も重要な指導内容ではあるが，点字学習を開始する前に触運動の統制，触覚による弁別能力，図形の弁別や構成・分解，話し言葉の習得などレディネスが必要である。さらに，点字の指導は，基本的に国語科の授業を中心にして実施されるが，読み書きの速さを高めるための指導が自立活動の時間において展開される必要もある。点字の読み速度の基準としては文部科学省（2003）から，「入門期の一連の触読学習を終了した時点では，1分間に150マス程度読めることが目標となる。また，教科学習を普通に行うためには1分間に300マス程度，効率的に行うためには1分間に450マス程度読めることが必要であるといわれている。理想的には，1分間に600マス以上の速さで読めることが望ましい」と明確に示されている。

　また，点字を書く道具としては，点字盤やいくつかの点字タイプライターが利用される。これらのなかで，学習初期段階の点字の書き指導では，凸面が打ち出される点字タイプライターを用いることが一般的である。一方，点字盤は，適切な時期から指導を導入し，小学部第5学年～第6学年段階では使用できるようにする必要がある。

② 歩行指導

　視覚障害者の歩行は，オリエンテーション（定位＝環境の認知）と，モビリティ（移動＝歩行運動）の２つの側面が一体となった行動であり，盲児に対する歩行指導を行う場合でも，環境の認知と歩行運動の調和のとれた能力の育成が必要である。具体的には主として次の６点の能力獲得があげられる。

　⑴保有する感覚から得られる手掛かりを有効に活用できる能力。

　⑵空間のなかで自己の位置づけや目的地の方向などを正しく理解できる能力。

　⑶歩行コースをイメージ化したり，コースを選択できる能力。

　⑷思いがけない場面や状況などに，とっさに対応できる能力。

　⑸他人から情報を提供してもらったり，必要に応じて援助を要請できる能力。

　⑹歩行補助具を有効に活用できる能力。

　なお，白杖の意義や目的として，白杖で１〜２歩先の障害物等の存在を取得する「安全性の確保」，杖先から路面の状態を確認したり，杖音の反響から周囲の状況を認知したりする「情報の入手」，周囲の人に存在を認識させたり注意を促したりする「視覚障害者としてのシンボル」の３点をあげることができる。また，歩行指導は白杖前歩行指導と白杖歩行指導に大別されるが，本格的な白杖指導は小学部第５学年〜中学部段階で実施されることが一般的である。

4　弱視児に対する指導内容

　弱視児の教育においては，保有する視力を最大限に活用して学習効果をあげることが重要となる。そのためには，見やすい環境の準備と視覚補助具の活用が有効である。環境の準備としては，見やすい教材や教具を準備することや適切な照度を確保することなどをあげることができる。また，義務教育段階の教科書については，すべての教科書出版社から拡大教科書が発行され，通常の学級で学ぶ弱視児も含めて積極的に活用されている。

　一方，副読本や資料，日々の読書活動等，さらには義務教育修了後を考慮すると，視覚補助具の活用もあわせて考えることが重要となる。視覚補助具としては，拡大読書器や弱視レンズがあげられる。拡大読書器は，ビデオカメラを通して写した像を直接モニター画面に表示する装置で，閉回路テレビ（closed circuit television）を略して CCTV といわれることもある。

　一方弱視レンズには，黒板や横断歩道の信号機などある程度の距離がある対象を見るための遠用弱視レンズ（単眼鏡）と，教科書やノート，商品の値札などを見るための近用弱視レンズ（ルーペ）がある。近用弱視レンズには，卓上型，手持ち型，眼鏡型などがある。拡大されたものが準備されなかったり，遠方の情報の入手を考えると，弱視レンズを上手に使いこなせるかどうかが学習活動や視覚的な認知の成否のカギとなる。ただし，十分に使いこなせるように

なるためには長期間の活用指導も必要となる。また，一定の年齢を過ぎてしまってから弱視レンズを使用させてもなかなか上手に使えない場合があったり，年齢が高くなると人前で使いたがらなくなってしまうことも多い。視覚補助具を活用して，よく見える体験を繰り返すことにより，小学部第1学年〜第2学年の段階から積極的に活用できる意欲を喚起していくことが重要である。一方，とくに通常の学級に在籍する弱視児においては，弱視児にのみ視覚補助具の活用の努力を促すのではなく，周囲の同級生や大人に弱視レンズ等の必要性を認識し，理解してもらう必要があることはいうまでもない。

Exercise

①　視力0.02の見え方を説明してみよう。
②　見えない幼児に対して「視覚的模倣の欠如」を補うためのかかわり方を考えてみよう。
③　通常の学級で学ぶ弱視児が教室内で弱視レンズを積極的に活用できるための学級づくりのポイントを整理してみよう。

📖次への一冊

佐藤泰正編『視覚障害学入門』学芸図書，1997年。
　　視覚障害の心理的な問題，教育や福祉の制度，指導法，中途失明者のリハビリテーション等の問題について解説されており，視覚障害に関する入門書である。
全国盲学校校長会編著『視覚障害教育入門 Q&A——確かな専門性と真剣な授業の展開のために』ジアース教育新社，2000年。
　　視覚障害児童生徒の理解，視覚障害教育の望ましい内容と方法など70項目が Q&A 形式で解説されており，視覚障害教育の基本的事項を学ぶことができる。
香川邦生編著『五訂版　視覚障害教育に携わる方のために』慶応義塾大学出版会，2016年。
　　視覚障害児の特性や心理を踏まえ，乳幼児期から学校教育を経て社会的自立に至るまでの発達段階に合わせた養育・指導上の配慮が丁寧に解説されている。
大川原潔・香川邦生・瀬尾政雄・鈴木篤・千田耕基編『視力の弱い子どもの理解と支援』教育出版，1999年。
　　弱視教育について，弱視児の視機能の理解，発達，教材教具や指導方法，日常生活と心理的な適応に至るまで質の高い内容がわかりやすく解説されている。
小林一弘『視力0.06の世界——見えにくさのある眼で見るということ』ジアース教育新社，2003年。
　　日本弱視教育研究会の機関誌である『弱視教育』の連載が単行本として出版された。著者自身の眼の見え方や見えにくさを生活に則して具体的に記しており，弱視

児・者の理解を深めることができる。

引用・参考文献

Fraiberg, S., *Insights from the blind*, Basic Books, 1977.

五十嵐信敬『視覚障害幼児の発達と指導』コレール社，1993年。

五十嵐信敬・小林秀之・稲本正法「弱視レンズの処方の実際」稲本正法・小田孝博・岩森広明・小中雅文・大倉慈之・五十嵐信敬『教師と親のための弱視レンズガイド』コレール社，1995年，101〜112ページ。

池尻和良「小・中学校の通常の学級に在籍する弱視児童生徒に係る調査について」『弱視教育』43(3)，2005年，1〜2ページ。

香川邦生編著『五訂版　視覚障害教育に携わる方のために』慶應義塾大学出版会，2016年。

柿澤敏文「全国視覚特別支援学校及び小・中学校弱視学級児童生徒の視覚障害原因等に関する調査研究——2015年度調査報告」2016年。

厚生労働省社会・援護局障害保健福祉部「平成23年生活のしづらさなどに関する調査（全国在宅障害児・者等実態調査）結果」2013年。http://www.mhlw.go.jp/toukei/list/seikatsu_chousa.html（2017年10月23日閲覧）

黒川哲宇「触知覚」佐藤泰正編『視覚障害心理学』学芸図書，1988年，48〜65ページ。

文部科学省『点字学習指導の手引き（平成15年改訂版）』大阪書籍，2003年。

文部科学省『特別支援教育資料（平成27年度）』2016年。http://www.mext.go.jp/a_menu/shotou/tokubetu/material/1373341.htm（2017年10月23日閲覧）

文部省『歩行指導の手引き』慶應通信，1985年。

大川原潔・香川邦生・瀬尾政雄・鈴木篤・千田耕基編『視力の弱い子どもの理解と支援』教育出版，1999年。

佐藤泰正『視覚障害児の心理学』学芸図書，1974年。

Warren, D. H., *Blindness and Children -An Individual Differences Approach*, Cambridge University Press, 1994.

全国盲学校長会『視覚障害教育の現状と課題』55，2016年。

第6章
聴覚障害の理解と教育

〈この章のポイント〉
　聴覚障害とは，音声言語や日常生活の音が聞こえないあるいは聞こえにくい状態をさす。本章では，聞こえのしくみと聴覚障害の聞こえの様相についての理解を深めたうえで，音声情報の制限によるコミュニケーションおよび日本語習得の困難さや，「9歳の峠」といわれる学業の難しさ，心理・社会性への影響などの聴覚障害児の特性について解説する。さらに，特別支援学校（聴覚障害）と通常学級における教育の現状を把握し，多様な場で学ぶ聴覚障害児のニーズについて学ぶ。

1　聴覚障害の定義と原因

　聴覚障害とは，聴覚機構が十分に機能せず，音声が聞き取りにくい状態あるいは，聞き分けにくい状態であることをいう。聴覚障害は，聴覚機構が十分に機能しない部位や失聴の時期などによってその様相や状態像は異なるものであり，教育的観点から見ると，聞こえの程度，障害の部位，障害が始まった時期が重要である。

　聞こえの程度による分類は，どのくらいの大きさの音（デシベル：dB）を聞き取ることができるかによって分けられる。音の大きさと聞こえの程度のおおよその目安を表6-1に示した。世界保健機構（WHO）では，聞こえの程度により，正常（〜25dB），軽度難聴（26〜40dB），中等度難聴（41〜60dB），高度難聴（61〜80dB），重度難聴・ろう（81dB〜）と分類している。聴覚障害児者の聞こえの状況は標準化された聴力検査法▷1によって測定され，その聞こえの様相はオージオグラム▷2によって表される（図6-1，6-2）。

　障害の部位による分類は伝音難聴と感音難聴に分けられる（図6-3）。伝音難聴の場合，聴覚機構の伝音系（外耳から中耳まで）が十分に機能しないため，音の伝達がうまくいかず，手で耳を塞いだように音が小さく聞こえる。一方，感音難聴の場合，聴覚機構の感音系（内耳以降）において音の振動が電気信号へうまく変換できないため，音の聞こえる範囲が狭まったり，音に歪みが生じる。

　障害の生じた時期による分類は，先天性難聴と後天性難聴に分けられる。出生の前に障害を受けたものを先天性難聴，出生後に障害を受けたものを後天性

▷1　聴力検査法
標準純音聴力検査（どのぐらい小さな音まで聞こえるかということを測定するもの），語音聴力検査（言葉の聞き取りやすさを調べる検査）が代表的な検査である。また，発達段階に応じた，乳幼児に対する聴力検査として聴性行動反応検査（BOA），条件探索反射聴力検査（COR），遊戯聴力検査，聴性脳幹反応（ABR）がある。

▷2　オージオグラム
規定のグラフに，規定の方式で，聞こえの様相を書きこんだものをさす。縦軸は聴力レベル（音の強さ：dB）を表し，横軸は周波数（音の高さ：Hz）を表す。dBは基準値の違いによって単位が異なり，dB HL（hearing level：聴力レベル），dB SPL（Sound Pressure Level：音圧レベル），dB SL（sensation level：感覚レベル）がある。dB HLはオージオメータの測定で使用される単位で，正常な聴力の人が聞こ

える最小音量の平均値を 0
dB HL とする。

表6−1　聴覚障害の程度と音の大きさ

分　類	聴力レベル	音声に対する反応	日常生活の音（例）
正　常	25dB 未満	・普通の会話は問題なく，ささやき声まで完全に聞き取れる	人の心臓の音 ささやき声 深夜の郊外
軽度難聴	26dB 以上〜40dB 未満	・静かな会話が聞き取れなかったり，間違えたりする ・テレビの音を大きくする	新聞をめくる音 こおろぎの鳴き声（最大音） 静かな事務所や図書館
中等度難聴	41dB 以上〜60dB 未満	・普通の会話が聞きづらい ・自動車が近づいて，初めて音に気づく	普通の会話 静かな車のなか
高度難聴	61dB 以上〜80dB 未満	・大声でも正しく聞き取れない ・商店街などの大きな騒音しか聞こえない	大声の会話 セミの鳴き声 電車のなか 電車の通るガード下
重度難聴	81dB 以上	・耳元での大声も聞きづらい ・日常音は，ほとんど聞き取れない	自動車の警笛 飛行機のジェット音 （130dB 以上は耳が痛くなる）

出所：筆者作成。

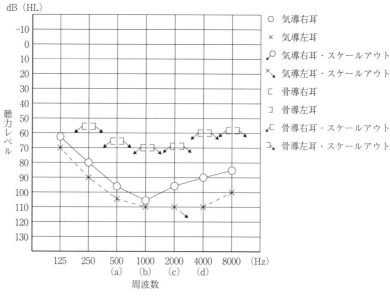

図6−1　オージオグラムの記載例
出所：大沼（1997，63ページ）。

難聴という。後天性難聴は，音声言語発達の観点から音声言語の獲得の前後に
分けられる。これは，一般的に3歳前後に聴覚を通して音声言語の基礎が形成
され，7歳頃には音声言語の機能が完成するといわれており，発達の早い段階
の音声情報の制約により音声言語の獲得に影響があると考えるためである。

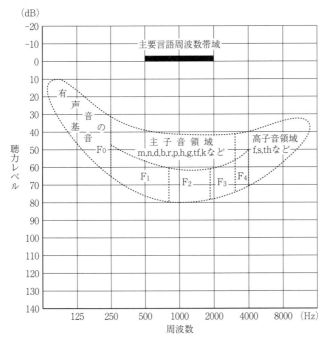

図6-2　日常会話の音声範囲

出所：文部科学省（2013）をもとに作成。

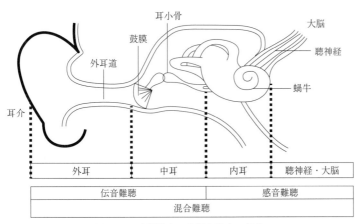

図6-3　聴覚障害の分類と障害の部位

出所：大沼（1997, 11ページ）。

　伝音難聴の原因は，外耳道の狭窄や閉鎖，鼓膜の穿孔，耳小骨の形状異常，中耳炎などであり，伝音機構のみの障害で発現する難聴の程度は最大でも60dB 程度であるといわれる。それに対して，感音難聴の原因は，遺伝性，ウィルス感染（風疹や流行性耳下腺炎など），薬物（ストレプトマイシンなど），メニエール病，騒音，頭部外傷などである。また，高齢にともなう聴力の低下は老人難聴と呼ばれる。

2　聴覚障害児の学習の特性とニーズ

1　聴覚活用

　聴覚活用のねらいは，聴覚の活用経験を広げ，コミュニケーションを豊かにすることにある。聴覚活用のためには，聴力検査，補聴器および人工内耳の調整，聴覚学習による指導が不可欠である。

　補聴器は，音をマイクで集めアンプで増幅し，スピーカーで音を伝えるものであるが，ダイナミックレンジ（可聴範囲）▷3の狭さによる音声情報の入力が制限されるため，聴覚障害の程度が重度になるほど入力される音声情報が制約される側面があるものの，デジタル補聴器の開発により雑音の減衰や前方の音声を拾い出す指向性の機能，ハウリング（補聴器からの音漏れ）の軽減，音質の細かい調整などが可能となっている。人工内耳は内耳にある蝸牛に埋め込んだ電極で聴神経を刺激して中枢で音を感じさせるものであり，マイクから入力された音声はスピーチプロセッサで語音識別に有用な情報が抽出され聴神経へ伝えられる。1997年に小児に対する保険適応も認められるようになり，人工内耳を装用する子どもも増えつつある。しかしながら，人工内耳装用によって聴覚活用に劇的な効果を示す子どもが存在する一方で，期待した効果が得られない子どももおり，正確な知識の提供と家族を含めた包括的な支援が不可欠である。また，補聴器や人工内耳の機器の性能は飛躍的に発展している一方で，これらの機器の活用が聴者と同じような聞こえを保障するものではないことや，適切な言語環境と言語指導が必要であることも十分に認識すべきである。

2　コミュニケーション手段

聴覚障害教育においては，早期から「確実なコミュニケーションを積み重ねる」ことが重視されており，聴覚活用ともに個々の子どもに応じて，多様なコミュニケーション手段が用いられる（図6-4）。

　補聴器や人工内耳を活用して音声言語によりコミュニケーションを行う方法を聴覚口話といい，話し手の口の動きを見て音声情報を補完し，言葉を読み取る方法を読話という。しかし，「たばこ／たまご」「おじいさん／おにいさん」「七／一」などの例のように，口形が同じ言葉の読み取りは難しく，読話だけですべての言葉を理解することは難しい。聴覚口話法による音声情報の不十分さを軽減する方法には，キュードスピーチや音韻サインなども用いられる。キュードスピーチとは，発話の際に手指による手がかり（キュー）を口の近くで提示する方法であるが（図6-5），使用される手がかり（キュー）は統一され

▷3　ダイナミックレンジ（可聴範囲）
聞こえる最も小さな音のレベル（最小可聴閾値）と不快な音のレベル（不快閾値）との間のことをいう。多くの感音難聴の場合，不快閾値が聴児よりも高くなるわけではないので，小さい音が聞こえにくくなる。そのため，聞こえのダイナミックレンジは狭くなり，音声情報の制約が大きくなる。

言語・モード	聴覚型	聴覚・視覚併用型 （聴覚重視，視覚同時）	視覚型
音声言語 （日本語）	聴覚 （聴覚活用中心）	聴覚口話 （聴覚活用＋読話） キュードスピーチ 指文字 同時法	口話 （読話中心）
		トータルコミュニケーション	
手指言語 （日本手話）			手話

図6-4　聴覚障害教育におけるコミュニケーション手段
出所：中野・斎藤編（1996，54ページ）をもとに作成。

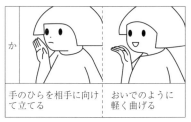 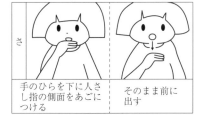

図6-5　キュードスピーチの例（千葉聾学校幼稚部，Ｋ音とＳ音）
出所：岩城（1986，100〜101ページ）。

たものではなく，学校ごとに異なる。

　視覚的なコミュニケーションとして使用される方法として手話や指文字があげられる。手話は「日本手話」と「日本語対応手話」「中間型手話」に分けられる。「日本語対応手話」は日本語の文法にそって日本語を手指化したものであるが，「日本手話」は日本語と異なる独自の文法体系をもち，自然言語として位置づけられた言語である。「中間型手話」は「日本手話」と「日本語対応手話」が入り交じった手話と考えられている。指文字は，日本語の五十音に対応している手指サインである（図6-6）。

　このほかにも，筆談や空書，ジェスチャー・身振りなどの方法もコミュニケーションの有効な手段となりうる。また，聴覚障害児者にとってわかりやすい手段を使うというトータル・コミュニケーションという理念もある。

3　聴覚障害児の特性

　音声情報の制約により，聴覚障害の子どもは日本語の習得に難しさが見られる。一般的に，習得語彙数の少なさ，多義的な意味の理解しづらさ，助詞等の誤用，複雑な構造の文章を書くことと理解することの難しさ，作文の内容が事実の描写にとどまる等が指摘されている（相馬ほか，1982；齋藤ほか，1988；左

▷4　日本手話
自然言語として位置づけられ，日本語とは異なる独自の文法体系をもつ言語である（例：アメリカでは，「American Sign Language（ASL）」）。日本語とは異なり，顔の表情やまゆの上げ下げ，視線等が文法的機能を表したり（非手指操作），手話と非手指動作あるいは手話と手話を同時に使って文を作る（同時性）などの特徴があるといわれる。

▷5　トータル・コミュニケーション
特定のコミュニケーション手段をさすのではなく，コミュニケーションが成り立つように利用できる多様な手段を統合することを目指すもので，「聴覚障害者同士および聴覚障害者との効率的なコミュニケーションを確実にするために，適切な聴能・手指・口話によるコミュニケーション方法を統合した理念」をさす。

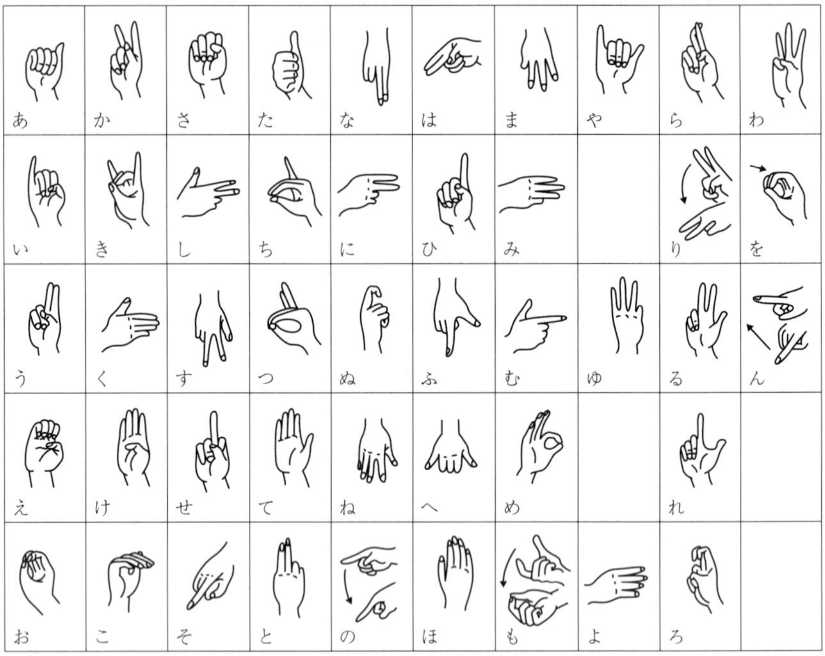

図6-6　日本の指文字

出所：中野・斎藤編（1996, 55ページ）。

藤, 2000；左藤ほか, 2004；相澤ほか, 2007）。日本語の習得との関係から，「9歳の峠（9歳の壁）」に象徴される学習の難しさも指摘される。とくに，読解や数の概念，抽象性の高い論理的な内容を理解することが難しく，学年が進むにつれて，聞こえる子どもとの学力の差が大きくなるといわれる。同様に，認知能力についても日本語習得との関連から捉えられることが多く，言語性の知能は聴児に比べて低いが，動作性の知能に表される認知的機能は聴児に比肩すると考えられている。しかし，課題解決が言語力の影響が大きいことや経験の不足などから，論理性を求められる課題や記号的な要素が含まれる課題については，聴児に比べて低い結果となることも示唆されており，ワーキングメモリに関する研究なども散見される（澤, 2003）。

　また，コミュニケーション関係がうまく築けないことなどから，友達間のトラブルも生じやすく，自信を失ったり自尊心を傷つけられ，社会的適応に影響が及ぼされることがある。聴覚障害の子どものなかには「聞こえないという特徴がある自分を肯定的に捉えること，あるいは，聞こえる周囲に対する認識（障害認識）」をもちにくい子どもも存在する。そのような傾向は，軽度あるいは中等度の難聴の子どもにも見られるといわれる。

４　聴覚障害教育の内容

①　特別支援学校

　特別支援学校（聴覚障害）では，新生児期から青年期に至るまでの発達を支援・指導する場所である。日本語の獲得に配慮した指導と配慮のもとに，通常の学級に準ずる教育と聴覚障害の状況に応じた自立活動の指導が行われている。「伝わる」ことと「わかる」ことの違いを念頭におき，個々の子どもの実態に適した働きかけを行うことの重要性を押さえておく必要がある。

(1)乳幼児教育相談

　新生児聴覚スクリーニング検査の普及により，０歳児からの聞こえと言葉の相談に対応している。子どもの全体的な発達を促すことや愛情と信頼関係に基づく親子関係を育てること，補聴器の装用や聴覚活用の指導を視野に入れた家族への教育援助と乳幼児の教育指導を行っている。

(2)幼稚部

　子どもの全人的な育成を目指すとともに，聴覚活用をもとに子ども同士のコミュニケーション活動の活発化および話し言葉の習得を促し，言語力の向上を図ることを目標として掲げている。具体的には，基本的な生活習慣や態度を育てることや，身近な事象への興味関心を育てて，豊かな心情や思考力の芽生えを大事にすること，話し言葉の表出と理解に関する態度や必要な技術，言葉に対する感性を養うことなどがあげられる。生活のなかで育まれた幼児期の言語が日本語の読み書きの力へとつながり，教科等の指導の基盤となるため，幼稚部での指導が果たす役割は大きい。

(3)小学部

　幼稚部段階で築きあげた言語力を基盤として，書き言葉の習得や抽象的な言葉の理解に努めるための指導が行われている。コミュニケーションが成立し，伝わることを先決としたうえで，内容の理解を目指すことが重要である。また，小学部児童の実態はさまざまであるため，子どもの実態に応じたねらいや内容を吟味することも必要である。

(4)中学部

　読み書きの力を核とした基礎学力の定着と，「自ら学び自ら考える力」を目指した指導が行われる。小学部段階に比べて学習内容が深まり，抽象的な表現も増えることから，生徒の知的好奇心を刺激し，確実な手段で「わかる授業」を展開することが，生徒の学習意欲を高めることにつながる。また，個々の児童生徒の実態に応じた言語力とコミュニケーション能力の向上，自主的かつ自律的態度の育成を目指した指導も重要である。

▷6　新生児聴覚スクリーニング検査
聴覚障害の有無ではなく，聴覚に関する精密検査の必要性を判定するためのものである。出生後に短時間で実施できる簡易聴覚検査である。「再検査（Refer）」の判定がでた場合には，精密検査による確定診断を受けることになる。このスクリーニング検査の導入により，早期発見による早期支援の可能性が広がったが，検査後のフォロー体制の整備の必要性や検査および結果に対する説明不足などの課題も指摘されている。

⑸高等部

義務教育の成果を基盤として，自ら学ぶ意欲をもち，社会に主体的にかかわる力をもった人間の育成を目指している。とくに，高等教育機関への進学も増えている現状においては，個々の生徒が具体的な将来像を描き，一人ひとりの生徒の可能性が十分に活かされるような学習態勢や方法，内容を工夫することが必要である。

⑹自立活動

聴覚障害教育における指導内容としては，主に，⑴聴覚活用，⑵発音・発語，⑶コミュニケーション・言語，⑷障害認識，があげられる。⑴の聴覚活用に関する指導内容は，補聴器あるいは人工内耳の取り扱いや装用習慣，聴力や機器に関する知識の習得，音や音楽，言語の聞き取りを中心として行う。これらの指導を行うためには，聴力測定を含めた聴覚活用の評価および補聴器や人工内耳の状態を的確に把握することが不可欠である。⑵の発音・発語に関する指導内容は，発声・呼吸の指導，構音器官（息・声・舌・あご・唇）の動きの習得，単音から語句，文の発声などがあげられる。発音・発語指導は発音の明瞭度を高めることだけが目的ではなく，日本語の音韻や音声の構造を意識させ，日本語の習得と定着を図る意味もある。⑶のコミュニケーション・言語に関する指導では，コミュニケーションに対する意欲，日本語表現の拡充や補完などの指導が行われる。⑷の障害認識に関する指導内容では，聞こえないということへの理解や手話やろう文化などに着目した指導が展開される。

② 難聴特別支援学級や通級による指導

「きこえの教室」とも呼ばれ，通常学級との連携のもとに自立活動と教科の補充指導を中心に進められている。主に，⑴聴覚管理，⑵聴覚学習，⑶言語指導（言葉の発達の促進），⑷発音指導（手話や指文字なども含む），⑸適応指導（トラブル解決，障害理解，障害認識等），⑹教科の補充指導などの指導を行っている。

障害認識や障害理解については，聞こえないということへの周囲への理解や教室内でのトラブルの解決，手話やろう文化等に着目した指導が展開される。小・中学校で学ぶ聴覚障害の子どもは他の聴覚障害の子どもと交わる経験が少なくなりがちであるため，同じ障害のある子ども同士の仲間あるいは成人の聴覚障害者と積極的に交流する機会を保障することが重要である。このような機会を通じて，社会で活躍する聴覚障害の先輩の考え方や生き方に触れたり，学校生活の悩みを共有したりし，聴覚障害としての自分に向き合う貴重な時間を通じて，障害認識や自己肯定感が育まれる。

学習支援としては，音声情報を補完するために，授業補助者などによる情報保障が行われることがある。学校教育の場における情報保障とは，授業や会話の大事な内容だけ抜き出して伝えるものだけではなく，子どもたちが学校生活

▷7　ろう文化
「聴覚障害＝ろう文化」ではない。アメリカの定義では「ろう者とは手話を母語とし，ろう者の集団がろう社会であり，ろう社会の文化がろう文化である」とされる。ろう文化の独特の行動パターンとして「（日本文化では，人をさすのは無作法とされるが）人やものをさすときに指さしで示す」などの例があげられる（木村・市田，1995）。

▷8　ノートテイク，パソコン要約筆記，音声認識ソフト，補聴援助システム（FMシステムなど），手話通訳などの手段がある。このほかに，板書や配布資料，映像の字幕なども情報保障と捉えることができる。教育歴やコミュニケーション方法，言語，聴力レベルなどの要因によって，ニーズが異なる点に留意が必要である。

に参加するために必要であると考えられる情報を適切に提供する視点も重要である。また，授業補助者による情報保障を行う以外にも，読話の重要さへの理解，伝わりやすい話し方の工夫，グループ学習における配慮やルールづくり，板書の工夫などの教室環境の整備（騒音の軽減）などへの配慮をすることも学習支援の一環として捉えることができる（白井・小網・佐藤，2009）。

3　聴覚障害教育の現状と課題

　言語学的観点による研究の展開や，ろう幼児の手話言語獲得のプロセスなどに関する心理学的研究の示唆，バイリンガルろう教育による教育実践などの聴覚障害教育をとりまく状況の変化などから，教育における手話の位置づけが問い直されている。聴覚障害教育では聴覚口話法を基本とした音声言語による教育が行われてきたが，現在では，大多数の特別支援学校（聴覚障害）が聴覚活用を基盤としながらも幼稚部段階の早期の段階から手話を導入し，教材開発や指導上の工夫が行われるようになっている。しかしながら，早期からの手話の使用と日本語習得とのかかわりについては明らかになっていないことも多く，指導の原理や指導方法についての研究や実践が積み重ねられている段階である。

　教育における手話の位置づけが問われている一方で，人工内耳装用児の増加にともない，効果的かつ持続的な聴覚活用に関する指導のニーズが高まっている現状もある。このような聴覚活用に関する指導のニーズは，特別支援学校（聴覚障害）に通う子どもだけではなく，通常学級で学ぶ子どもにとっても同様であると考えられるが，オージオロジーに関する専門的な知識や技術をもつ教師の配置の難しさに課題としてあげられる。今後，子どもへの直接的な支援・指導にとどまらず，聴覚障害教育の専門性を携えた教師の育成も視野に見据え，聴覚障害教育を中心とする特別支援学校が地域のセンターとして，医療的な専門機関も含めた連携を進めていくことが不可欠であろう。個々の子どもの発達段階や実態を見極めて，より最適な条件のもと指導・支援を展開することが期待される。

▷9　**バイリンガルろう教育**
ろう者の第一言語は手話であるとの前提のもとに，手話と書記言語を用いた教科学習を行う教育のことをバイリンガルろう教育という。なお，ここでいう手話とは，音声言語とは異なる文法体系をもつ日本手話やASLのことをさす。また，バイリンガルろう教育においては，リテラシーの向上という側面だけではなく，ろう文化を継承し，ろう者としてのアイデンティティの確立をはかるという重要な側面も含まれる。

Exercise

① 　聴覚障害教育で活用されているコミュニケーション手段を具体的にあげ，その特徴をまとめてみよう。

② 　通常学級で学ぶ聴覚障害児に対する支援・指導について留意すべきことをまとめてみよう。

📖次への一冊

四日市章編著『リテラシーと聴覚障害』コレール社，2009年。
　　　言語発達および読み書きの発達とその理論を整理し，聴覚障害教育における日本語習得の問題についてまとめられている専門書である。

マーシャーク，M.・スペンサー，P. E. 編著，四日市章・鄭仁豪・澤隆史監訳『オックスフォード・ハンドブック　デフ・スタディーズ——ろう者の研究・言語・教育』明石書店，2015年。
　　　実践の理論的背景も踏まえて，教育学，心理学，言語学，遺伝学，行動科学各分野の専門家が多様な視点から聴覚障害教育について論じた翻訳本である。

岩城謙『聴覚障害児の言語とコミュニケーション』教育出版，1986年。
　　　聞こえる子どもの言語習得のプロセスをモデルとして，聴覚障害児の言語習得のために必要な諸条件を考察し，聴覚障害児に対する言語指導とコミュニケーションのあり方が概説されている。

加我君孝編著『新生児・幼小児の難聴——遺伝子診断から人工内耳手術，療育・教育まで』診断と治療社，2014年。
　　　聴覚生理学，聴覚検査，難聴支援機器の仕組みをはじめとし，難聴児の教育の歴史を踏まえて教育にかかわる内容も紹介されており，最近の聴覚障害教育の動向全般について学ぶことができる。

神田和幸編著『基礎から学ぶ手話学』福村出版，2009年。
　　　言語である手話の構造を言語学的な観点から解説したものであるが，その使用者であるろう者やろう教育，手話通訳などにも視野を広げ，基礎的な知識を学ぶことができる。

引用・参考文献

相澤宏充・左藤敦子・四日市章「聴覚障害児の関係節の理解」『特殊教育学研究』45(2)，2007年，77～84ページ。

岩城謙著『聴覚障害児の言語とコミュニケーション』教育出版，1986年。

加我君孝編著『新生児・幼小児の難聴——遺伝子診断から人工内耳手術，療育・教育まで』診断と治療社，2014年。

神田和幸編著『基礎から学ぶ手話学』福村出版，2009年。

木村晴美・市田泰弘「ろう文化宣言——言語的少数者としてのろう者」『現代思想』23(3)，青土社，1995年，354～362ページ。

文部科学省「教育支援資料——障害のある子供の就学手続と早期からの一貫した支援の充実」2013年。

中野善達・斎藤佐和『聴覚障害児の教育』福村出版，1996年。

大沼直紀『教師と親のための補聴器活用ガイド』コレール社，1997年。

左藤敦子・四日市章「聴覚障害児の語彙に関する文献的考察」『心身障害学研究』24，2000年，195～203ページ。

左藤敦子・四日市章「難聴児における動詞の産出傾向——文脈による意味の限定の観点から」『特殊教育学研究』41(5)，2004年，455～464ページ。

澤隆史「聴覚障害児・者の作動記憶に関する研究の動向」『特殊教育学研究』41⑵，2003
　　年，255〜267ページ。
白井一夫・小網輝夫・佐藤弥生編著『難聴児・生徒理解ハンドブック──通常の学級で
　　教える先生へ』学苑社，2009年。
脇中起余子『聴覚障害教育　これまでとこれから──コミュニケーション論争・９歳の
　　壁・障害認識を中心に』北大路書房，2009年。

第7章
知的障害の理解と教育

〈この章のポイント〉
　知的障害とは，知的機能に制約があること，同時に適応行動に制約をともなうこと，そしてその状態が発達期に現れることの3つの要素で定義される。本章では，知的障害児の学習特性からくるニーズについて解説する。また，知的障害児の指導においては，本人の興味・関心などを大切にしながら学習意欲を高め，生活のなかで学んだことを活かしていけるような指導を行うことが大切であることを学ぶ。

1　知的障害の定義と原因

1　知的障害の定義

　知的障害の定義については，米国精神医学会（American Psychiatric Association：APA）のDSM-5（Diagnostic and Statistical Manual of Mental Disorders, Fifth Edition, 2013）によれば，知的能力障害（Intellectual Disability）として表7-1のように示されている。

表7-1　DSM-5の知的能力障害の定義

知的能力障害（知的発達症）は，発達期に発症し，概念的，社会的，および実用的な領域における知的機能と適応機能両面の欠陥を含む障害である。以下の3つの基準を満たさなければならない。 　A．臨床的評価および個別化，標準化された知能検査によって確かめられる，論理的思考，問題解決，計画，抽象的思考，判断，学校での学習，および経験からの学習など，知的機能の欠陥。 　B．個人の自立や社会的責任において発達的および社会文化的な水準を満たすことができなくなるという適応機能の欠陥。継続的な支援がなければ，適応上の欠陥は，家庭，学校，職場，および地域社会といった多岐にわたる環境において，コミュニケーション，社会参加，および自立した生活といった複数の日常生活活動における機能を限定する。 　C．知的および適応の欠陥は，発達期の間に発症する。

出所：日本精神神経学会監修，髙橋三郎・大野裕監訳（2014）。

　そのほかに，アメリカ知的・発達障害協会（American Association on Intellectual and Developmental Disabilities：AAIDD）や世界保健機関（World Health Organization：WHO）も，知的障害の定義を示している。
　これらいずれの定義にも共通要素として，以下の3点が含まれている。1点

目は，知的機能に制約があり，知能指数（IQ）が70以下であること。2点目は，適応行動に制約をともなうこと。3点目は発達期，18歳以下の発症という点である。現在のところ，知的障害はこれら3つの要素から構成されるといえよう。

2　知的障害の原因

知的障害の原因については，AAMR 第10版（2002）において，4つの観点から捉える多因子的アプローチを採用されて以来，知的障害の原因を単一のことだけでなく，多様な要因を考慮して捉えられている。具体的には，表7-2のとおりである。

また，米国精神医学会の DSM-5（2013）によれば，知的能力障害の有病率は一般人口全体の約1％であり，有病率は年齢によって変動するとされている。

表7-2　知的障害の危険因子

時　期	生物医学的	社会的	行動的	教育的
出生期	1．染色体障害 2．単一遺伝子障害 3．症候群 4．代謝障害 5．脳発育不全 6．母親の疾患 7．親の年齢	1．貧困 2．母親の栄養不良 3．ドメスティックバイオレンス 4．出生前ケアへのアクセス欠如	1．親の薬物使用 2．親のアルコール使用 3．親の喫煙 4．親の未成熟	1．支援されていない親の認知能力障害 2．親になる準備の欠如
周産期	1．未熟 2．分娩外傷 3．新生児障害	1．出産ケアへのアクセス欠如	1．親による世話の拒否 2．親による子どもの放棄	1．退院時介入サービスへの医療的紹介の欠如
出生後	1．外傷性脳損傷 2．栄養不良 3．髄膜脳炎 4．発作性障害 5．変性疾患	1．不適切な養育者 2．適切な刺激の欠如 3．家庭の貧困 4．家族の慢性疾患 5．施設収容	1．子どもの虐待と無視 2．ドメスティックバイオレンス 3．不適切な安全対策 4．社会的剝奪 5．困難な子どもの行動	1．不適切な育児 2．診断の遅れ 3．不適切な早期介入サービス 4．不適切な特殊教育サービス 5．不適切な家族支援

出所：米国精神遅滞協会（2004）。

2　知的障害児の学習の特性とニーズ

　知的障害のある児童生徒の学習上の特性として，学習によって得た知識や技能が断片的になりやすく，実際の生活の場で応用されにくいことや，成功経験が少ないことなどにより，主体的に活動に取り組む意欲が十分に育っていないことが指摘されている（文部科学省，2009）。また，実際的な生活経験が不足しがちであることから，実際的・具体的な内容の指導が必要であり，抽象的な内容の指導よりも効果的である（文部科学省，2009）。したがって，知的障害児への指導においては，本人の興味・関心などを大切にしながら学習意欲を高め，生活のなかで学んだことを活かしていけるような指導を行うことが大切である。例えば，数や計算の指導においても，身近な生活の具体物を用いながら，買い物場面など実際的な場面を想定して指導を行っていくことが求められる。

　知的障害の学習特性とニーズについて，主な内容として，以下の点があげられる。

1　視覚認知

　人は，見ることによってさまざまな情報を得る。知的障害児にとっても，絵や写真など視覚的な手がかりは学習場面で有効な手がかりとなることが多く，視覚的情報は欠かせない。コミュニケーション場面でも，言葉だけでなく，ジェスチャーや絵カードなどが理解を促進させることがある。しかし，知的障害児では，こうした視覚認知の機能低下が報告されている。

　知的障害児は，物の形などを認知しようとするときに，障害のない児童生徒と比べて，より多くの注視回数や注視時間を必要とすることが指摘されている（大森ほか，1993）。また，認知する際に必要とされる「有効視野」が狭いことから，効率的な視覚探索が難しく，その結果，視覚認知機能低下をきたしている（勝二，2002）。知的障害児の指導に際しては，まずは知的障害児の視覚認知の実態や背景要因について正確に把握することが大切である。そのうえで，教材・教具の大きさや視覚的手がかりの提示方法について，工夫を行いたい。

　なお，例えば，ダウン症児では，そもそも近視，遠視，斜視などの合併症が約50〜70％近く認められる。したがって，こうした合併症にも配慮すべきである。

2　記　憶

　学習場面では，覚えること，つまり記憶の働きが不可欠である。近年では，一時的に情報を保持しながら同時に処理を行うワーキングメモリが注目されて

いる。堂山ら（2014）は，知的障害児はワーキングメモリに関連する行動・学習のうち指示通りに行動すること，話をしたり説明をしたりすることが知的障害のない児童に比較して困難であることを報告している。

　このように，知的障害児ではワーキングメモリの苦手さがしばしば見られる。例えば，10個の積木があり「7個とってください」といわれたときに，積木を数えている途中で何個とるのか忘れてしまうことがある。したがって，学習場面では，そもそもワーキングメモリに過度な負担がかかっていないか，子どもがつまずく背景には「わからないのか？」それとも「忘れてしまったのか？」という区別を行いながら支援のあり方を見つめていくことが大切となる。

　知的障害児の視空間の情報に関するワーキングメモリは，その子の知的機能水準に比して高い機能を示す可能性があると指摘されていることから（大井ほか，2015），視空間の情報を効果的に用いることで，覚えやすくなるかもしれない。

　いずれにせよその子に応じた得意な記憶方法について支援していくことが大切になる。また，忘れないために，メモを取ったり，写真を撮り記録として残すといったワーキングメモリの弱さを補う手立てを支援していくことも大切になる。

３　ことばの学習支援

　知的障害児のことばの発達は，個人差は認められるが，一般的には遅れる。知的障害児における語彙獲得過程は，緩やかであるが，一般的には健常児の語彙発達に近い発達経過をたどると指摘されている（大伴，2007）。

　小学生段階における重度知的障害児の指導においては，授業場面におけるオノマトペの重要性が指摘されている。知的障害教育では，オノマトペが，児童の号令，教示や乗り物の音の表現に使われており，そこには，(1)臨場感，(2)動作を促す効果的な教示，(3)作業の応援，(4)リズムの産出の役割がある（高野・有働，2007）。これらは授業で行うさまざまな体験をより印象深い，興味あるものにし，自信をもって取り組むことへの手がかりや，コミュニケーションの基盤となるものになる（高野・有働，2007）。

　重度知的障害児の支援においては，こうしたオノマトペの活用のほかに，表情，指さし，ジェスチャーなど非言語コミュニケーションを積極的に活用して，コミュニケーションの基盤を育てることが求められる。また，子どもの好きな遊びや活動等を通して，情動的な交流を行っていくことも欠かせない。

　知的障害児への文字の読み書き指導については，知的障害児がひらがなの読み書きを獲得するためには，音韻意識，視覚認知，手指の操作性すべてにおい

て，少なくとも 4 歳児程度の発達年齢が必要であるといわれている（河野,
2014）。

　知的障害児の文字の書字に関しては，文字・書き言葉の学習における指導方
法として，「書字学習を毎時間，学習内容を決めて週予定に組み込む」ことが
必要であり，週予定のなかに文字・書き言葉の時間を位置づけて，習慣的に決
まった内容の書字指導をすることで効果的な指導が行われるとされている（渡
辺，2012）。また，タブレット PC 学習が，漢字書字に苦手さをもつ生徒の漢字
書字習得にとくに有効であるといわれている（成田ほか，2016）。

　知的障害児の書字の特性を考慮して速度面に配慮した環境を設定することや
日常的に書字を位置づけるとともに，ICT を積極的に活用した書字支援へと
つなげていくことが，知的障害児の書字学習の効果的な支援へとつながるとい
えよう。また，知的障害児の文章作成における表象活動を育てる方略として，
読解能力に上積みするような形での文章作成ではなく，自分にとって意味のあ
る文章として，虚構遊びや絵本などの鑑賞遊びから発展する形での表象活動や
作話活動から文章生成を促す方略や，手紙活動のような他者に伝える道具とし
ての書き言葉学習から，文字・書き言葉の習得学習を行うことが必要である
（渡辺，2010）。

　4　数の前段階から初期段階の学習支援

　数の学習では，その前段階として，多少の判断，計数などがある。知的障害
児には多い少ないなどの判断ができないにもかかわらず加減や乗除の計算が可
能である生徒がいることや，均等配分課題においても配分方略が通常発達児の
発達プロセスとはかなり異なっているなど，細かくその数課題に対する行動を
吟味していくと知的発達年齢の対応する通常発達児には見られないさまざまな
特徴がある（山口，2012）。したがって，知的障害児においては，単に知的発達
年齢に対応する数概念の理解力として捉えるのではなく，まずは正確な評価を
行い，支援の手がかりを得ていくことが大切になる。

　なお，かずの前段階の指導としては，(1)ものの認知（目と手の協応），(2)もの
の弁別・分類，(3) 1 対 1 対応・数唱・数字，(4)計数，(5)数概念，の観点から，
算数の基礎的概念の獲得状況を評価して，支援していくとよい（三村・松村，
2001）。

▷1　1992（平成4）年3月に出された「通級による指導に関する充実方策について（審議のまとめ）」において、「知的障害については、精神発達の遅れやその特性から、小集団における発達段階に応じた特別な教育課程・指導法が効果的であり、このため原則として、主として特別支援学級において、いわゆる固定式により指導することが適切である」と答申された（通級学級に関する調査研究協力者会議、1992）。ところで、文部科学省は、2016〜2017（平成28〜29）年度の特別支援教育に関する実践研究充実事業の一環として、「知的障害に対する通級による指導についての実践研究」によるモデル事業を設定している。このモデル事業の趣旨は、「通常の学級に知的障害のある児童生徒が在籍している状況を踏まえ、これらの児童生徒に対する通級による指導の有効性を検証する」ことである。

▷2　文部科学省（2013）から、この規定の文言を順次確認していく。「知的発達の遅滞があり」とは、児童生徒の精神機能のうち、情緒面とは区別される知的面に、同年齢の子どもと比較して平均的な水準より明らかに遅れが有意にあることを示している。

▷3　「他人との意思疎通が困難」とは、特別な配慮なしに、その年齢段階に標準的に要求されるコミュニケーション能力が身についていないため、一般的な会話をする際に話された内容を理解することや自分の意思を伝えることが著しく困難であり、他人とのコミュニケーションに支障がある状態をさしている。

3　知的障害教育の現状と課題

1　知的障害児の「特別な学びの場」とその対象者

　知的障害児童生徒のための「特別な学びの場」には、特別支援学校（知的障害）と、小学校および中学校に設置されている知的障害特別支援学級がある。知的障害児はその学習特性とニーズから、小集団による発達段階に応じた特別な教育課程・指導法が効果的であるとの理由から、「通級による指導」の対象外とされ、主として、特別支援学校や特別支援学級において、その指導がなされてきた。

① 特別支援学校（知的障害）の対象となる障害の程度と状態像

　特別支援学校（知的障害）の教育を受けることができる対象児童生徒の障害の程度は学校教育法施行令第22条の3において次のように示されている。

> 一　知的発達の遅滞があり、他人との意思疎通が困難で日常生活を営むのに頻繁に援助を必要とする程度のもの
> 二　知的発達の遅滞の程度が前号に掲げる程度に達しないもののうち、社会生活への適応が著しく困難なもの

　この規定では、社会生活への適応性の観点が明文化され、知的障害児童生徒への特別支援教育は、適応機能の改善や向上を目指して行われることが明確にされている。このような状態状の子どもたちは、生活に即した実際的な指導場面でのきめ細やかな指導が必要となるため、教師1人に対して児童生徒2〜3人程度の比率での指導が可能な特別支援学校（知的障害）が、学びの場の選択肢となる。

② 知的障害特別支援学級の対象となる障害の程度と状態像

　知的障害特別支援学級の対象となる知的障害者の障害の程度は、政令ではなく文部科学省初等中等教育局長の通知（25文科初第756号）によって以下のように示されている。

> 知的発達の遅滞があり、他人との意思疎通に軽度の困難があり日常生活を営むのに一部援助が必要で、社会生活への適応が困難である程度のもの

　知的障害特別支援学級の対象は、その生活年齢段階で求められる身辺処理の自立はほぼできているもので、その年齢段階に標準的に要求される機能に比較して他人との日常生活に使われる言葉を活用しての会話はほぼ可能であるが抽象的な概念を使った会話などになると、その理解が困難な程度の者となる。例

えば，日常会話のなかで，晴れや雨などの天気の状態についてわかるように
なっても「明日の天気」などのように時間の概念が入ると理解できなかった
り，比較的短い文章であっても，全体的な内容を理解し短くまとめて話すこと
などが困難であったりするような児童生徒の状態像である（文部科学省初等中等
教育局特別支援教育課，2013）。

　小学校の知的障害特別支援学級では，第1学年〜第6学年の対象児童，中学
校の特別支援学級では，第1学年〜第3学年の対象生徒が，一つの学級で，異
学年・異生活年齢の学習集団を作ることになる。1学級の児童生徒数の上限は
8人とされているが，実際には一学級あたり平均4人程度の児童生徒数となっ
ている^{▷7}。

　知的障害特別支援学級では，原則として小・中学校の新学習指導要領^{▷8}が適用
されることになるが，児童生徒の障害の状態等に応じて，特別支援学校学習指
導要領を参照して，その学級の児童生徒のニーズに応じた特別の教育課程を編
成することになる。このため教育課程の編成や指導法は，特別支援学校（知的
障害）と共通するところがある。

　小学校の特別支援学級では，心身の諸機能の調和的発達，基本的生活習慣の
確立，日常生活に必要な基礎的な知識，技能および態度の習得，集団生活への
参加と社会生活の理解などが教育の目標となる。中学校の特別支援学級では，
小学校における目標を十分に達成するとともに，日常の経済生活についての関
心を深め，将来の職業生活や家庭生活に必要な知識，技能および態度を身につ
けることなどが目標となる。特別支援学級では，学級が通常学校内にあるとい
う環境を十分に活用し，知的障害児の集団生活への参加を促し，特別支援学級
と通常学級の児童生徒の相互理解を深めるような「交流及び共同学習」の機会
が積極的に設けられることを望みたい。

2　知的障害教育の基本的な考え方

　知的障害教育は，いかにして社会性を培い社会自立を図っていくかを究極の
ねらいとしている（全国知的障害養護学校長会，1999）。教育の目標は，一人ひと
りの児童生徒の全人的発達を図り，その可能性を最大限に伸ばすという点で
は，小学校，中学校および高等学校と同様であるが，知的障害の学習特性や教
育上のニーズから，知的障害児童生徒に望ましい社会参加のための知識，技能
および態度を養うことに指導の重点が置かれている。すなわち，知的障害教育
は，アカデミックな教科学習を中心とする認識能力の形成機能（教科課程）と
価値観や道徳性・社会性発達の育成機能（教科外課程）の2つの機能の組み合
わせで学校教育が行われるとすれば，「育成機能」を重視して展開されてきた
教育であるといえる（米田，2011）。

4　「日常生活を営むの
に頻繁に援助を必要とす
る」とは，例えば同年齢の
子どもたちが箸を一人で使
えるようになっていても，
箸を使うことが理解できな
いために，箸を使った食事
の際にはいつも援助が必要
であったり，排せつの始末
をする意味がわからずに，
トイレットペーパーを使う
際には，ほとんどの場合ま
たは常に援助が必要である
場合などのように，一定の
動作，行為の意味，目的，
必要性を理解できず，その
年齢段階に標準的に要求さ
れる日常生活上の行為に，
ほとんどの場合または常に
援助が必要である程度のこ
とを表している。
▷5　「社会生活への適応
が著しく困難」とは，例え
ば，低学年段階では，他人
とかかわって遊ぶ，自分か
ら他人に働きかける，友達
関係をつくる，簡単な決ま
りを守って行動する，身近
な危険を察知し回避する，
身近な日常生活における行
動（身辺処理など）がとく
に難しいことなどが考えら
れる。年齢が高まるにつれ
ても，例えば，社会的な
ルールに沿った行動をした
り，他人と適切にかかわり
ながら生活や仕事をした
り，自己の役割を知り責任
をもって取り組んだりする
ことが難しいことが考えら
れる。また，自信を失うな
どの理由から潜在的な学習
能力を十分に発揮すること
などがとくに難しい状態も
考えられる。
▷6　一学級当たりの児童
生徒数や学校規模等に応じ
た教職員の数などは，「公
立義務教育諸学校の学級編
制及び教職員定数の標準に
関する法律」および「公立
高等学校の適正配置及び教
職員定数の標準等に関する

法律」（以下，学級編制及び教職員定数の標準に関する法律）により定められている。特別支援学校の場合，児童生徒の数は，単一障害の学級は1学級あたり6人まで，重複障害の場合は3人までである。2016年5月1日現在で，知的障害を対象とする特別支援学校に通う幼児児童生徒数は，国公私立学校合計して7万8955人。これに対して，教員数は，4万1415人であり，数字のうえでは，教員一人当たりの幼児児童生徒数は，約1.91人となる（文部科学省初等中等教育局特別支援教育課，2017年）。

▷7　学級の児童生徒数上限8人は「学級編制及び教職員定数の標準に関する法律」による。2016年5月1日現在，知的障害特別支援学級数および在籍児童生徒数は，小学校1万7565学級，7万1831人（1学級当たり4.10人），中学校8571学級，3万4534人（1学級当たり4.03人）となっている（文部科学省初等中等教育局特別支援教育課，2017年）。

▷8　小・中学校の新学習指導要領解説総則編（2017年7月）では，特別支援学級において実施する特別の教育課程については，(ア)障害による学習上又は生活上の困難を克服し自立を図るため，特別支援学校小学部・中学部学習指導要領第7章に示す自立活動を取り入れること，(イ)児童（生徒）の障害の程度や学級の実態等を考慮の上，各教科の目標や内容を下学年の教科の目標や内容に替えたり，各教科を，知的障害者である児童（生徒）に対する教育を行う特別支援学校の各教科に替えたりするなどして，実態に応じた教育

『特別支援学校学習指導要領解説』（文部科学省，2009年）では，知的障害児童生徒に対する教育的対応の原則として，以下の10項目があげられている。

(1)児童生徒の実態等に即した指導内容を選択・組織する。(2)児童生徒が，自ら見通しをもって行動できるよう，日課や学習環境などをわかりやすくし，規則的でまとまりのある学校生活が送れるようにする。(3)望ましい社会参加を目指し，日常生活や社会生活に必要な技能や習慣が身に付くよう指導する。(4)職業教育を重視し，将来の職業生活に必要な基礎的な知識や技能および態度が育つよう指導する。(5)生活に結び付いた具体的な活動を学習活動の中心に据え，実際的な状況下で指導する。(6)生活の課題に沿った多様な生活経験を通して，日々の生活の質が高まるよう指導する。(7)児童生徒の興味・関心や得意な面を考慮し，教材・教具等を工夫するとともに，目的が達成しやすいように，段階的な指導を行うなどして，児童生徒の学習活動への意欲が育つよう指導する。(8)できる限り児童生徒の成功経験を豊富にするとともに，自発的・自主的な活動を大切にし，主体的活動を促すよう指導する。(9)児童生徒一人ひとりが集団において役割が得られるよう工夫し，その活動を遂行できるよう指導する。(10)児童生徒一人ひとりの発達の不均衡な面や情緒の不安定さなどの課題に応じて指導を徹底する。

③　知的障害教育における指導内容・指導形態

①　各教科等の構成と段階による目標・内容の提示

　知的障害者を教育する特別支援学校の各教科（以下，知的障害教育教科）は，小学校，中学校，高等学校の各教科とは異なり，発達期における知的機能の障害を踏まえ，児童生徒が自立し社会参加するために必要な内容を身につけることを重視し，特別支援学校学習指導要領において，比較的に独自性をもって，各教科等の目標と内容等が示されてきた。

　特別支援学校小学部・中学部の新学習指導要領では，通常学校の教育課程と知的障害教育教科による教育課程等との連続性の可視化が重要ポイントの一つとされた。新学習指導要領では，知的障害教育各教科の目標や内容が，小・中学校等通常の各教科と同じく，「育成を目指す資質・能力の三つの柱（(1)知識及び技能，(2)思考力・判断力・表現力等，(3)主体的に学習に取り組む態度）」で整理された。ここでは，知的障害教育各教科の各段階の内容が，通常学校の各教科の学年段階のいずれの段階に相当する内容までを含んでいるかが精査され，各教科の系統性・通常の教科とのつながりが重視された形で整理された。

　小学部の各教科は，生活，国語，算数，音楽，図画工作および体育の6教科で構成されている。児童は，この6教科を第1学年から第6学年を通して履修する。今次の改訂では，外国語活動が，学校や児童の実態を考慮して，小学部

第3学年以上で，必要に応じて設けることができることとされた。

中学部の各教科では，国語，社会，数学，理科，音楽，美術，保健体育および職業・家庭の8教科に，各学校の判断で必要に応じて外国語科を加えることができる。生徒は，これらの教科を第1学年から第3学年を通じて履修する。また，その他とくに必要な教科を学校の判断で設けることもできる。

知的障害教育教科では，基本的には，知的発達，身体発育，運動発達，生活行動，社会性，職業能力，情緒面での発達等の状態を考慮して，その目標や内容が，学年ではなく段階別に，小学部3段階，中学部2段階（これまで，段階が設けられていなかったが，2段階で示された），高等部2段階で示されている（表7-3）。▷10

表7-3　知的障害教育教科の各段階とその内容

小学部1段階	主として教師の直接的な援助を受けながら，児童が体験し，事物に気付き注意を向けたり，関心や興味をもったりすることや，基本的な行動の一つひとつを着実に身に付けたりすることをねらいとする内容。
小学部2段階	主として教師からの言葉掛けによる援助を受けながら，教師が示した動作や動きを模倣したりするなどして，目的をもった遊びや行動をとったり，児童が基本的な行動を身に付けることをねらいとする内容。
小学部3段階	主として児童が自ら場面や順序などの様子に気付いたり，主体的に活動に取り組んだりしながら，社会生活につながる行動を身に付けることをねらいとする内容。
中学部1段階	主として生徒が自ら主体的に活動に取り組み，経験したことを活用したり，順番を考えたりして，日常生活や社会生活の基礎を育てることをねらいとする内容。
中学部2段階	生徒の日常生活や社会生活及び将来の職業生活の基礎を育てることをねらいとする内容。主として生徒が自ら主体的に活動に取り組み，目的に応じて選択したり，処理したりするなど工夫し，将来の職業生活を見据えた力を身に付けられるようにしていくことがねらい。
高等部1段階	中学部の内容やそれまでの経験を踏まえ，主として卒業後の家庭生活，社会生活及び職業生活などを考慮した基礎的な内容。
高等部2段階	高等部1段階を踏まえた発展的な学習内容。

出所：文部科学省（2009a，2009b，2017a）をもとに作成。

発達期における知的機能の障害が，同一学年であっても，個人差が大きく，学力や学習状況も異なるため，学年別に指導内容を示すよりも，段階を設けて概括的に示す方が，個々の児童生徒の実態等に即して，各教科の内容を選択して効果的な指導ができると考えられることから，このような示し方になっている。児童生徒の学びの連続性を確保しわかりやすく明示するために，学級等全体の指導計画と個別の指導計画の作成・実施に当たっては，各前段階の学習内容を十分に踏まえたうえで，次の段階の指導を行うことが重要である。

② 知的障害教育の特別な指導形態

知的障害教育教科は，発達段階1歳前後の発達の未分化（かつ未分科）な児童生徒にも適用できるようになっている。知的障害教育各教科は，通常教育で

課程を編成すること，とされている。

▷9　小学部における生活科は，養護学校小学部・中学部学習指導要領［昭和46年改訂］において小学部に示された教科であり，小学校の第1学年～第2学年に生活科が設けられた1989年以前から位置づいている教科である。知的障害児童に対し，基本的な生活習慣の確立に関すること，遊び，役割，手伝い，きまりなどを含む生活に関することを学習の対象とし，自立への基礎を体系的に学べるように，内容を構成した教科である。小学部の教科には，社会科，理科，家庭科が設けられていないが，児童の具体的な生活経験のなかで社会や自然等に直接かかわったり，気づいたりすることができるように，それらの教科の内容は生活科に包含されているという特徴がある。

▷10　今回の改訂では，各段階における育成を目指す資質・能力を明確にするため，段階ごとの目標が新設され，小学部は3段階，中学部は新たに段階が新設され2段階により目標および内容が示された。

設定されている「各教科」以前の指導内容を含み，生活に活用するための「各教科」以後の内容も含むものである点が特長である。

　なお，指導に当たっては，各教科の示す内容をもとに児童生徒の知的障害の状態や経験などに応じて，各学校で「生活に結びつく具体的な内容」を設定する必要があり，「各教科等を合わせた指導」と「教科別に行う指導」・「領域別に行う指導」の指導計画を横断的系統的な視点から十分に関連づけを行い，実際的な状況下で体験的に活動できるように工夫し，児童生徒一人ひとりが見通しをもって，意欲的に学習に取り組めるようにすることが重要である（文部科学省，2009）。

　特別支援学校の新学習指導要領に即して言えば，「教科別に行う指導」・「領域別に行う指導」は，「各教科，道徳科，外国語活動，総合的な学習の時間（小学部を除く），特別活動及び自立活動」（以下，各教科等）のそれぞれに，各教科等の時間を設けて指導を行う場合をさす。

　「各教科等を合わせて行う指導」とは，各教科の内容だけでなく各領域の内容までを合わせて指導することをさす。知的障害教育では独自性の高い各教科の設定により知的障害児の特性に対応しているわけであるが，知的障害のある児童生徒は発達段階の差が大きく，障害の状態も一人ひとり異なるので，一般的な学習上の特性を踏まえ，個人差に応じた集団的指導を進めるために，各教科等の全部または一部を合わせて指導を行う「各教科等を合わせた指導」が認められている（学校教育法施行規則第130条第2項）。

　各教科等を合わせた指導には，従前から以下の4つの指導形態がある。(1)児童生徒の日常生活が充実し，高まるように日常生活の諸活動を適切に指導する「日常生活の指導」。(2)遊びを学習活動の中心に据えて取り組み，身体活動を活発にし，仲間とのかかわりを促し，意欲的な活動をはぐくみ，心身の発達を促していく「遊びの指導」。(3)児童生徒が生活上の目標を達成したり，課題を解決したりするために，一連の活動を組織的に経験することによって，自立的な生活に必要な事柄を実際的・総合的に学習する「生活単元学習」。(4)作業活動を学習活動の中心にしながら，児童生徒の働く意欲を培い，将来の職業生活や社会自立に必要な事柄を総合的に学習する「作業学習」。

　新学習指導要領で，小・中学校の各教科による学習とのつながりが重視されるようになったことから，今後ますます教科等別の指導が試みられるようになっていくことが考えられるが，知的障害児童生徒にわかる授業を提供するためには，各教科等を合わせた指導が適切に計画されることも必要である。

　各教科等を合わせて指導を行う場合においても，各教科等の目標を達成していくことになり，育成を目指す資質・能力を明確にして指導計画を立てることが重要となる。そして，児童生徒一人ひとりの学習状況を多角的に評価するた

め，各教科の目標に準拠した評価の観点による学習評価を行うことが重要となる。

4　知的障害教育の課題

① 通常学級における知的障害教育の模索

　2016（平成28）年度小学校・特別支援学校就学予定者（新第1学年）として2015（平成27）年度に市区町村教育支援委員会等の調査・審議の対象となった者の指定された就学先等の状況を見ると，学校教育法施行令第22条の3に該当した児童9836人のうち，公立小学校への就学を選択した者は，3079人（31.3%）であった。公立小・中学校における学校教育法施行令第22条の3に該当する児童生徒の在籍者数を見ると，2016年5月1日現在で，小学校の知的障害特別支援学級に1万857人（該当児童の74.0%），通常学級に583人（同4.0%），中学校の知的障害特別支援学級に3864人（同72.0%），通常学級に281人（同5.2%）が在籍している。

　小・中学校等通常学校における知的障害教育の理解推進ならびに，知的障害児童生徒の学習特性とニーズに対応した教育の実施が急務である。とくに通常学級における知的障害児童生徒の指導に当たっては，学習課題の最適化が必要である。児童生徒の学習課題が，他のクラスメートの学習課題との関係において，(1)同一課題同一教材での学習，(2)同一課題同一教材スモールステップでの学習，(3)同一課題別教材での学習，(4)同一テーマ別課題での学習，(5)別テーマ別課題での学習，のどの学習状況であるのか，(1)〜(5)のうち，どの状況までなら通常学級における授業参加が可能なのかについて，共通理解を図っていく必要がある。そして，「連続的な学びの場」を実現するためにも，通級指導教室を含む「特別な学びの場」を有効に活用しながら，通常学校における効果的な知的障害教育のあり方を模索していく必要があるだろう。

　「交流及び共同学習」が，「特別な学びの場」に固定されがちな知的障害児童生徒と障害のない児童生徒との「共に学ぶ」機会を保障する手段としてあげられる。「交流及び共同学習」活動の共同学習の側面が明確に意識され，知的障害教育の教育課程の一貫として，知的障害児童生徒が当該活動から何を学び取るのかを，同様に，障害のない児童生徒が，各自の通常教育課程の一貫として，何を学び取るのか，それぞれの教育課程・指導計画のなかで，明示されることが必要である。異なる教育課程の異なる課題の児童生徒が，共同の活動において，それぞれの教育課程を履修し，学習課題を達成する「交流及び共同学習」の実践の蓄積が求められる。

② 知的障害教育における自立活動

　他の障害種の特別支援学校における「自立活動」が，それぞれの障害に基づ

▷11 「障害者の権利に関する条約」の批准に対応して，学校教育法施行令の一部改正（2013年8月26日付政令第244号）が行われたことから，障害のある児童生徒も原則として，小学校・中学校等の通常学校が学びの場となった。学校教育法施行令第22条の3の規定に該当する知的障害児童生徒については，その教育上のニーズに基づいて特別支援学校（知的障害）への就学を選択的に決定することができるという制度上の位置づけになっている。特別支援学校に就学することが認められた児童生徒は，「認定特別支援学校就学者」と呼ばれている。

く種々の困難に直接的に対応しているのに対して，知的障害教育では，知的障害そのものへの対応は各教科で行われるものとされている。このため知的障害教育における「自立活動」の位置づけは，知的障害に随伴してみられる言語，運動，情緒・行動などの顕著な発達の遅れやとくに配慮を必要とするさまざまな状態についての特別な指導を行う領域であるとされている（文部科学省，2009）。

　知的障害教育教科が発達段階1歳前後以上を想定して設定されているとすれば，1歳程度未満の発達段階の児童生徒については，「各教科等を合わせた指導」よりも「自立活動を主とした指導」で，児童生徒の実態に即した指導が計画されることが望ましい。また，1歳程度以上の発達段階の重複障害児のなかにも，知的障害にあわせ有する障害への対応を優先すべき児童生徒が見られる。例えば，座位や立位での姿勢保持ができない児童生徒や歩行ができない児童生徒には「自立活動の時間における指導」が十分に提供されたうえで，「各教科等を合わせた指導」も提供されることが望ましいであろう。個々の児童生徒の障害の状態等に応じて，(1)「自立活動」の時間における指導，(2)各教科等における「自立活動」の指導，(3)各教科等を合わせた指導における「自立活動」の指導の3つの指導の関係が整理され，指導計画が明示されなければならない。

③　合理的配慮の提供と知的障害者の自立——キャリア教育の充実

　障害者の権利に関する条約の批准にともない，2016（平成28）年4月に「障害者の雇用の促進等に関する法律の一部を改正する法律」が施行された。雇用の分野における障害を理由とする差別的取り扱いが禁止され，事業主に，障害者が職場で働くに当たっての支障を改善するための措置（合理的配慮）を講ずることが義務づけられた。これにより，例えば，知的障害のある人に合わせて，口頭だけでなくわかりやすい文書・絵図を用いて説明することなどが，合理的配慮として提供されるようになり，職場における環境調整や支援の工夫が進んでいくことが期待できる。

　知的障害児童生徒が役割価値のある存在として，職場で，家庭で，地域で貢献できるようになるためには，自らの特性に応じて支援を受けつつ，もてる能力を最大限に発揮できることが重要であり，必要な支援を受け止めて利用する力，必要な支援を周囲に求める力を育む教育実践が必要である。

　職場や地域の周囲の人々が，知的障害のある人に必要な支援や環境調整を提供できるようになり，その人がその職場や地域で一定の役割を果たせるようになれば，職場や地域でのその人の「自立」が成ったと言えるだろう。支援を受けて主体的に社会参加する力をつけていくことが，知的障害児童生徒のキャリア発達支援であり，キャリア教育であると考える。

Exercise

① 日本においては，知的障害という用語は，以前は精神薄弱，精神遅滞などと呼ばれてきた。時代の流れによって用語は変遷しているが，どのような理由で変わってきたのか調べてみよう。

② 知的障害の分類については，知的機能に着目するだけでなく，多次元的アプローチの大切さが示されている。知的障害における多次元的アプローチとは，どのような考え方なのか調べてみよう。

③ 知的障害の判定には，心理検査が欠かせない。例えば，知能指数の算出には知能検査を実施する必要がある。日本には，どのような知能検査があるのか調べてみよう。

📖次への一冊

菅野敦・玉井邦夫・橋本創一・小島道生編著『ダウン症ハンドブック』日本文化科学社，2013年。
　　ダウン症の研究成果が1冊にまとめられている。また，具体的な支援プログラムが乳幼児期から成人期にかけて紹介されており，支援を進めるうえでも参考になる。

筑波大学附属大塚特別支援学校編著『特別支援教育のとっておき授業レシピ』学研，2015年。
　　知的障害教育の考え方に基づく指導計画の作成と授業計画・展開の仕方などが具体的な指導例をもとに開設されている。アセスメントから授業の実施・改善に至るまでのPDCAサイクルでの授業改善を理解するうえでも参考になる。

引用・参考文献

米国精神遅滞協会編，栗田広・渡辺勧持訳『知的障害——定義，分類および支援体系』日本知的障害福祉連盟，2004年。

日本精神神経学会監修，髙橋三郎・大野裕監訳『DSM-5　精神疾患の診断・統計マニュアル』医学書院，2014年。

堂山亜希・橋本創一・小島道生・宮崎義成「小学校特別支援学級における知的・発達障害のある児童の行動・学習上のワーキングメモリ特性」『発達障害支援システム学研究』13(2)，2014年，45〜50ページ。

河野俊寛「知的障害児への文字の読み書き指導研究動向」『金沢星稜大学人間科学研究』8(1)，2014年，51〜56ページ。

成田まい・大山帆子・銘苅実土・成川敦子・吉田友紀・雲井未歓・小池敏英「中学校特別支援学級在籍の知的障害児における漢字書字学習の効果に関する研究——タブレットPC活用による視覚的記憶法に基づく検討」『東京学芸大学紀要総合教育科学系』67(2)，2016年，125〜134ページ。

三村和子・松村多美恵「数の基礎概念に関する構造的チェックリスト」『茨城大学教育学部紀要』50，2001年，159〜178ページ。

文部科学省『特別支援学校学習指導要領解説　総則等編（幼稚部・小学部・中学部）』教育出版，2009年a。

文部科学省『特別支援学校学習指導要領解説　総則等編（高等部）』海文堂出版，2009年b。

文部科学省「教育支援資料——障害のある子供の就学手続と早期からの一貫した支援の充　実」2013 年。http://www.mext.go.jp/component/a_menu/education/micro_detail/__icsFiles/afieldfile/2013/10/09/1340247_01.pdf（2017年11月 7 日閲覧）

文部科学省「特別支援学校小学部・中学部学習指導要領」2017年a。

文部科学省「特別支援教育資料（平成28年度）」2017年b。http://www.mext.go.jp/a_menu/shotou/tokubetu/material/1386910.htm（2017年11月 7 日閲覧）

大伴潔「知的障害」西村辨作編『ことばの障害入門』大修館書店，2007年，79〜104ページ。

大井雄平・奥住秀之・國分充「知的障害児・者の視空性ワーキングメモリに関する文献的検討」『東京学芸大学紀要総合科学系』66(2)，2015年，213〜219ページ。

大森美代・尾崎久記・鈴木宏哉「精神遅滞児の幾何学図形探索における視線移動の検討」『特殊教育学研究』31(3)，1993年，9 〜16ページ。

勝二博亮「知的障害児はどのように見ているか——視覚探索活動からわかること」『特殊教育学研究』39(4)，2002年，73〜79ページ。

高野美由紀・有働眞理子「重度知的障害児への教育的支援におけるオノマトペの貢献」『兵庫教育大学学校教育学研究』19，2007年，27〜37ページ。

通級学級に関する調査研究協力者会議「通級による指導に関する充実方策について（審議のまとめ）」1992年。

渡辺実「知的障害児における文字・書きことばの習得状況と精神年齢との関連」『発達心理学研究』21(2)，2010年，169〜181ページ。

渡辺実「知的障害児の文字・書きことばの指導における担当教員の意識と指導方法」『花園大学社会福祉学部研究紀要』20，2012年，49〜62ページ。

山口真希「知的障害児における数概念の発達と均等配分の方略」『発達心理学研究』23(2)，2012年，191〜201ページ。

米田宏樹「知的障害教育の内容と方法」中村満紀男・前川久男・四日市章編著『理解と支援の特別支援教育　2 訂版』コレール社，2011年，135〜144ページ。

全国知的障害養護学校長会編著『新しい教育課程と学習活動 Q & A 特殊教育（知的障害教育)』東洋館出版社，1999年。

第8章
肢体不自由の理解と教育

〈この章のポイント〉
　肢体不自由児の障害特性への理解を深めたうえで，今後の肢体不自由教育のあり方について考えてほしい。そこで本章では，脳性疾患（とくに，脳性まひ）を中心に，肢体不自由の定義と原因，生活や学習上の困難と配慮などを整理するとともに，肢体不自由教育の現状と課題について学ぶ。

1　肢体不自由の定義と原因

1　肢体不自由の定義

　肢体不自由とは，先天的か後天的かを問わず，四肢のまひや欠損，あるいは体幹の機能障害があるため，日常の動作や姿勢の維持に不自由のある状態である。以下に学校教育法施行令第22条の3の肢体不自由の定義を紹介する。

一　肢体不自由の状態が補装具の使用によつても歩行，筆記等日常生活における基本的な動作が不可能又は困難な程度のもの 二　肢体不自由の状態が前号に掲げる程度に達しないもののうち，常時の医学的観察指導を必要とする程度のもの

2　肢体不自由の原因

　肢体不自由の起因疾患別に見ると，特別支援学校（肢体不自由）において最も多いのは脳性疾患（70～80％）で，次いで筋原性疾患，脊椎・脊髄疾患，骨関節疾患，骨系統疾患，代謝性疾患などである（表8-1）。脳性疾患の代表的なものは脳性まひである。

▷1　筋ジストロフィー
筋肉の機能に関与している遺伝子の異常によって発生し，小児期や青年期に筋力低下を引き起こす。最も多く見られるタイプはデュシェンヌ型筋ジストロフィーである。

▷2　二分脊椎
背骨の形に生まれつき異常があり，本来背骨のなかの脊柱管にあるべき脊髄神経が骨の外にあるために，さまざまな神経障害が起こる病気である。

▷3　骨形成不全症
先天的に骨が脆弱で，わずかな外力によって容易に骨折を起こす遺伝性の疾患である。

▷4　ポリオ
脊髄性小児麻痺とも呼ばれ，ポリオウイルスによって発生し，手足の筋肉や呼吸する筋肉等に作用してまひを生じる疾病である。日本では予防接種が行われてからほとんど見られなくなった。

表8-1　肢体不自由の原因となる主な疾患

・脳性疾患：脳性まひ，脳外性後遺症，脳水腫など	・骨系統疾患：骨形成不全症[3]，胎児性軟骨異栄養症など
・筋原性疾患：筋ジストロフィー[1]，代謝性筋疾患など	・代謝性疾患：くる病，ハーラー症候群，マルファン症候群など
・脊椎・脊髄疾患：脊柱側弯症，二分脊椎[2]，脊髄損傷など	・弛緩性まひ：ポリオ[4]，分娩まひなど
・骨関節疾患：先天性股関節脱臼，先天性内反足など	・四肢の変形：上肢・下肢ディスメリー，上肢・下肢切断など

出所：筆者作成。

3　脳性まひ

①　脳性まひの定義

　脳性まひとは，受胎から新生児期（生後4週以内）の脳の非進行性病変に基づく，永続的な，しかし変化しうる運動および姿勢の異常である。その症状は満2歳までに発現する。進行性疾患や一過性運動障害，または将来正常化するであろうと思われる運動発達遅延は除外する（厚生省脳性麻痺研究班による定義，1968年）。

②　脳性まひの原因と発生頻度

　脳性まひの原因は，表8-2のとおりである。主な原因としては低出生体重（未熟児），重症黄疸，低酸素脳症の3つがあげられる。しかし，これらの原因は医学の進歩により次第に減少しつつあり，予防不能な原因不明または胎生期に原因のあるものの比率が徐々に増加している。発生の頻度は，出生児1000人のうち1.5ないし2人の割合である。

▷5　低酸素脳症
出産時に何らかの原因で，赤ちゃんの脳に酸素が十分に供給されなかったため，脳に損傷がある状態である。

表8-2　脳性まひの原因

・胎生期：先天奇形，母体の慢性疾患，妊娠中毒，子宮内感染など
・周産期：分娩外傷，重度仮死，低出生体重，重症黄疸，低酸素脳症など
・新生児期：感染症，外傷，脳血管障害，けいれん発作など

出所：筆者作成。

③　脳性まひのタイプ

・痙直型：強い筋緊張があり，そのため自分の思うように身体を動かすことが難しいのが特徴。未熟児出生にともなう脳室周囲白質軟化症（PVL）による本タイプが，脳性まひでは発生頻度が最多である。

▷6　脳室周囲白質軟化症
（periventricular leukoma-lacia：PVL）
低出生体重児が来たしうる，脳室周囲の白質に軟化病巣が生じる疾患である。

・アテトーゼ型：身体のコントロールがうまくできず，本人の意図に反して不随意運動が生じるのが特徴。痙直型に比べると知的発達の遅れは少なく，正常発達する場合が多い。

・失調型：筋緊張を一定に保てず，体を小刻みに震わせる状態で，平衡感覚，協応動作がうまくコントロールできないのが特徴。歩行時期が遅れ，10歳過ぎまで初歩が見られない場合も少なくない。

・混合型：痙直型とアテトーゼ型が混じるタイプが多く，2つ以上の型の特徴をあわせもつ場合。痙直型の次に発生頻度が多い。

④　脳性まひの随伴障害

　脳性まひは，肢体不自由（運動障害）を主症状として，知的障害，言語障害，視覚障害，聴覚障害，てんかん，視知覚認知障害などをあわせ有する場合が多い。

2　肢体不自由児の学習の特性とニーズ◁7

1　肢体不自由児の生活や学習上の困難

① 運動・動作の困難

　肢体不自由児（とくに，脳性疾患）は，上肢・下肢と体幹の運動・動作の障害のため，首すわり，寝返り，腹這い，四つ這い，つかまり立ち，歩行，階段の昇降，いすへの腰掛け，物の持ち運び，机上の物の取り扱い，書写，食事，衣服の着脱，用便など，生活や学習上の運動・動作の全部または一部に困難がある場合が多い。さらに，発話に関係する器官の運動障害による言語障害をともなう児童生徒も少なくない。これらの運動・動作には，起立や歩行のように，下肢や平衡反応にかかわるもの，書写や食事のように，目と手の協応動作にかかわるもの，物の持ち運びや衣服の着脱のように，上肢・下肢と体幹全体にかかわるものがある。運動・動作の困難については，その状況を適切に把握して，補助的手段を活用すれば軽減するのかなどを検討する必要がある。

② 感覚や認知の困難

　肢体不自由児には，視覚障害（屈折異常，斜視，眼振，弱視等）や聴覚障害（難聴等）をともなう場合がある。さらに，視力に障害がないにもかかわらず，視覚を十分に活用できなかったり，視知覚認知の発達の異常（目と手の協応動作の困難，図と地の弁別の困難，空間認知の困難）をともなったりする場合もある。また，物事の全体像を把握したり，多くの情報や複数の情報を同時に処理したりすることが困難である場合があるため，教科学習に影響を及ぼす。例えば，漢字を構成する図形の判別が困難になり，結果として読み・書き障害に至る場合も少なくない。このような視知覚認知の困難は，運動・動作の困難に比べると，一見して周囲から気づかれにくいことが多く，日頃の行動観察や視知覚発達検査，心理検査等による適切な実態把握が必要である。

③ 経験や体験の不足

　肢体不自由児は，運動・動作の制限や治療時間の確保などによる経験の不足により，社会や自然等に対する理解が不十分になりがちである。未経験のため実感がともないにくいこと，学習内容を活用する機会が乏しいことなどにより，学習内容の理解や定着がうまく図れない場合がある。なおかつ，経験や体験の不足に上記の感覚や認知の特性も介在して内容の理解を阻んでいることも考えられる。経験や体験の不足は，興味関心の幅の狭さ，受身的な態度，自信のなさ（他の児童生徒と自分を比較して，自らの「できなさ」を痛感し，新たな挑戦への意欲や自信が弱い状態）などとしても現れることがある。ところが，運動・動

▷7　本節については，国立特別支援教育総合研究所（2011），筑波大学附属桐が丘特別支援学校（2008a, 2008b）をもとに執筆したので，詳細な内容はこれらの文献を参照されたい。

▷8　眼　振
（がんきゅうしんとう）
眼球振盪の略で，意識しないのに眼球が勝手に動いてしまう症状である。

作の困難，感覚や認知の困難，経験や体験の困難は，それぞれが独立しておらず，多くの場合は関連しあいながら生活や学習上の困難として現れる。このため，児童生徒の実態把握を行うときには，速断せずに慎重に検討する必要がある。

④　その他

　脳性まひを含めて中枢神経に障害がある児童生徒は，転導性[9]，多動性[10]，統合困難[11]，固執性[12]などが見られることがある。ただし，これらはすべての子どもに見られるものではなく，個人差もあるため，参考にする程度にとどめるのが無難である。

［2］　肢体不自由児の生活や学習上の配慮

①　運動・動作の困難への配慮

　自分で活発に動いたり，姿勢を変えたりすることが難しい児童生徒は，長時間同じ姿勢が続くことで，身体に痛みが出たり，皮膚の一部を傷めたり，関節の変形，拘縮，脱臼[13]，側弯など，二次問題が発生する場合が多い。

　効果的に学習を行うためには，まず，授業のなかで姿勢を変えたり，休み時間や自立活動の時間に車椅子から床に降りるなど，身体を休める機会（時間）を設けることが大切である。学習活動に応じて適切な姿勢を保持できるようにすることは，疲労をためないようにするだけではなく，身体の操作なども行いやすくする。

　次に，補助的手段としては，座位姿勢安定のための椅子，作業能力向上のための机，移動のためのつえ・歩行器・車椅子，廊下や階段に取り付けた手すり，もちやすいように握りを太くしたりベルトを取り付けたりしたスプーンや鉛筆，食器やノートを机上に固定する器具（滑り止めマットなど），着脱しやすいようにデザインされたボタンやファスナーを用いて扱いやすくした衣服，手すりを取り付けた便器など，児童生徒のニーズに応じた物理的な環境整備が不可欠である。

②　感覚や認知の困難への配慮

　肢体不自由児は，課題を見たり聞いたりして理解することに困難（視知覚認知の困難等）を感じる場合が多い。こうした時には，課題を提示する時に，注目すべき部分を強調したり，視覚や聴覚の情報を工夫したり，視覚と聴覚の両方を活用できるようにしたりするなど，指導方法を工夫することが大切である。例えば，文字の構成をへんやつくりなど部分やまとまりに分けて学習を行う，筆順に沿って運動の方向を言語化し視覚情報を聴覚情報に置き換える，漢字の成り立ちなど有意味化することで長期記憶しやすくする，図形や全体像を指でなぞって触覚を活用する，などの手だてが用いられる。

▷9　転導性
次々と創造的なアイデアを思いつくが，それを具体的に詰めていく際に必要な注意力や集中力が欠如している状態である。

▷10　多動性
じっとしていられない・落ち着きがない状態である。

▷11　統合困難
部分を一つのまとまりのある全体として見たり，構成することができない状態である。

▷12　固執性
一つの刺激に固執して，他のものにすぐに転換できない状態である。

▷13　脱　臼
関節がはずれて，骨の位置が関節からずれてしまった状態であり，程度により完全脱臼と不完全脱臼（亜脱臼）に分類される。

　また，物事を統合する力や部分と部分の関係をつかむ力が弱い児童生徒の場合には，作文などで，書きたいことはあっても内容の順序を頭のなかで整理することや伝えたい情報の取捨選択が難しかったりする。また，書いているうちに伝えたいことを忘れてしまうなどの困難が見られる。このように，文を組み立てることに困難のある児童生徒について，具体的な操作を行いながら思考をつなぎ，継時的に文章全体が確認できる手立てを用いた事例が報告されている。また，作文をはじめる前に，概念図を描いたりする手立てなどもある。

③　経験や体験の不足への配慮

　肢体不自由児は，身体の動きに困難があるため，経験や体験が不足している場合が多い。このため，体験的学習を多く取り入れた指導計画が有効である。経験や体験の不足から，内容の具体的なイメージが浮かびにくかったり，登場人物の気持ちをイメージしにくかったりする場合もある。音読やロールプレイングなどを行い，話し言葉や具体物から理解を促す方法が有効である。しかし，現場では，感覚や認知の困難が原因であるのに，経験や体験の不足を理由として捉え，体験的学習に力を入れている教師が少なくない。感覚や認知の困難を経験や体験の不足と誤解しないよう注意する必要がある。

④　AAC と ICT の活用

　AAC と ICT は，肢体不自由教育において有効な手段である。AAC とICT は，肢体不自由児の生活や学習に大きな影響を与えるため，教師は十分に検討したうえ，保護者，主治医，理学療法士，作業療法士などの関係者と相談して導入することが大切である。

3　肢体不自由教育の現状と課題

1　特別支援学校（肢体不自由）の現状と課題

①　肢体不自由児を対象とする特別支援学校の増加傾向

　「特別支援教育資料（平成27年度）」（文部科学省，2016）によれば，肢体不自由教育に取り組んでいる学校は，肢体不自由のみを対象とする学校が131校，肢体不自由を含む複数の障害種を対象とする学校が214校，合計345校である。複数の障害種を対象とする学校の内訳をみると，「肢体不自由＋知的障害」142校が最も多く，次いで「肢体不自由＋病弱」25校，「肢体不自由＋病弱＋知的障害」25校などであり，肢体不自由と知的障害を対象とする特別支援学校の増加傾向が認められる。

　近年，特殊教育から特別支援教育への転換など社会の変化にともない，複数の障害種を対象とする学校が増加しており，今後もこのような傾向はより強く

▷14　例えば，伝えたいことをメモにして整理し，メモを並び替えて，相手に自分の気持ちが伝わるような文章を組み立てるなど。

▷15　AAC
Augmentative and Alternative Communication（拡大代替コミュニケーション）の略で，話すこと・聞くこと・読むこと・書くことなどのコミュニケーションに障害のある人が，残存能力（言語・非言語問わず）とテクノロジーの活用によって，自分の意思を相手に伝える技法のこと。

▷16　ICT
Information and Communication Technology（情報通信技術）の略で，情報処理および情報通信，つまり，コンピュータやネットワークに関連する諸分野における技術・産業・設備・サービスなどの総称である。IT（Information Technology）とほぼ同意語として使われている。

なる可能性が高い。結果として，少人数の肢体不自由教育領域を有する学校の増加がトレンドになるといえよう。このため，肢体不自由教育を担ってきた特別支援学校は，これまで蓄積してきた専門性を維持・向上するための努力を続けるとともに，少人数の肢体不自由教育領域を設ける学校に対して，情報提供および支援活動を実施すべきである。

② 児童生徒の障害の重度・重複化と教育課程の編成

特別支援学校（肢体不自由）では，児童生徒の障害の重度・重複化が著しく，全体のおおむね75％が重複障害学級に在籍している。そのうち，おおむね90％が知的障害との重複である。肢体不自由に知的障害をあわせ有する児童生徒は，特別支援学校（知的障害）の教育内容に替えて指導する。また，重複障害者のうち障害の状態によりとくに必要がある場合は，自立活動を主として指導することができる。このことから，特別支援学校（肢体不自由）には，小・中学校等に準ずる教育だけではなく，重複障害学級教育課程[17]の編成・運営上の専門性が重要な課題であるといえる（詳細は，学習指導要領「重複障害者等に関する教育課程の取扱い」を参照）。

▷17　特別支援学校（知的障害）代替の教育課程，自立活動を主とした教育課程。

③ 医療的ケアへの対応

「特別支援教育資料（平成27年度）」（文部科学省，2016）によれば，特別支援学校（全障害種）には，医療的ケアを必要とする児童生徒が8143人（全在籍者の6.1％）在籍しており，看護師（1566人）と教師（3428人）が連携しながら医療的ケア[18]を実施している。特別支援学校（肢体不自由）においては，児童生徒のおおむね20％が医療的ケアを必要としており，他の障害種と比べると相対的にその割合が高い。特別支援学校（肢体不自由）は，これまで教師と看護師の連携による実施体制の整備に力を入れてきたが，今後医療的ケアに関する専門性を高めるとともに，授業（とくに，自立活動「健康の保持」など）との関連性を深めるための検討を研究的観点で実施する必要があると思われる。

▷18　医療的ケア
家族や看護師が日常的に行っている経管栄養注入やたんの吸引などの医療行為である。医療的な生活援助行為を，医師による治療行為と区別するために，介護や教育などの現場で定着してきた経緯がある。

④ 高等部卒業後の進路状況

「特別支援教育資料」（文部科学省，2008〜2016）をもとに，平成19年度から平成27年度までの特別支援学校（肢体不自由）高等部卒業生の進路をまとめたのが表8-3である。結果を見ると，施設・医療機関への進路割合が最も高く，平成27年度にはおおむね85％を占めている。このような結果の背景には児童生徒の障害の重度・重複化があるといえよう。

一方，特別支援学校（肢体不自由）においては，小・中学校等に準ずる教育課程で勉強している児童生徒がおおむね25％もいるにもかかわらず，進学が２％前後であることに注目してほしい。養護学校教育の義務制の施行以降，児童生徒の障害の重度・重複化への対応が肢体不自由教育の重要課題とされ，これまで教科指導と大学進学を看過してきた結果ではないだろうか。今後は，特

別支援学校（肢体不自由）においても，大学進学を念頭におきつつ，教科の指
導とキャリア教育^{◁19}などを実施する必要がある。

▷19　キャリア教育
個人が社会人・職業人とし
て自立するために必要な能
力や態度，意欲を形成・向
上させるための教育である。

表8-3　特別支援学校（肢体不自由）高等部卒業生の進路

年度	卒業	進学	教育訓練機関等	就職	施設・医療機関	その他
平成19	1,967	27	70	152	1,336	382
平成20	2,223	38	77	262	1,649	197
平成21	2,278	28	71	251	1,727	201
平成22	2,619	41	100	253	2,106	119
平成23	2,778	47	88	332	2,150	161
平成24	2,785	42	99	293	2,238	113
平成25	1,772	42	49	126	1,465	90
平成26	1,790	42	51	116	1,480	101
平成27	1,829	49 (2.7)	32 (1.7)	106 (5.8)	1,553 (84.9)	89 (4.9)

注：数字は人数，括弧内は比率（％）。
出所：文部科学省（2008～2016）をもとに作成。

⑤　地域の特別支援教育センターとしての役割

　特別支援学校（肢体不自由）には，地域の小・中学校等に在籍する肢体不自
由児に対する指導・支援，小・中学校等の教師に対する支援，そして肢体不自
由児の保護者に対する相談など（センター的機能）が求められている。小・中学
校等からの要請内容をみると，身体の動きや教材（体育や美術など）に関するこ
とが多く，目に見えにくい，すなわち周りが気づきにくい認知問題（視知覚認
知困難など）に関することは相対的に少ない状況がうかがえる。このことから，
特別支援学校（肢体不自由）は，これまでどおり肢体不自由教育に関する専門
性を高めていくとともに，地域の小・中学校等に対して「どのような支援がで
きるのか」について積極的に発信する必要がある。

② 肢体不自由特別支援学級の現状と課題

①　特別支援学級数と在籍児童生徒数

　「特別支援教育資料（平成27年度）」（文部科学省，2016）によれば，小・中学校
特別支援学級（肢体不自由）の設置数と在籍児童生徒数は，小学校で2061学級，
3286人，中学校で785学級，1086人，合計2846学級，4372人である（表8-4）。
以前と比べると，学級数と在籍児童生徒数ともに年々若干の増加が見られるも
の，大きな変化は見られない。

②　児童生徒の障害の状態と課題

　現在，小・中学校の特別支援学級（肢体不自由）に在籍する学校教育法施行
令第22条の3に該当する中度から重度の児童生徒はおおむね20％である。これ
は，特別支援学級（全障害種）の約2倍に該当する数値である。また，2013年

表8-4　特別支援学級（肢体不自由）の設置数と在籍児童生徒数（平成27年度）

小学校		中学校		合　計	
学級数	児童数	学級数	生徒数	学級数	児童生徒数
2,061	3,286	785	1,086	2,846	4,372
(5.5)	(2.4)	(4.5)	(1.8)	(5.2)	(2.2)

注：括弧内の数字は，特別支援学級（全障害種）総数のうちの，特別支援学級（肢体不自由）数と在籍児童生徒数の割合（％）である。
出所：文部科学省（2016）。

▷20　この改正により，学校教育法施行令第22条の3に該当する中度から重度の児童生徒は特別支援学校に原則就学するという従来の就学先決定の仕組みを改め，本人の教育的ニーズ，本人・保護者の意見，教育学，医学，心理学等専門的見地からの意見，小・中学校や地域の状況などを踏まえた総合的な観点から就学先を決定する仕組みとなった。

の学校教育法施行令の一部改正[20]により，通常学校（通常学級または特別支援学級）への就学を希望する児童生徒が増加しているため，肢体不自由特別支援学級在籍児童生徒の障害の重度・重複化は一層進むといえよう。このため，今後，この課題については，特別支援学級担任だけで対応することには限界があり，学校全体で取り組む校内支援体制の構築が必要である。特別支援学級の機能強化を図るためには，学校長はもちろん，通常の学級担任や教科担任等の理解と協力が前提条件である。

③　通常学級に在籍する肢体不自由児を支援する役割

　特別支援学級（全障害種）は通常学級に在籍している児童生徒を支援する役割を担っている。通常学級に在籍している肢体不自由児のなかで，認知問題など周囲から気づかれにくい困難を抱えている児童生徒が少なくない。このことから，肢体不自由特別支援学級は，学校内の肢体不自由教育センターとしての機能を果たすことが求められている。つまり，特別支援学級では，各教科，特別の教科　道徳，外国語活動，総合的な学習の時間および特別活動のほか，運動や認知の問題を踏まえた自立活動の指導を行うとともに，交流及び共同学習はもちろん，通常学級に在籍している肢体不自由児への支援も期待されている。なおかつ，一見して周囲から気づかれにくい困難を抱えている児童生徒の早期発見においても貢献することが求められている。

３　通級による指導（肢体不自由）の現状と課題

①　通級による指導を受けている肢体不自由児

　「特別支援教育資料（平成27年度）」（文部科学省，2016）によれば，通級による指導を受けている肢体不自由児数は，小学校61人，中学校7人，合計68人である（表8-5）。平成23年度資料（小学校6人，中学校3人，合計9人）と比べると，大きな変化がみられたといえよう。都道府県別の児童生徒数をみると，変化の背景がわかる。近年，通級による指導の充実に力を入れている千葉県（小学校54人，中学校7人，合計61人）が68人の大半数を占めており，千葉県の取り組みにより，年々増加傾向にあることがうかがえる。

表8-5　通級による指導を受けている肢体不自由児数の推移

年度	小学校	中学校	合　計
平成23	6	3	9
平成24	16	1	17
平成25	19	7	26
平成26	35	5	40
平成27	61（54）	7（7）	68（61）

注：括弧内の数字は，千葉県の児童生徒数である。
出所：文部科学省（2012〜2016）をもとに作成。

② 千葉県の取り組み

　千葉県は，特別支援学校（肢体不自由）を通級による指導の設置校として指定している。千葉県の取り組みは，小・中学校等に特別支援学級や通級指導教室を設置する際の専門性確保の問題を解決し，地域の肢体不自由教育センターとして特別支援学校（肢体不自由）のさらなる機能強化につながる制度であると考えられる。千葉県立船橋夏見特別支援学校（肢体不自由）は，特別支援教育コーディネーターと通級指導担当者を「自立活動部」に所属し，センター的機能を自立活動部の各担当の専門性を生かして展開できるように，校内体制を構築している。千葉県の取り組みが成功事例になると，全国の特別支援学校（肢体不自由）に広がる可能性が高いため，各都道府県教育委員会は千葉県の進行状況に注目する必要がある。

③ 通級による指導（肢体不自由）の課題

　肢体不自由教育における通級による指導の件数が少ないこと，通常学級に在籍している肢体不自由児が多いこと，児童生徒の学習特性（とくに，認知問題）に周りが気づかないまま放置している可能性が高いことなどがこれまで課題として指摘されてきた。しかし，それらに対する有意味な取り組みを推進している地域は少ない。このことから，千葉県の取り組みなどをもとにし，特別支援学校（肢体不自由）の通級による指導のメリットとデメリットを研究的観点で分析し，今後のより望ましいモデルを提案する必要がある。また，肢体不自由教育において通級による指導の拡大が遅れた背景には，小・中学校等に在籍する肢体不自由児，教師，保護者の理解の不足が関連しているため，関係者の理解を高めることも課題といえる。

Exercise

① 脳室周囲白質軟化症（PVL）を検索し，PVL の定義，発生頻度，発症因子，原因，症状，経過，検査，治療と予後についてまとめてみよう。

② 特別支援学校の新学習指導要領を読み，肢体不自由児の学習上の特性（運

動，認知など）と教育的対応をまとめてみよう。

③　通常学級に在籍する肢体不自由児に必要な合理的配慮についてまとめてみ
よう。

📖次への一冊

安藤隆男・藤田継道『よくわかる肢体不自由教育』ミネルヴァ書房，2015年。
　　本書は，肢体不自由の定義，実態把握の方法と活用，肢体不自由教育の歴史，教育
　　制度の変遷，専門性など，肢体不自由教育を取り巻く重要なトピックスを概説して
　　いるテキストである。
川間健之介・西川公司『肢体不自由児の教育』放送大学教育振興会，2014年。
　　本書は，肢体不自由児の生理・病理，心理，教育課程，指導法等に関する基本的な
　　知識を概観したうえ，肢体不自由教育の実際について紹介しているテキストである。
日本肢体不自由教育研究会『肢体不自由教育の基本とその展開』慶應義塾大学出版会，
　　2007年。
　　本書は，肢体不自由教育の現状と取り組み，教育課程，学校の役割，個別の指導計
　　画の作成と活用，指導の考え方と実践などについて解説しているテキストである。
筑波大学附属桐が丘特別支援学校『肢体不自由のある子どもの教科指導 Q&A──「見
　　えにくさ・とらえにくさ」をふまえた確かな実践』ジアース教育新社，2008年。
　　本書は，肢体不自由のある子どもの観察や理解のポイントを説明したうえ，見えに
　　くさ・捉えにくさを考慮した教科指導の実践例を紹介しているテキストである。

引用・参考文献

安藤隆男『特別支援教育基礎論』放送大学教育振興会，2015年。
安藤隆男・藤田継道『よくわかる肢体不自由教育』ミネルヴァ書房，2015年。
川間健之介・西川公司『肢体不自由児の教育』放送大学教育振興会，2014年。
文部科学省「特別支援教育資料（平成19年度〜平成27年度）」2008〜2016年。http://
　　www.mext.go.jp/a_menu/shotou/tokubetu/1343888.htm（2017年12月27日閲覧）
国立特別支援教育総合研究所「肢体不自由のある児童生徒の障害特性に配慮した教科指
　　導に関する研究──表現する力の育成をめざして（平成22年度〜平成23年度）研究成
　　果報告書」専門研究 B，2011年。
日本肢体不自由教育研究会『肢体不自由教育の基本とその展開』慶應義塾大学出版会，
　　2007年。
日本肢体不自由教育研究会『専門性向上につなげる授業の評価・改善』慶應義塾大学出
　　版会，2009年。
筑波大学附属桐が丘特別支援学校『肢体不自由教育の理念と実践』ジアース教育新社，
　　2008年a。
筑波大学附属桐が丘特別支援学校『肢体不自由のある子どもの教科指導 Q&A──「見
　　えにくさ・とらえにくさ」をふまえた確かな実践』ジアース教育新社，2008年b。

全国肢体不自由養護学校長会『特別支援教育に向けた新たな肢体不自由教育実践講座』
　ジアース教育新社，2005年。

第9章
病弱・身体虚弱の理解と教育

〈この章のポイント〉
　病弱・身体虚弱児の疾患は多種多様であり，治療の過程も学習の状況も個人差が大きい。本章では，まず病弱および身体虚弱の定義を確認したうえで，主な起因疾患について解説を行う。また，病弱・身体虚弱児が抱える学習上の特性やニーズについて説明する。そして，病弱・身体虚弱教育の現状として彼らが就学している場について説明をしたうえで，病弱・身体虚弱教育の課題について概説する。

1　病弱・身体虚弱の定義と原因

1　病弱・身体虚弱の定義

　「病弱」とは慢性疾患等のため継続して医療や生活規制を必要とする状態，「身体虚弱」とは病気にかかりやすいため継続して生活規制を必要とする状態を表しており，いずれも医学用語ではない。2002（平成14）年に改正された学校教育法施行令では，病弱特別支援学校への就学基準の程度について，「1　慢性の呼吸器疾患，腎臓疾患及び神経疾患，悪性新生物その他の疾患の状態が継続して医療又は生活規制を必要とする程度のもの」「2　身体虚弱の状態が継続して生活規制を必要とする程度のもの」（学校教育法施行令第22条の3）と規定されている。かつては，6か月以上の医療または生活規制を必要とする程度の者を病弱者あるいは身体虚弱者としていたが，入院期間の短期化，入院回数の頻回化等が進んでいることから，「継続して」という言葉に改められた。

▷1　学校教育法施行令では，病弱・虚弱者の標記は「病弱者（身体虚弱者を含む。）」となっている。

2　病弱・身体虚弱の原因

　病弱・身体虚弱の原因となる疾患は，時代とともに変化してきた。病弱・身体虚弱教育の始まりとして，1889（明治22）年，三重県立師範学校において脚気生徒に対して行った記録が残っている。

　明治期から1960年代にかけて，病弱・身体虚弱の主たる原因は結核をはじめとする慢性疾患であった。とくに結核については，結核予防法（昭和26年3月31日法律第96号）の施行や化学療法の普及等による効果が現れる1960年代後半まで，病弱・身体虚弱の多くを占めていた。例えば，1969（昭和44）年時点の

109

病弱・身体虚弱者の内訳は，結核36.5％，筋ジストロフィー症14.0％，腎ネフローゼ11.7％，気管支喘息14.0％と結核が最も多かったが，1975（昭和50）年度には結核は病弱・身体虚弱者の3.4％まで激減した（全国病弱虚弱教育研究連盟・病弱教育史研究委員会，1990）。

1970年代になると，筋ジストロフィー症に加えて，気管支喘息のような呼吸器疾患，腎ネフローゼに代表される腎疾患といった慢性疾患児が病弱教育の対象となった。1979（昭和54）年度より養護学校教育の義務制が開始されると，従来就学猶予・免除の対象となっていた，重症の筋ジストロフィー症児や重度・重複障害児も教育の対象に含まれるようになった。また，1990年代前後より，「腫瘍などの新生物（小児がん等）」や不登校等を含む情緒障害（心身症）を抱える児童生徒も病弱教育の対象となってきた。

2013（平成25）年度に全国病弱虚弱教育研究連盟および全国特別支援学校病弱教育校長会が実施した全国病類調査によると，「心身症」が最も多く，以下，「神経系疾患」「重度・重複障害」「悪性新生物（悪性腫瘍・がん）」となっている。病弱・虚弱の原因疾患は多様化しているが，近年増加傾向にあるのは，「心身症」「悪性新生物」「循環器疾患」「消化器疾患」「皮膚疾患」であり，減少傾向にあるのは，「呼吸器系疾患」「神経系疾患」「腎臓疾患」等であった（日下，2015）。

「悪性新生物（悪性腫瘍・がん）」とは，遺伝子変異により自律性をもって増殖を行うようになった細胞集団のなかで，周囲の組織を破壊して発育し，血行やリンパを介して他の臓器に転移を起こす腫瘍のことである。「悪性新生物」に分類される疾患としては，白血病，脳腫瘍のほか，リンパ腫，骨の悪性腫瘍などたくさんの種類がある。悪性腫瘍の多くは，治療せずに放置するとやがて全身に転移し，死に至るとされているが，近年では化学療法や薬物療法が著しく進歩している。小児の白血病においては，急性リンパ球性白血病[2]では95％以上で，急性骨髄性白血病[3]では80％以上で寛解が得られるようになっており，小児脳腫瘍においても全治するケースもある（国立特殊教育総合研究所，2006）。

「循環器疾患」は，小児の場合，心室中隔欠損[4]，心房中隔欠損[5]，肺動脈狭窄[6]など生まれつき心臓の構造に異常のある先天性心疾患と，リウマチ熱や関節リウマチなどのリウマチ性心疾患，感染性心内膜炎等の後天性心疾患がある。

「消化器疾患」は，消化管（食道，胃，十二指腸，小腸，大腸），胆嚢，肝臓，膵臓などに潰瘍やがん，結石ができたり，炎症を起こしたりする疾患である。内視鏡や治療技術の発達により，消化管の出血やポリープ，早期がん等は内科的な治療が可能になってきている。

「皮膚疾患」のうち，アトピー性皮膚炎は痒みが強い湿疹であり，症状によっては強い苦痛を覚える。アトピー性皮膚炎の多くは乳児期に発症し，寛

▷2　本来ならリンパ球になる細胞ががん化して，短期間のうちに骨髄内の正常細胞と入れ替わってしまう病気。小児が最も多く，15歳未満のがんの約25％を占める。

▷3　白血病のうち，リンパ球以外の白血球，赤血球，血小板になる予定である細胞ががん化する病気。

▷4　心室中隔に穴（欠損孔）が開いている病気であり，新生児検診や乳児検診で発見されることも少なくない。約半数は生後1年以内に自然閉鎖するが，そうでない場合，手術により治療を行う。

▷5　右心房と左心房を隔てる心房中隔に穴（欠損孔）が開いている病気。心室中隔欠損とは異なり，乳幼児期に心不全症状が現れることはほとんどなく，3歳児検診や，小学校入学時の検診で疑われて発見されることが多い。

▷6　右心室から肺動脈に至るどこかが狭まってしまっている（狭窄）病気。右心室から肺動脈への血液の流れが傷害されるため，右心室に負担がかかる。

解・悪化を繰り返しながら長期間持続する。平成12〜14年度厚生労働科学研究費補助金免疫アレルギー疾患予防・治療研究事業「アトピー性皮膚炎の患者数の実態及び発症・悪化に及ぼす環境因子の調査に関する研究」によると，幼児期では，患者のおよそ85％が軽症である一方で，学齢期になると軽症児は73％に減少する一方で，中等症の患者が24％に増加しており，学齢期に悪化要因が存在する可能性が示唆されている。

「神経系疾患」の主な疾患は筋ジストロフィー症である。筋ジストロフィーは筋肉が壊れていく移転性の疾患であり，手足などの運動機能にかかわる筋肉が壊れることで，筋力が低下し運動機能など各機能障害をもたらす。疾患の種類としては，デュシェンヌ型筋ジストロフィーが最も多い。デュシェンヌ型筋ジストロフィーは，ほとんど男子に発症し，小児期において歩き方がおかしい，転びやすいといった症状から発症が確認される。ほとんどの場合，10〜12歳頃には車いす生活となり，20歳前後で心筋の筋力低下にともなう心不全や，呼吸の筋力の低下による呼吸不全により亡くなることが多い。また，デュシェンヌ型筋ジストロフィーでは知的障害をともなうこともある。デュシェンヌ型以外の筋ジストロフィー症としては，運動機能の低下がデュシェンヌ型より緩やかで同じくほとんど男児に発症するベッカー型，乳児期から著しい筋力低下および発達の遅れが見られる福山型などがある。

「腎臓疾患」は，長期にわたる治療を必要とする疾患である。腎臓は，身体に溜まった老廃物および余分な水分を濾過し，尿として排出したり，体液バランスの保持を司る。したがって，腎臓疾患の場合，血尿や尿タンパク，むくみや高血圧をともなうことがある。腎臓疾患には，急性腎炎症候群[7]，慢性腎炎症候群[8]，ネフローゼ症候群[9]などがあり，その治療法はそれぞれ異なっているが，基本的には食事制限や運動制限などの生活規制が課される。

「呼吸器疾患」は，上気道，気管および気管支，肺，胸膜などの呼吸器に起こる疾患である。呼吸器疾患としては，上気道炎（風邪），急性気管支炎，肺炎といった比較的短期間で治療可能な急性疾患と，気管支喘息，肺気腫といった長期間継続して治療が必要な慢性呼吸器疾患に分けられる。このうち，病弱・身体虚弱児に分類されるのは後者である。気管支喘息については，80％は幼児期までに発症し，思春期までに70％が改善・治癒する。しかし，一部は成人喘息に移行し，成人期の再発例もみられる。また，気管支喘息の児童生徒は，発作あるいは通院（場合によっては入院）により学校を欠席しがちになってしまうことから，病気のケアだけでなく，心理的な安定や学習保障が必要となる。

最後に「心身症」について取り上げる。「心身症」は，「病弱」あるいは「身体虚弱」という用語と同様に，特定の病名があるわけではない。頭痛，腹痛，

▷7　急性に，血尿，タンパク尿を起こすような腎炎が発症し，高血圧等の症状が出る状態。病気そのものに対する治療法は存在せず，腎機能が回復するまで，食事療法等が必要となる。

▷8　タンパク尿や血尿が持続している状態。腎臓が慢性的な炎症を起こすことで，腎機能が低下する。腎臓の炎症や痛みによって治療法は異なり，必要に応じて副腎皮質ステロイド薬等の薬物療法を行う。

▷9　大量のタンパク尿により血液中のタンパク質が失われ，浮腫が出現した状態。浮腫がひどくなると，肺や心臓にも水が溜まり，呼吸困難を引き起こすこともある。副腎皮質ステロイド薬等の薬物療法を行う。

動悸，食欲低下等の摂食障害がみられた場合に，単に身体的な問題としてではなく，心理的社会的問題が密接に関係していることが見出せる病態のことをさす。したがって，神経症やうつ病といった精神障害にともなう身体症状については除外される。心身症の児童生徒については，不登校やさまざまな医療機関，心理相談等を経て，病弱特別支援学校に転入してくることが多い。そのため，心身症の治療においては，心理・社会的な要因への介入が必要不可欠であり，さまざまな関係者が協働して治療に当たることが求められる。

2　病弱・身体虚弱児の学習の特性とニーズ

1　病弱・身体虚弱児の学習の特性

　病弱・身体虚弱児の場合，重度・重複障害児を除くと，筋ジストロフィー（福山型，デュシェンヌ型の一部）等一部の児童生徒が知的障害をともなうことがあるが，全般的には知的な遅れに問題がないとされる。しかしながら，健康状態の悪化や通院等による欠席，慢性疾患の治療等の影響による日常生活の活動規制，急性期の入院・安静状態により，学習できない時期が断続的に生じる。他の障害種と異なり，入退院を繰り返すため，入退院のたびに，通常学校と病弱特別支援学校（あるいは病院内学級）の間を転校することとなる。とくに，入院から転入までの期間においては，病気の急性期に該当し安静が必要なこと，入学手続きに時間がかかる。また，入院中に限らず授業時数の制約を受けたり，入院する病院によっては，教育を受ける機会（病弱特別支援学校あるいは病院内学級）そのものが存在しないこともある。このような状況から，病弱・身体虚弱児の場合，学習単元の一部が未学習あるいは未定着となってしまう，「学習空白」が生じてしまうことも多い。加えて，病院での入院生活が長引くことや活動規制により，直接経験の不足や経験の偏りがみられることも指摘されている。

　また，病弱特別支援学校や病院内学級に転学してくる児童生徒は，転出入の時期，在学期間，学習進度，場合によっては使用している教科書も異なる場合がある。そのため，教育課程の編成を考えるうえでは，転学前の学習状況を適切に把握し，各教科等において何を指導するかも重要であるが，限られた授業時間をいかに効果的に活用していくかがより求められている。とくに，自立活動の指導においては，自らの病気にも大きく関係するであろう健康の保持や，さまざまな不安を抱えている病弱・身体虚弱児の心理的な安定を図ることはもちろん重要である。加えて，退院後に原籍校に戻り，再び地域で生活していくことを考えた時，直接経験の不足を補うために間接経験を高めたりするなど，

▷10　特別支援学校小学部・中学部の新学習指導要領では，各教科，特別の教科　道徳，外国語活動（第3学年〜第4学年），総合的な学習の時間，特別活動および自立活動が示されている。

人間関係の形成やコミュニケーションにかかわる内容についても十分に指導し
ていく必要がある。そして，退院後の原籍校での学習にできるだけスムーズに
接続できるように配慮していくことが大事である。

２　病弱・身体虚弱児のニーズ

　病弱・身体虚弱児が抱える疾患は多種多様であり，日常的な服薬，治療方
法，活動や食事の制限の程度等は一人ひとりによって大きく異なる。しかしな
がら，どの場合においても，まず重要なのは心のケアである。ここでは，心の
ケアの重要性について３つの観点から説明する。

　まず第一は，入院中の生活不安についてである。入院生活や入院にともなう
治療は，痛みや不安，退屈との闘いでもある。また，入院中の子どもは，病気
や治療だけでなく，「学校や家庭などの普通の生活」が送れなくなることにも
ストレスを感じている（猪狩，2015）。入院している児童生徒の不安の構造を検
討した研究では，「将来への不安」「孤独感」「治療恐怖」「入院生活不適応感」
「とり残される焦り」の５つの構造を有していること，入院が長くなるほど，
社会と隔絶感も強まり，卒業後の職業選択が身近な問題となる高等学校段階の
方が「将来への不安」が高まることが指摘された（谷口，2004）。

　また，入院期間は，原籍校からの連絡が途絶えがちになる。このことは，本
人はもちろん保護者にとっても不安となる。加えて入退院前後には，どうして
も学習空白が生じてしまうため，退院後に学習の遅れが生じたり，諸々の不安
要因の積み重ねから不登校に陥ってしまうこともある。文部科学省から2013
（平成25）年に出された通知「病気療養児に対する教育の充実について」（24初
特支第20号）では，病院を退院後も学校への通学が困難な病気療養児に対し，
教育環境の整備，訪問教育やICT等を活用した指導の実施，保護者・医療機
関・近隣の特別支援学校等との十分な連携体制の確保を求めている。

　第二は，発達段階に応じた対応である。病弱・身体虚弱児の場合，乳幼児期
から入退院を繰り返す場合もあり，常にストレスをためやすい状況にある。乳
幼児の場合，両親と離れることの分離不安や治療や入院，生活規制による遊び
体験の不足などがあげられる。これらの要因により，子どもによっては睡眠障
害や摂食障害，あるいは退行などを示す子どももいる。また，遊び体験の不足
は社会性の発達に影響を及ぼすこともある。保護者との面会の機会の確保や子
どもが落ち着いて遊んだり生活したりできる空間の整備，保母等の配置などが
考えられる。

　学齢期になると，基本的な生活習慣が確立されてくる。しかしながら，入退
院を繰り返していたり，日常生活上の規制にともなう活動の低下，気管支喘息
の場合は夜間の発作など，病弱・身体虚弱児の場合，生活リズムが崩れがちに

なる。また，欠席が増えるにつれ，友人関係の構築が難しくクラスで孤立したり，学習面での遅れなどの課題やそれに対する不安感などが生じやすい。保護者や担任だけでなく，医療関係者や場合によっては心理士らがお互いに協働しながら，心の安定を図っていく必要がある。

　思春期になると，自身の病気への理解が進んでくる。一方で，病気の理解が進むことにより，自分の将来や病気の予後に対する不安を抱くこともある。また，友人と同じことができないことへのいらだちや疎外感を感じたり，自分の容姿や能力について他人と比較し，劣等感をもつなどさまざまな葛藤が起きやすい時期である。時には，健常児のように保護者や教員に反発し，それが治療拒否にまで発展することもある。子どもの自己決定を尊重しながら，将来の自立に向けて注意深く対応していく必要がある。

　第三は，周囲の理解である。近年，医療技術の進歩や医療機器の小型化により，慢性の疾患のある児童生徒も通常学校に通うケースが増えてきている。しかしながら，慢性疾患児の場合，日常生活のさまざまな場面で規制がかかることもある。村上（2006）は病気の治療管理において，時に子どもの活動や欲求を制限することも必要であるが，子どもの生活を治療管理一辺倒にしてはならないと指摘する。村上（2004）は，「病気であればすべて不可能」といった，健常の子どもや周囲の大人の，all-or-nothing の認識を改善し，治療管理への意味を，「治ること」から「目的のある生活のための手段」へと転換することが，この時期の教育的ニーズであると指摘している。

3　病弱・身体虚弱教育の現状と課題

1　病弱・身体虚弱教育の現状

　病弱・身体虚弱教育の場は，その障害の多様さゆえ，図9-1に示すようにさまざまな場において実施されている。また，すでに述べたように，疾患の状態によっては，通院や入院が必要なため，1か所で常に教育を受けるわけではなく，年度途中であっても，転出入を繰り返すことがある。

　それぞれの場において，どれくらいの児童生徒が在籍しているかを示しているのが表9-1になる。表を見てわかるように，病弱特別支援学校（2007年以前は病弱養護学校）在籍児童生徒数は，2006（平成18）年以前は減少傾向であったものが，特別支援教育制度へ移行した2007（平成19）年に大幅増加し，以後ほぼ変わらない状況が続いている。これは，2007年以降，複数の障害種を対象としている学校が設置されるようになり，各学校ではそれぞれの障害種ごとに重複してカウントするようになったことが背景にあるためである。そのため，表

1　特別支援学校（病弱）

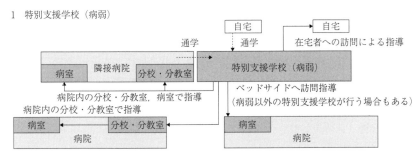

2　病弱・身体虚弱特別支援学級

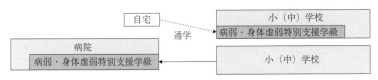

図9-1　病弱教育の場

注：都道府県によりシステムが異なる。
出所：全国特別支援学校病弱教育校長会・国立特別支援教育総合研究所（2009，6ページ）。

表9-1　病弱・身体虚弱児の就学の場

年	特別支援学校数 （分校）	児童生徒数 （単一障害）	特別支援学級 在籍数	通級指導 在籍数
1979（昭和54）	96（25）	7,767	4,606	
1984（昭和59）	94（16）	7,014	3,674	
1989（平成元）	97（17）	5,139	2,164	
1994（平成6）	98（16）	3,987	1,665	25
1999（平成11）	95（16）	3,169	1,866	0
2004（平成16）	92（15）	2,729	1,737	6
2006（平成18）	91（16）	2,789	1,728	22
2007（平成19）	106（16）	12,958（2295）	1,826	24
2009（平成21）	129（19）	12,749（2027）	2,117	22
2011（平成23）	138（19）	12,887（1800）	2,270	50
2013（平成25）	143（19）	12,719（1764）	2,570	13
2015（平成27）	145（16）	13,094（1671）	3,030	18

注：特別支援学校数は幼小中高のいずれかの学部があれば1校，児童生徒数は小中の合計。
出所：文部科学省「特別支援教育資料」（2004，2006，2007，2009，2011，2013，2015），
　　　「特殊教育資料」（1979，1984，1989，1994，1999）をもとに作成。

9-1に示しているように，病弱・身体虚弱のみの児童生徒数で見ると，引き
続き減少傾向にある。
　それに対して，特別支援学級（病弱・身体虚弱）および通級指導の対象となっ
ている，病弱・身体虚弱児については，特別支援学級では1994（平成6）年以
降緩やかに増加傾向にあるものの，通級指導の対象はほとんど増えていない。
通常学級については，詳細な調査は行われていないが，文部科学省の学校基本
調査（平成26年度）によれば，長期（30日以上）にわたり欠席（長期欠席）してい

る児童生徒18万4712人のうち，病気を理由とする者が3万7770人（小学校1万8981人，中学校1万8789人）となっており，病弱特別支援学校に在籍する児童生徒よりはるかに多いことがわかる。また，不登校を理由とする者は12万2650人（小学校2万5864人，中学校9万6786人）にのぼる。不登校児童生徒がすべて心身症を抱えていたり，病弱・身体虚弱教育の対象とは限らないが，潜在的には相当数の病弱・身体虚弱教育の対象児がいることが予想される。

2　病弱・身体虚弱教育の課題

　ここでは，病弱・身体虚弱教育の課題として，3点指摘する。まず，第一は「学習空白の解消」である。1994（平成6）年，文部省は「病気療養児の教育について」の通知を出した。同通知では，入院中の病気療養児の実態把握，適切な教育課程の確保，病気療養児の教育機関として病院内学級の設置，教職員の専門性の向上を求めた。さらに文部科学省では，2012（平成24）年6月に出された「第二期がん対策推進基本計画」を受けて，2013（平成25）年に「病気療養児に対する教育の充実について」を通知した。同通知は，厚生労働省が「第二期がん対策推進基本計画」に基づき全国15か所の「小児がん拠点病院」を指定したことを受け，これらの病院において病院内学級の整備ならびに退院後の通学が困難な病気療養児への対応として，訪問教育やICT等を活用した指導の実施を行うことを求めた。さらに，病弱特別支援学校においては，幼稚園・小学校・中学校・高等学校または中等教育学校の要請に応じて，病気療養児への指導にかかる助言または援助に努めることが規定された。特別支援教育へ制度転換したことを受け，特別支援学校には地域のセンター的機能として地域支援を行うことが求められているが，病弱・身体虚弱児の場合はより積極的に地域の通常学校と連携して，学習の機会を保障していくことが求められている。

　課題の第二は，「通常学級に在籍する病弱・虚弱児の実態の把握および支援方法の確立」である。また，病弱特別支援学校に在籍する児童生徒は先に示した表のとおりであるが，この結果は5月1日現在のものであり，入退院にともなう転出入が多い病弱特別支援学校の実態を必ずしも反映していない。少し古いデータであるが，武田（2012）は，厚生省が実施した「小児慢性特定疾患対策調査結果（平成3年度）」の結果から，小児慢性特定疾患の学齢児の85.5%が小・中学校の通常学級で教育を受けていることを明らかにしている。文部科学省の学校基本調査（平成26年度）においても，4万人近い小中学生が病気により長期欠席を余儀なくされていることから，通常学級には本来であれば病弱・虚弱教育の対象となるべき児童生徒が多く在籍していることが推察される。彼らの実態把握を進めるとともに，病弱特別支援学校ではこれまで培ってきた専門性を広く還元していく必要があるであろう。

▷11　文部科学省では毎年5月1日現在の在籍児数について調査を行い，学校基本調査としてその結果を公開している。

　課題の第三は自立と社会参加に向けた指導である。医療の進歩により，慢性疾患を抱える病弱・身体虚弱児の多くが，地域で生活を送るようになってきた。一方で，退院後の学校適応に困難を示したり，小児がん経験者が就職や就労継続に困難を抱えるケースもでてくるようになった。谷口（2014）は，病弱教育担当教師に「子どもたちにつけさせたい力」を調査し，ネガティブな経験を抱えながらも，将来想定される困難を乗り越える「個の力」や，自分の人生をよりよいものとしようとする「心のエネルギー」を重要視していることを明らかにした。病弱・身体虚弱児のキャリア発達を考えたとき，自らの疾患とどう向き合っていくのか，病気の状態の理解や生活管理に関すること，健康状態の維持・改善に関することといった自立活動の観点からの指導は非常に重要な要素となる。

Exercise

① 病弱・身体虚弱児の教育を考えるうえで，「学習空白」が生じてしまうことは大きな課題の一つである。なぜ，「学習空白」が生じてしまうのか，その背景について述べてみよう。

📖次への一冊

飯野順子・岡田加奈子・玉川進編著『特別支援教育ハンドブック』東山書房，2014年。
　　障害にかかわる医学的な基礎知識だけでなく，具体的な指導・支援事例が豊富に掲載されており，病弱・身体強弱に限らず，特別支援教育の基本的な理解を深められる一冊。
国立特殊教育総合研究所『慢性疾患，心身症，情緒および行動の障害をともなう不登校の子どもの教育支援に関するガイドブック』国立特殊教育総合研究所，2006年。
　　児童生徒の現状と課題，病気や障害の解説，評価の方法，教育相談の方法，指導事例等を網羅し，教員や保護者がよりよい支援を行うことを目的としたガイドブックである。
全国病弱虚弱教育研究連盟・病弱教育史研究委員会『日本病弱教育史』日本病弱教育史研究会，1990年。
　　病弱教育の今昔について，制度，児童生徒の実態，各学校の概要をまとめた病弱教育の歴史を総合的に記録した一冊。

引用・参考文献

猪狩恵美子「通常学級における病気療養児の教育保障に関する研究動向」『特殊教育学

　　　研究』53⑵，2015年，107〜115ページ。

国立特殊教育総合研究所『慢性疾患，心身症，情緒および行動の障害を伴う不登校の子
　　　どもの教育支援に関するガイドブック』国立特殊教育総合研究所，2006年。

厚生労働省「第二期がん対策推進基本計画」2012年。

日下奈緒美「平成25年度全国病類調査に見る病弱教育の現状と課題」『国立特別支援教
　　　育総合研究所研究紀要』42，2015年，13〜25ページ。

文部科学省「特別支援教育資料（平成15年度）」文部科学省初等中等教育局特別支援教
　　　育課，2004年。

文部科学省「特別支援教育資料（平成17年度〜平成26年度）」2006〜2015年。http://www.
　　　mext.go.jp/a_menu/shotou/tokubetu/1343888.htm（2017年10月27日閲覧）

文部科学省「学校基本調査（平成26年度）」2015年。

文部科学省「病気療養児に対する教育の充実について（通知）」2015年。

文部省「病気療養児の教育について」1994年。

文部省「特殊教育資料（昭和53年度，昭和58年度，平成元年度，平成6年度，平成10年
　　　度）」文部省初等中等教育局特殊教育課，1979年，1984年，1989年，1994年，1999年。

村上由則「病気とは何か――患児・者の視点と教育の役割」『育療』30，2004年，13〜
　　　22ページ。

村上由則「小・中・高等学校における慢性疾患児への教育的支援――特別支援教育の中
　　　の病弱教育」『特殊教育学研究』44⑵，2006年，145〜151ページ。

武田鉄郎「病弱教育の現状と今日的役割」『障害者問題研究』40⑵，2012年，107〜115
　　　ページ。

谷口明子「入院時の不安の構造と類型――病弱養護学校児童・生徒を対象として」『特
　　　殊教育学研究』42⑷，2004年，283〜291ページ。

谷口明子「病弱児の社会的自立のために"つけたい力"とは――キャリア発達の観点か
　　　らの探索的研究」『東洋大学文学部紀要　教育学編』40，2014年，111〜120ページ。

全国病弱虚弱教育研究連盟・病弱教育史研究委員会『日本病弱教育史』日本病弱教育史
　　　研究会，1990年。

全国特別支援学校病弱教育校長会・国立特別支援教育総合研究所『病気の子どもの理解
　　　のために――「心の病」編』2009年。http://www.nise.go.jp/portal/elearn/shiryou/
　　　byoujyaku/pdf/pamphlet_kokoro.pdf（2017年10月27日閲覧）

第10章
自閉症・情緒障害の理解と教育

〈この章のポイント〉
　自閉症・情緒障害教育で対象となる情緒障害や自閉症のある子どもたちは，行動面の特異性により支援が必要であることを共通としているものの，その原因や実態は多様である。本章では，このような多様性に対し，情緒障害や自閉症の障害カテゴリーについて整理を試み，それぞれの認知特性や行動特性について概観した後，教育の場において一般的に行われている特性に応じた教育の方法について解説する。

1　自閉症・情緒障害の定義と原因

1　情緒障害の定義と分類

　教育の分野では，自閉症は長らく情緒障害のカテゴリーにおいて教育されてきた。したがって，まずは情緒障害に関する説明から行いたい。

　「情緒」という言葉の意味は，「折にふれて起こるさまざまの感情。情思。また，そのような感情を誘い起こす気分・雰囲気。」とされている（『広辞苑』）。つまり，さまざまな外的・内的な要因により喚起される感情，もしくはさまざまな感情を喚起する外的・内的な要因，をさす用語である。教育支援資料（文部科学省，2013）で，情緒障害は，「状況に合わない感情・気分が持続し，不適切な行動が引き起こされ，それらを自分の意思ではコントロールできないことが継続し，学校生活や社会生活に適応できなくなる状態」とされている。以上を踏まえると，情緒障害は「外的・内的な要因により喚起される感情」または「感情を喚起する外的・内的要因」において特異性があり，その結果，不適切と考えられる行動が持続し，社会的な不適応状態になること，と考えることができる。しかし，些細なことで気持ちがイライラして物や他人にあたった結果，他人から叱られたり距離をおかれたりするなど，「情緒に関連した不適応状態」はよくあることといえる。

　「情緒に関連した不適応状態」が身近なものであるなかで，情緒障害と判断されるポイントとして以下の2つがある。1つめは「喚起される感情の特異性」や「感情を喚起する外的・内的要因の特異性」に関することである。通常レベルと比べて，ある感情が喚起される「頻度」が著しく多い，「強度」が激

しい,「持続時間」が長いなどの特徴や, 感情を喚起する外的・内的要因の「質や量」が通常レベルと比べて著しく異なる場合などである。2つめは, そのような情緒の特異性によって,「不適応状態が慢性化」していることである。

　情緒障害のある子どもの具体的な症状として, 教育支援資料では以下のような状態をあげている。(1)食事の問題（拒食, 過食, 異食など）, (2)睡眠の問題（不眠, 不規則な睡眠習慣など）, (3)排せつの問題（夜尿, 失禁など）, (4)性的問題（性への関心や対象の問題など）, (5)神経性習癖（チック障害, 髪いじり, 爪かみなど）, (6)対人関係の問題（引っ込み思案, 孤立, 不人気, いじめなど）, (7)学業不振, (8)不登校, (9)反社会的行動（虚言癖, 粗暴行為, 攻撃傾向など）, (10)非行（怠学, 窃盗, 暴走行為など）, (11)情緒不安定（多動, 興奮傾向, かんしゃく癖など）, (12)選択性かん黙, (13)無気力。国立特別支援教育総合研究所（2008）によると, これらのなかで情緒障害教育を受けている子どもに多い症状として, 選択性かん黙, 神経性習癖, 不登校があげられている。そこで以下では, 選択性かん黙, チック障害（神経性習癖の一つ）, 不登校についてとくに取り上げる。

① 選択性かん黙

　選択性かん黙とは, 話す能力や動機づけにとくに問題がみられないにもかかわらず, ある特定の場面や人において話すことができない症状があることを意味する。例えば, ある児童が家庭場面では両親や兄弟と問題なく会話できている一方, 学校場面では先生や友達と一言も口をきかない, などの症状である。このような症状は一時的なものではなく, その程度もさまざまである。DSM-5（American Psychiatric Association, 2013）においては, 不安障害群の一つとされている。

▷1　DSM-5
精神疾患ごとに診断基準が明記された米国精神医学会による診断のためのマニュアルの第5版。2013年に出版された。世界保健機構（WHO）によるICD-10（国際疾病分類第10版）と並び, 国際的なスタンダードとして用いられる。

② チック症

　チック症とは, 強く瞬きをしたり（運動チック）, 喉の奥で音をならしたり（音声チック）するような, リズミカルではない突然で瞬間的な動作や発声があることを意味する。DSM-5では, 神経発達障害群の一つとされている。幼児期において発症することが多く, 成人期に発症することはほとんどない。また, 運動チックと音声チックの症状の両方が1年以上みられる場合は「トゥレット症」と呼ばれる。

③ 不登校

　不登校とは, 何らかの心理的, 情緒的, 身体的, あるいは社会的要因・背景によるもので, 児童生徒が登校しないあるいはしたくともできない状況にあること（ただし, 病気や経済的理由によるものを除く）を意味する（文部科学省, 2015）。不登校とは「学校に登校していない状態」をさす用語であり, その状態に至った理由の違いは区別されていない。不登校に至る理由はさまざまであ

る。例えば，登校する時になると頭痛や腹痛になったり，動けなくなったりするなどの身体症状が生じる「神経症型」，登校しぶりが許されることによって不登校が習慣化した「登校しぶり型」，登校することだけでなく，あらゆることに対して積極的な行動を示さなくなった結果としての「無気力型」など，多くのタイプが想定されている（杉山，2000）。教育支援資料では，情緒障害児教育の主な対象となる不登校は，「登校しなければならないことを意識しており，登校しようとするができない」とされており，上記の分類では「神経症型」に該当すると考えられる。

　このように，情緒障害の症状はさまざまであり，原因もさまざまである。しかし，情緒障害の原因は「心理的要因にある」とされている点が共通する特徴といえる。心理的要因とは，症状の原因を主に環境要因によるものと考えることであるが，本人の生物学的要因（特性）による影響がまったくないともいえない。したがって，情緒障害は非常に曖昧な障害カテゴリーといえる。以上のことから，アメリカでは，「情緒障害」ではなく，「情緒・行動障害」として，「情緒もしくは『行動』における通常レベルからの逸脱状態」による不適応状態として，その障害を捉えようとする考え方がある（Heward, 2003）。

2　自閉症の定義

　自閉症も行動特徴によって定義されている障害である。しかし，その行動特徴の原因として生物学的要因の存在があるとされている。文部科学省の教育支援資料で，自閉症は，「⑴他人との社会的関係の形成の困難さ，⑵言葉の発達の遅れ，⑶興味や関心が狭く特定のものにこだわること，を特徴とする発達の障害とされる。その特徴は，3歳くらいまでに現れることが多いが，小学生年代まで問題が顕在しないこともある。中枢神経系に何らかの要因による機能不全があると推定されている」と定義されている。DSM-5では神経発達障害群の一つとされており，「自閉症スペクトラム障害」として，以下のような行動特徴が発達の初期から見られることにより診断が行われている。

① 社会的コミュニケーションおよび相互関係における持続的な障害

　社会的コミュニケーションおよび相互関係における持続的な障害とは，他者とかかわるための能力や実際のかかわり方において特異性がみられ，その結果，人間関係の発展や維持に困難がみられることを意味する。他者とかかわるための能力とは，例えば，他者の存在を意識すること，他者に対して関心をもつこと，他者の感情をさまざまな要因（社会的な文脈，人間関係，相手の表情や視線等）から想像して理解したりすることなどである。自閉症の子どもの場合，このような能力において困難や偏りがみられることが多い。実際のかかわり方としては，身振りや表情や声の抑揚を交えてコミュニケーションすること，一

方的ではなく相手の話を聞く姿勢を示すこと（例えば，相づちを打ったりする）などがあるが，自閉症の子どもの場合難しいことが多い。言語の遅れは多くの自閉症児にみられるがすべてではない。語彙や文法などにおいては明らかな遅れがみられない子どももいる。しかし，このような子どもも，他者とのかかわり方やかかわるうえで求められる能力においては同じように困難があり，人間関係の発展や維持に困難がみられる。

②　限定された反復する様式の行動，興味，活動

　限定された反復する様式の行動，興味，活動とは，ある行動を繰り返し行うこと，同じであることを強く求めたり興味関心が極端に狭くかつ強いこと，ある感覚に対して極端に敏感・鈍感であったりすることにより，本人が生きづらさを感じていたり，発達の可能性を狭めていることを意味する。「行動の繰り返し」の例としては，身体を前後にゆらすこと，タオルをくるくる回す行動，聞いた言葉を繰り返すこと（エコラリアと呼ばれる），玩具の人形を一列に並べることなどがある。また「同じであることを強く求めること」としては，外出時にいつも同じ道を通ることを要求すること，いつも同じ順序，同じ内容で遊ぶことなどがある。周囲が変えようと試みると強い抵抗を示すことが多い。「興味関心が狭い・強い」ことは，例えば，商品のロゴなど一般的には興味を引くことが少ない事柄に魅了される一方，同じ発達段階の多くの子どもが興味をもつ事柄に反応しないことが多いことなどである。また，興味をもった事柄については没頭・執着するなど，その程度が強いことが多い。このような興味関心の狭さ・強さが，ある領域における能力の突出につながる場合もある。「感覚に対する敏感さ・鈍感さ」はさまざまな感覚において見られる。例えば，声かけには反応を示さないことが多い一方で強い風の音には過剰に反応すること（聴覚），靴擦れして痛そうなのに平気そうな一方，ある素材の服を極端に嫌がること（触覚）などがある。以上のような行動特徴は，一般的には「こだわりの強さ」として捉えられる。このようなこだわりは，一人ひとりで大きく異なる。

　以上のような，他者とのかかわりに関連するさまざまな困難やこだわりの強さといった特徴は，多くの人にもみられる特徴である。したがって，これら2つの特徴はすべての人にあって，その強弱において連続体（スペクトラム）をなすと考えられている。この2つの特徴が強くみられ，それにより適応上の困難が生じ，支援が必要な時に「自閉症スペクトラム障害」と判断（診断）される。

　自閉症は，かつては心理的要因（つまり，環境要因）が原因と考えられた時代もあった（それにより保護者の育て方を原因とする誤解が生じ，多くの保護者が苦しむことになった）。しかし，現在では生物学的要因（例えば，特徴的な遺伝子情報や

脳機能における違い）があることが明らかになってきている。

2　自閉症・情緒障害児の学習の特性とニーズ

1　情緒障害の特徴

　情緒障害と分類される症状は多様である。しかし，その行動上の問題という観点から，2つのタイプに分類することが可能である。すなわち，「内向性（internalizing）」と「外向性（externalizing）」である（文部科学省，2013）。

　内向性タイプの行動上の問題とは，行動が「少なすぎる」ことによって不適応状態になっていることを意味する。この場合少なすぎる行動は，社会的交流に関する行動であることが多い。例えば，「選択性かん黙」は「学校で話すこと」が少なすぎることによる不適応状態，「不登校」は「学校に行くこと」が少なすぎることによる不適応状態，「拒食」は「食べること」が少なすぎることによる不適応状態などと考えることができる。

　逆に外向性タイプの行動上の問題とは，行動が「多すぎる」ことによって不適応状態になっていることを意味する。例えば，「虚言癖（反社会的行動）」は「ウソ」が多すぎることによる不適応状態，「チック症（神経性習癖）」は「突然の運動や発声」が多すぎることによる不適応状態，「過食」は「食べること」が多すぎることによる不適応状態などと考えることができる。ここでいう「少なすぎる」や「多すぎる」という記述は一般的なレベルと比べた時の相対的な基準によるものである。したがって，例えば，リストカットのような自傷行動の場合，一般的に見られる自傷行動のレベルはきわめて低いため，少ない自傷行動でも「多すぎる」ことになり，外向性タイプの行動上の問題と考えられる。

　以上，2つのタイプの行動上の問題のうち，教師など周囲の人に気づかれやすく，問題視されやすいのは外向性タイプである。一方で，内向性タイプは，その問題の特徴から，気づかれず見過ごされてしまう可能性がより高い。また，気づかれたとしても，外向性タイプほど問題視されず，対応が遅れてしまうこともある。しかし，内向的タイプ・外向性タイプのいずれであっても，不適応状態に陥るリスクは大きく，また，自然に改善する可能性も低い。できるだけ早期に適切な対応を行う必要がある（Heward，2003）。

　早期に適切な対応を行わなければ，行動面または学習面におけるニーズが増加または発生する可能性がある。例えば，「選択性かん黙」の場合，学校場面で教師やクラスメートと話さないことにより，人とコミュニケーションする機会が少なくなる。その結果，認知面や対人的な動機づけにおいて困難がないに

もかかわらず，社会性の発達に遅れが生じる可能性がある。このような社会性の発達の遅れにより，話すことに対する不安はさらに増大し，話すことはより難しくなる可能性がある。「不登校」では，学校に行かないことにより学習の機会や人とのかかわりの機会が制限され，認知面や動機づけにおいて困難がないにもかかわらず，社会性や学力において遅れが生じる可能性がある。社会性や学力において遅れが生じることにより，ますます学校に行くことが難しくなる可能性がある。

2 自閉症の特徴

　自閉症児の行動特徴の背景には，生物学的要因を背景としたさまざまな認知特性や感覚特性があると考えられている。ここでは，そのような特性のいくつかについて概観する。

① 心の理論における困難

　「心の理論」とは，ある行動を説明するために，自己または他者の「心的状態（外から観察できない）」を正しく推測する際に働く認知機能である。「心の理論」を評価する課題としては，サリー・アン課題が知られている。自閉症児は，このような「心の理論」において困難があり，他者や自己の心的状態を正しく認識することが難しいといわれている。例えば，他者が実際に行ったことや言ったことの認識は良好な一方で，他者が「何を信じているか」「何を意図しているか」「何を知っているか（何を知らないか）」などを推測することが難しい。このような「心の理論」における困難が，自閉症の社会的コミュニケーションにおける障害の背景にあると考えられている。「心の理論」における困難により学習面のニーズも発生する可能性がある。例えば，言語能力の高い自閉症児であっても，国語の物語文などで，文中に書かれていない登場人物の心情を推測して解答を行うことなどが困難であることが多い。

② 実行機能における困難

　「実行機能」とは，さまざまな認知機能の働きを制御する高次の認知機能である。例えば，物事を計画すること，状況に応じて物の見方や判断を柔軟に変えること，行動を抑制すること，ワーキングメモリー（感覚器や長期記憶からの情報を一時的に記憶し，操作するような認知的活動），新しい行動を生成すること，自己の行動を振り返って評価することなどの能力にかかわるといわれている。「実行機能」の困難により，新しい行動を生成できず活動の種類が限定されたり，同じ行動を繰り返したり，イメージする力が限定されてしまったりすると考えられている。このように「こだわりの強さ」の背景として，「実行機能」の困難が仮定されている。

▷2　サリー・アン課題
「心の理論」の認知機能を評価するための課題の一つ。部屋のなかにサリーとアンの2人がいる状況から話が開始する。サリーは，もっているビー玉を部屋のなかにある「カゴ」と「箱」のうち，「カゴ」に片付ける。サリーがその後部屋から出て行っていなくなった後，アンがビー玉を「カゴ」から「箱」に移動させる。サリーが部屋に戻ってきた後，ビー玉を探す際に，「カゴ」と「箱」のどちらを探すかを子どもに問う。Baron-Cohenら（1985）による実験で，精神年齢を統制した定型発達児，ダウン症児，自閉症児における課題の成績を比較したところ，自閉症児において成績がとくに低い結果が得られた。

③　弱い中枢性統合

　「弱い中枢性統合」は，自閉症児における一種の認知スタイルと考えられている。それは，全体の情報処理と細部の情報処理のうち，自閉症児は細部の情報処理が優先される傾向が強いことを意味する。このことにより，細部の把握は良好な一方，全体像を捉えることが難しいといった行動特徴につながっていると仮定されている。例えば，個々の文章は理解できるのに話の全体像を理解することが難しいケースなどが考えられる。逆に，文章中の細かなミスに気づくことが得意であったりするなど，本人の強みになるケースもある。

④　感覚面の特性

　以上のような認知的特性のほかに，自閉症においては感覚処理においてもさまざまな特異性がみられる。その特異性は，視覚，聴覚，触覚，嗅覚，味覚などさまざまな感覚においてみられることがある。しかし，そのメカニズムの多くについてはまだ明らかになっていない。しかし，このような感覚処理における特異性により，行動面や学習面においてさまざまなニーズが生じる可能性がある。例えば，日常的なやりとりの一部（例えば，身体への接触）や学習環境（例えば，音が反響する体育館）が，本人にとっては耐え難い刺激として捉えられることがある。その結果，日常的なやりとりや学習環境からの逃避行動が喚起されてしまうことがある。

⑤　そのほか

　ほかにも，自閉症児の学習にかかわる特性として，般化の困難（学習したことが人や場面において限定的になりやすいなど），一度学習したことを修正することが難しいこと，刺激の様相（視覚刺激か聴覚刺激か）によって情報処理の得意・不得意に差があること，などがある。一般的に，音声による指示よりも絵カードなど視覚的な指示を併用した方が指示の通りがよい自閉症の子どもは多い。ただし，すべての自閉症児が視覚的な情報処理に優れているわけではないことにも留意する必要がある。

3　自閉症・情緒障害教育の現状と課題

　わが国の特別支援教育システムにおいては，情緒障害や自閉症の特性および困難の程度に応じたさまざまな教育の場が用意されている。情緒障害の子どもに対しては，自閉症・情緒障害特別支援学級，通級による指導（情緒障害），通常学級がある。自閉症の子どもに対しては，自閉症・情緒障害特別支援学級，通級による指導（自閉症），通常学級があり，知的な障害をともなう場合はさらに，特別支援学校（知的障害）や知的障害特別支援学級が教育の場の選択肢として加わる。

1　情緒障害教育

　情緒障害教育では，不適応状態を持続させている心理的要因に応じた教育や支援を行うことが求められる。また，教育や支援が遅れることにより，その症状が重篤化することが予想される。内向的・外向的，いずれのタイプにかかわらず，早期からの関係する支援者による連携した教育・支援が求められる。

① 選択性かん黙

　選択性かん黙の子どもへの支援としては，まずは学校場面での不安の軽減が求められる。学校場面で話すことが求められる場面だけでなく，その他の場面や環境も含めて対象の子どもが不安を感じている要因をできるだけ把握し，不安が軽減するような配慮を行う。次に，まずは教師が対象の子どもと関係づくりを行う。また，対象の子どもが，クラスメートと遊んだり，一緒に作業したりする機会を学校内で意図的に設定する。これらの際には，対象のある子どもの好みの情報などを事前にできるだけ把握し，その情報を活かしたかかわりを設定することにより，対象の子どもの対人的な行動（休み時間に先生に近づく，友達の話に笑顔でいるなど，発話以外のものも含む）が生じるように工夫する。これらの支援や配慮により，教師やクラスメートに対する対人的な行動が増加し，表情などから不安の軽減がうかがえたら，発話でのコミュニケーション行動を段階的に指導していく。段階的な発話の指導を行うにあたっては，不安階層表[3]などを作成し，場面や人や活動のカテゴリーごとに，喚起される不安のレベルを明らかにする。その後，不安のレベルの低い場面や人や活動から発話訓練を開始する。発話訓練の際には，たとえ学校という場での発話が目標であっても，本人にとってリラックスをもたらす場面（例えば，家）や人（親や兄弟姉妹）がいる段階から始めることがよい。いずれにしても，指導が成功体験で終わるように配慮することが重要である。

② 不登校

　不登校の子どもへの支援として，まずは不登校の予防がある。不登校は学校生活での嫌悪的な出来事（体罰・いじめなど）や，学校での活動や生活に対する動機づけが相対的に低くなる（勉強がつまらない・わからない・仲の良い友達が学校やクラスにいないなど）ことなどから生じる。したがって，嫌悪的な出来事が起きないようにすることや，学校での活動や生活への動機づけを高めるような工夫を行うことが求められる。例えば，罰的な指導を改めること，クラス全員に対して定期的な面談やアンケートを行っていじめの早期発見に努めること，勉強について個別の配慮や補修を行うこと，それぞれの個性で活躍できる場を考える，などがある。また，家庭での生活リズムを整えることも重要であり，そのために全体的または個別的な家庭への働きかけも重要である。

▷3　不安階層表
不安を感じる刺激や活動のカテゴリーに対して，不安の程度を主観的にランクづけしてもらい，昇順もしくは降順に並べた表。ランクの低い刺激や活動から段階的に課題設定する際の手がかりとなる。

　次に，子どものサインへの早期対応がある。一般的に，不登校に至る前に子どもはさまざまなサインを示す。例えば，遅刻や欠席の増加，保健室利用の増加，忘れ物の増加，友人関係や授業態度の変化，などである。このようなサインが見られた場合，その子どもに優しく個別に声かけするなどして行動上の変化の背景にある要因の把握に努める。背景要因を具体的に把握することができたら，その要因の解決を目標とした働きかけを行う。

　最後に，すでに不登校になった，もしくは不登校の状態が長期に持続している子どもに対する対応がある。「神経症型」の不登校の場合，登校する時間に家の外に出ることの段階で大きな不安が喚起されるケースもある。選択性かん黙への対応と同様に，不安階層表などを作成し，喚起される不安のレベルが低い外出行動から段階的に指導していくことが求められる。段階的な登校先として，適応指導教室，保健室，特別支援学級などがある。また，登校する時間帯として，子どもが少ない放課後から授業時間での登校などの段階がある。学校にいる時間も短い時間から長い時間などの段階がある。登校できた場合は，学校にいる時間が本人にとって楽しい時間になるように配慮を行うことがとくに重要である。不登校の時期が長く，学習面での不安や困難が大きい場合は，特別支援学級において，下学年の教科指導を行うなど学習面の支援を行うことなども必要である。

2　自閉症教育

　自閉症教育では，他者とのかかわりに関連するさまざまな困難やこだわりの強さといった特徴による適応上の困難さを軽減するための教育が行われる。教育を行う際には，自閉症の子どもの一人ひとりの認知特性に応じた教材やかかわりが求められる。

①　他者とのかかわりに関連する困難に対する教育

　他者とのかかわりに関連する困難に対する教育として，コミュニケーションの指導が主に行われている。知的障害をともなう自閉症の子どもの場合，その手段は音声言語に限らず，サイン言語，絵や写真カード，文字，ICT機器（アプリケーション）など，本人の実態に応じたさまざまな手段を用いてコミュニケーションできることを目標とする。問題行動は，自分の意図を伝えるコミュニケーション手段としての意味をもつことが多いので，問題行動の予防や対応といった観点からも，適切なコミュニケーション手段の指導の優先順位は高い。コミュニケーションを指導するにあたっては，本人の好みや周囲の人のコミュニケーションに関するニーズなどを把握したうえで，刺激が整理された個別的な指導とあわせて，機会利用型指導法のように，日常場面で指導を行うことも重要である。知的障害をともなわず，音声言語に明らかな遅れが見られな

▷4　機会利用型指導法
日常生活のなかに指導者がコミュニケーションが生起しやすい環境設定（例えば，子どもが欲しがるものを，見えるが手の届かない場所に置くなど）をし，子どもが何らかのコミュニケーション（例えば，手を伸ばすなど）を始発した際に，目標とするコミュニケーションを教える（例えば，モデルを示すなど）指導方法。

い自閉症の子どもでも，コミュニケーション指導の重要性は変わらない。知的障害をともなわなくても，コミュニケーションの言語化されない部分（表情や状況や話の流れなど）を踏まえて言葉を理解することの困難さや，文脈にそぐわない発言をしてしまうことはよく見られる。このような子どもに対しては，言語化されない部分についても，一つひとつ具体的に説明することや，コミック会話など視覚的な教材を用いて説明することが必要である。また，ソーシャルスキルトレーニングなどの指導を通して，人とのかかわり方を具体的な技能として学習することも有効である。また，本人のコミュニケーションにおける困難さを教師が把握したうえで，本人にとって理解しやすい伝え方を周囲の人々に教えていくことも重要である。

▷5　コミック会話
人とのやりとり場面について，線画やふきだしを用いて，人の言動の理由やどう思っているかを視覚的に系統立てて説明するツールである（Gray, 1994）。

②　こだわりの強さに関連する困難への教育

　こだわりの強さに関連する困難に対する教育・支援の一つとして，生活する環境を本人にとってわかりやすくすることがある。知的障害をともなう自閉症児に対しては「構造化」と呼ばれる配慮が行われることが多い。例えば，視覚的なスケジュールを用いて活動の予告を行ったり（時間の構造化），「勉強する場所」と「遊ぶ場所」など，場所ごとに行う活動を固定したり（空間の構造化）することによって，自閉症児にとって見通しがつき，不安を感じにくい環境が設定される。このような環境を設定したうえで，本人のニーズや実態によって，予定の変更を意図的に行うなど，段階的にこだわりの軽減を目指す取り組みも行う。知的障害をともなわない自閉症児に対しても，事前に活動の予定や変更の可能性を伝えたり，活動内容について具体的に説明したりすることによって，本人の不安感を軽減することは重要である。学習面に関しては，とくに知的障害をともなう自閉症児の場合，誤学習してしまうとその修正が難しいケースも多い。このようなことから，試行錯誤的な指導方法よりも，初めはできるだけ間違えないように，ヒントや手助けを多くし，その後，徐々にヒントや手助けを減らしていく方法（エラーレス学習）が効果的であることが多い。ヒントや手助けが長い期間行われると，ヒントや手助けだけに注目し，それに依存してしまうケースも多いため，できるだけ早くフェイドアウトするよう計画することも大切である。一方で，こだわりをなくそうという視点だけでなく，こだわりを認めたり，ご褒美としての活動として利用したりする視点をもつことも重要である。

3　情緒障害教育と自閉症教育の課題

　以上のように，自閉症・情緒障害教育で対象となる子どもの実態は多様である。自閉症は近年広く知られるようになってきたが，情緒障害は曖昧な障害カテゴリーであるためか，とくに問題視されず重篤化するケースも多い。した

がって，まずは教師が情緒障害に関する知識を得ることができるような取り組みやシステム作りが必要であろう。また，自閉症においては，コミュニケーションの指導，こだわりへの対応，問題行動への対応などにおいて，応用行動分析学[6]など，エビデンスに基づいた指導・支援方法の蓄積が多くなされている。したがって，これらの知見を今後，特別支援学校，特別支援学級，通級による指導，通常学級など，さまざまな教育の場でいかしていくことや，いかすために必要な工夫点について明らかにしていくことが必要であろう。

<aside>
▷6　応用行動分析学
心理学の一領域であり，(1)行動そのものに着目すること，(2)環境と行動の相互作用の観点から行動の理由を理解すること，を主な特徴とする行動分析学の理論を，さまざまな問題解決に役立てる学問領域である。特別支援教育の分野では，さまざまなスキル指導や行動問題の理解と支援の主要な理論的背景として位置づけられている。
</aside>

Exercise

① 情緒障害教育として，選択性かん黙，不登校，チックの児童生徒に対して具体的にそれぞれどのような教育実践が行われているか調べてみよう。
② 知的障害をともなう自閉症児に対して，特別支援学校（知的障害）や特別支援学級の場において，具体的にどのような教育実践が行われているか調べてみよう。
③ 知的障害をともなわない自閉症児に対して，通常学級や通級による指導，自閉症・情緒障害特別支援学級の場において，具体的にどのような教育実践が行われているか調べてみよう。

📖次への一冊

マクホルム，A. E.・カニンガム，C. E.・バニエー，M. K.，河井英子・吉原佳子訳『場面緘黙児への支援——学校で話せない子を助けるために』田研出版，2007年。
　　訳書ではあるが，選択性緘黙児に関する情報が豊富に紹介されており，その実態について詳細に知ることができる。とくに支援のステップが詳細に説明されており，実際に支援を行う際にも参考にできる。
日本自閉症スペクトラム学会編『自閉症スペクトラム児・者の理解と支援——医療・教育・福祉・心理・アセスメントの基礎知識』教育出版，2005年。
　　自閉症について，医療，教育，福祉，心理，アセスメントなどの幅広い観点からまとめられており，自閉症に関する理解を深めることができると同時に，自閉症児・者にかかわる者としての位置づけを確認できる。
小林重雄監修，山本淳一・加藤哲文編著『応用行動分析学入門——障害者のコミュニケーション行動の実現を目指す』学苑社，1997年。
　　自閉症児のコミュニケーション指導を行うにあたり，応用行動分析学の観点からコミュニケーションを分析し，具体的に指導を行ううえでおさえておくべき必要なポイントについてまとめられている。難解な部分もあるが，自閉症児（とくに知的障害をともなう）に「使ってもらえる」コミュニケーション手段を指導するための参

考になる。

カーニー，C. A. & アルバーノ，A. M., 佐藤容子・佐藤寛監訳『不登校の認知行動療法
　　──セラピストマニュアル』岩崎学術出版，2014年。
　　これも訳書ではあるが，認知行動療法に基づいた不登校に対する支援方法を学ぶこ
　とができる。不安が背景にある不登校をはじめ，さまざまな理由に応じた登校支援
　の具体的な方法についての知識を得ることができる。応用行動分析学に関する入門
　書を先に読んだ方が理解しやすいかもしれない。

引用・参考文献

American Psychiatric Association, *Diagnostic and statistical manual of mental disorders*,
　5th edition, American Psychiatric Publishing, 2013（日本精神神経学会監修，髙橋三
　郎・大野裕監訳『DSM-5　精神疾患の診断・統計マニュアル』医学書院，2014年）.

Gray, C., *Comic strip conversations*, Future Horizons Inc., 1994（門眞一郎訳『コミック
　会話──自閉症など発達障害のある子どものためのコミュニケーション支援法』明石
　書店，2005年）.

Heward, W. L., *Exceptional children: An introduction to special education*, 7th edition,
　Pearson Education, Inc., 2003（中野良顯・小野次郎・榊原洋一監訳『特別支援教育──
　特別なニーズをもつ子どもたちのために』明石書店，2007年）.

文部科学省「教育支援資料──障害のある子供の就学手続きと早期からの一貫した支援
　の充実」2013年。http://www.mext.go.jp/a_menu/shotou/tokubetu/material/1340250.htm
　（2017年1月31日閲覧）

文部科学省「平成26年度『児童生徒の問題行動等生徒指導上の諸問題に関する調査』につ
　いて」2015年。http://www.mext.go.jp/b_menu/houdou/28/03/_icsFiles/afieldfile/2016/
　03/01/1367737_01_1.pdf（2017年1月31日閲覧）

杉山雅彦「情緒障害児の教育」五十嵐信敬・池田由紀江・中村満紀男・藤田和弘・吉野
　公喜編『教職教養障害児教育』コレール社，2000年，143〜156ページ。

第11章
言語障害の理解と教育

〈この章のポイント〉
　言語障害教育の現場では，実際にどのように指導・支援が行われているのだろうか。主に対象となるのは，構音障害，吃音，言語発達の遅れの3つの障害である。本章ではまず，3つの各障害の定義や特徴について，評価や指導・支援でとくに重要な点を理解したうえで，表面的に訴えられる症状や現象のみならず，背景にある根本的な問題を明らかにすること，現状に合わせ多様なニーズに応じて支援することの重要性について学ぶ。

1　言語障害の定義と分類

1　言語障害とは

　言語障害という用語は用いられる文脈によって示す内容が異なる。英語圏で言語障害（language disorders）というと語彙や文法，ナラティブ等の言語的な側面の障害を示す。一方，日本では同様に用いることもあれば，発話の障害も含み，広い範囲を含めて使われる場合もある。

　とくに教育現場では言語障害を広く捉え，発話上の障害も含めて言語障害と呼ばれることが多い。文部科学省の解説では「言語障害とは，発音が不明瞭であったり，話し言葉のリズムがスムーズでなかったりするため，話し言葉によるコミュニケーションが円滑に進まない状況であること，また，そのため本人が引け目を感じるなど社会生活上不都合な状態であることをいいます」と記載がある（文部科学省初等中等教育局特別支援教育課，2013）。この説明では，言語障害教育では主に，発音，話し言葉のリズム等，話し言葉に関する障害を対象にするということが示されている。一方，言語障害のある児童生徒を対象とした通級指導教室の対象には，構音障害，吃音に加え言語発達の遅れも含まれる（文部科学省，2003）。近年の特別支援教育の現場では，図11-1，11-2が示すように，発話障害だけでなく，言語発達の遅れについても支援の対象とされている。

　この現状を踏まえると，特別支援教育の分野で「言語障害」は，発音が不明瞭であったり（構音障害），話し言葉のリズムがスムーズでなかったり（吃音）

するため，話し言葉によるコミュニケーションが円滑に進まない状況であること，言語の発達が遅れていること（言語発達の遅れ），また，そのため本人が引け目を感じるなど社会生活上不都合な状態であることをいう，とする方がより正確であろう。さらに，「ことばの教室」で主な支援対象となっている，構音障害，吃音，言語発達の3つの障害が主訴で支援を受ける子どもの数は年々増える傾向にある（図11-2）。本章では，主にこの3種類の障害を取り上げ，評価と支援方法の現状と課題について述べることにする。

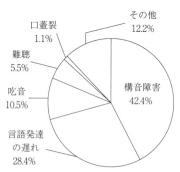

図11-1　「ことばの教室」の障害別構成比
出所：小林（2014）をもとに作成。

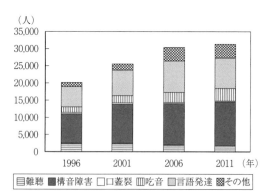

図11-2　「ことばの教室」の子どもの人数の経年変化
出所：小林（2014）をもとに作成。

2　構音障害

　構音とは，喉頭で作られた音源や呼気流を声道の形を変化させることにより語音を産生する過程であり，構音障害とは，語音がある程度固定化して誤っている状態をいう。構音障害は乳幼児から高齢者にまで幅広く生じる可能性があり，その発生機序により，器質性構音障害，機能性構音障害，運動性構音障害[1]に分類される。学齢児の構音障害は，「器質性構音障害」と「機能性構音障害」に分けられ，前者は，構音器官の形態や機能の異常が原因である障害で，代表的なものは口蓋裂（口唇口蓋裂）である。後者は，言語発達中の何らかの

▷1　運動性構音障害
発声発語の実行過程にかかわる，神経・筋系の病変による発話の障害である。

原因により，誤った構音習慣を習得した発達性の構音障害で，明確な原因は特定できていない。

③　吃　音

　吃音は，同じ音が繰り返される，引き伸ばされる，音がつまって出てこない，といった発話の非流暢性症状が現れる状態をさす。発話流暢性障害は，発達性吃音，獲得性神経原性吃音[2]，獲得性心因性吃音[3]，クラタリング[4]に分類されるが，いわゆる吃音の状態は発達性吃音に該当する。獲得性神経原性吃音，獲得性心因性吃音は主に成人にみられるが，クラタリングは学齢時期に生じている可能性もある。

　発達性吃音の場合，初期の段階では，緊張や苦しそうな様子をともなうことは少ないが，徐々に，顔をゆがめたり，手を動かしたりするなどの随伴症状をともなう場合がある。さらにこの吃音の問題は，上記の発話症状のみでなく，吃ってしまうことを予期し，話すことに不安をもつ，回避するという状態に進展することである。その結果，吃音への否定的な態度が自分自身への否定的な態度へ広がってしまう，それが他人や社会に対する恐怖感へもつながってしまうという場合もある。

④　言語発達の遅れ

　言語発達の遅れとは，それぞれの年齢段階で期待される水準までに，子どもの話し言葉と言語を理解する能力が発達しておらず，コミュニケーションに支障をきたしている状態をさす。②と③に述べた2つの障害と比べると，「言語発達の遅れ」は非常に広範囲にわたる状態をさす。まず，言語発達遅滞の背景には，知的障害にともなう場合，自閉スペクトラム症にともなう場合，聴力障害にともなう場合，脳性まひなどの発声発語器官の運動機能の障害にともなう場合，重症心身障害にともなう場合等が想定され，他に併発する問題がない限り言語発達障害の原因を特定できないという現状がある。これらのさまざまな原因疾患が想定されることが多いが，一方では知的障害がない場合も想定され，特異的言語障害（Specific Language Impairment：SLI）といった言語にかかわる高次脳機能の問題である場合もある。SLI は知的，対人関係，感覚器系，運動系などに何の問題もみられないのに特異的に言語発達が阻害される状態をさす。このように，言語発達の遅れとは，背景要因が多様で特定しにくく，多種多様な実態を包括したものであるともいえる。

　また，言語発達障害を引き起こすリスク要因としては染色体異常，とくに性染色体異常があると指摘される。SLI の場合は，単一遺伝子変異ではなく複数の遺伝子が複合的に影響する可能性が示唆されている（Newbury & Monaco,

▷2　獲得性神経原性吃音（Neurogenic Acquired Stuttering）
通常，成人期に神経学的疾患や脳損傷により発症する非流暢性障害（Duffy, 2005）。

▷3　獲得性心因性吃音（Psychogenic Acquired Stuttering）
心的ストレスや外傷体験に続いて生じる非流暢性障害（Baumgartner, 1999）。

▷4　クラタリング（Cluttering）
発話速度が遅い，正常範囲の非流暢性症状が多い，不明瞭な構音を特徴とし，発達性吃音とは似ているが異なる非流暢性障害（St. Luois & Schulte, 2011）。

2010)。

　原因がわからず，重篤な言語の障害を呈する場合，「発達性失行（developmental dysphasia）」あるいは「失語（developmental aphasia）」といわれた時代もあった。しかし，これらの呼び方では，後天性のように思われてしまうため，後天性言語障害ではなく遺伝的な要因が強く疑われる言語発達障害について，最近ではSLIの用語が用いられる。

　さらに，SLIには「受容性言語障害」と「表出─受容性言語障害」の下位分類があり，言語発達の遅れには表出面（話す能力）と受容面（理解する能力）が同時に遅れている場合と，表出面のみが遅れていることが知られ，そのどちらのタイプであるかを指導者が十分に把握する必要がある。また，知的障害がなく，言語発達にのみ遅れがある場合は根本的な問題が表面化せず，学習面の遅れだけが目立ってしまうこともあり，子どもの状態が正しく把握されることが求められる。

2　言語障害児の学習の特性とニーズ

1　言語障害の評価

　構音に問題があり，鼻から食べ物が出るなど，口蓋の機能不全がある場合には，口蓋裂が疑われる。現在の日本の医療技術の進歩により，口蓋裂は1歳前後で発見され，口蓋形成術後の訓練実施で50～60％の子どもが正常構音を獲得する。早期からの医療的介入が期待できるため，学齢段階で求められるのは，残存した異常構音の改善である。彼らには，幼児期にすでに専門家の下で構音指導を受けた経過があるケースが大半であることから，保護者の許可を得て，訓練経過等の情報を入手することがまず重要である。そのうえで構音検査[5]を行い，正常な構音や構音運動の獲得状況を評価することが求められる。

　機能性構音障害の症状は大きく，省略，置換，歪み，の3種に分類され（表11-1），まずは，その児童がどのような症状を示すのかについて評価する必要がある。

　また，機能性構音障害の場合，構音の発達過程で，獲得を妨げる何らかの要因が関連したことが推測され，構音器官の随意運動能力，語音弁別能力，聴覚的把持力，環境（兄弟，姉妹と同じ構音障害を示す場合）等の影響が推測される。あるいは，児童が音韻獲得の未熟な段階にあり，獲得途上の不完全な音韻体系を反映するとの考え方もある。このようなことから，構音検査で発音の状況のみを確認するのではなく，上記の要因についても評価する必要がある。

　最後に，構音の誤りがあるために，周囲の友人からかわれている場合，指

▷5　**構音検査**
新版構音検査（今井ほか，2010）は，言語臨床の場で構音障害を評価・診断し，構音治療の適応を判断するものである。

表11-1　機能性構音障害の主な症状と特徴

症　状	特　徴
省　略	CV音節[6]の子音部分が抜けて母音に聴こえる誤り。 例：はっぱ→あっぱ
置　換	CV音節の子音部分が他の音に聴こえる誤り。 例：さかな→たかな，かめ→ため
歪　み	目標の音に近いものから，何を言っているかまったくわからないものまでいろいろとある。日本の構音操作にない特異な誤り（異常構音）もある。

出所：筆者作成。

▷6　CV 音節
C は英語表記で子音（Consonant），V は母音（Vowel）の頭文字である。日本語の音節は，CV か V という構造をもっている。

摘を受けて自分の話し方について気にして悩んでいる場合もある。こういった児童の心理面にも留意し，評価を行うべきである。

　次に，吃音が主訴である児童に評価を行う際の留意点について述べる。とくに，インテーク（初回面接）を行う場合まずはどんなことに気をつけるべきだろうか。幼児期の場合は，まだ自覚が少なく，吃音への意識や内面化[7]が高まっていないことが予想されるが，学齢期になると，自分の話し方がつまることへの自覚が徐々に高まり，吃る自分に対して複雑な感情を抱いている可能性もある。そのようなことを考えると，初対面では，その児童が安心して話せるよう，また吃ってしまっても気にせずに次の言葉を出せるような雰囲気が与えられることが最も重要である。そのような状況で，会話をしながら子どもとの関係ができたうえで，吃音検査法（小澤ほか，2016参照）等の検査を行うのがよい。吃音検査法では，単語レベルから文章までの音読，絵の説明，モノローグ等，さまざまな言語単位の長さ，異なる課題で児童の吃音症状のタイプや頻度を測定する。この検査により，ある程度の吃音症状の重症度がプロフィール化される。しかし，支援に向けて必要である情報はこれだけではない。なぜなら，シーハン（J. Sheehan）が吃音を氷山にたとえて説明しているように（Sheehan, 1970），吃音のある者にとって，表面化した吃音症状と，吃音自体の重症度は一致しないことがわかっているからである。そのことから，最近では吃音の発話症状以外にも，評価されるべき点が多くあることが報告される。小林（2014）が考案した ICF に基づく吃音のアセスメント法の考え方では，吃音のある児童の吃音症状のみを扱うのではなく，その児童がいかに積極的に，充実した学校生活を送っているかという観点での評価が推奨されており，このような視点は国際的な動向とも重なっている。

　また，吃音とよく似た症状をもちながら，支援法が異なることがわかっているクラタリングという障害がある。本人や家族等が吃音の症状だと捉えていても，実際にはクラタリング症状であった，という場合もある。吃音の評価と支援にあたる専門家は，常にクラタリングである可能性も想定し，吃音の児童に

▷7　内面化
小学校第 3 学年～第 4 学年以降には自己の吃音をはっきりと認識し，苦手な場面や語音を意識するようになる。吃音の問題を「はずかしい」「みっともない」と感じ，他の人に気づかれないように注意を払い，自分のなかで悶々と悩み苦しむようになる。このように吃音を自己のなかに閉じ込めて考えるようになることを内面化という。

かかわることが求められる。

　最後に，言語発達の遅れの評価方法である。言語発達の遅れについては，言語発達のどの側面がどれくらい遅れているか，ということを正確に把握することが最も重要な点である。そのために，児童の知能検査，発達検査の結果を参考に，さらに絵画語彙検査（PVT–R）等の言語能力に特化した検査を実施することが必須である。LCSA（学齢版言語・コミュニケーション発達スケール）（大伴ほか，2012）は通常学級に在籍する児童で言語・コミュニケーションの支援にニーズのある4年生までに適用でき，総合的な指数とリテラシー指数の結果から支援目標を設定することができる。

▷8　絵画語彙検査（PVT–R）

4コマの絵のなかから検査者の言う単語に最もふさわしい絵を選択させ，結果は理解語彙の発達レベルが語彙年齢と評価点で表される（上野ほか，2008）。

２　言語障害のある児童生徒への支援

①　言語障害のある児童生徒への支援の現状

　学校教育法施行規則第140条では「言語障害」のある小学生，中学生は特別の教育課程によることができる，と定められている。この規定に従い，「ことばの教室」（難聴，言語障害学級および通級指導教室）では，通常学級で学習する児童生徒の言語指導を行っており，2015（平成27）年5月の文部科学省での調査によると，全国で3万5337人（小学生3万4908人，中学生429人）がこの制度を利用している（文部科学省，2015）。この数は，通級指導制度を利用する総数9万270人に対し，40％の割合で最も多くの割合を占める障害種であることを示す。先にあげたように国立特別支援教育総合研究所の調査（小林，2014）によると，「ことばの教室」に通級する人数自体も毎年増加していることがわかっている（図11-2参照）。この動きはとくに2007（平成19）年から始まった特別支援教育の影響を受けたものだと解釈される。その後10年目を迎える今，言語障害のある児童への支援はどのような方向に向かっているのだろうか。

②　構音障害のある児童生徒への支援

　構音障害については，他の言語障害に比べ，専門家が比較的自信をもって支援にあたっている分野ではないかと推測される。図11-1が示すように，「ことばの教室」で支援を受ける構音障害のある者は言語障害全体の42.4％に該当し，ニーズも最も高い。

　構音指導の3領域として，まずは「聴く能力の向上」と「発声発語器官の運動能力の向上」が土台となり，そのうえで「正しい構音運動の獲得」を目指す方向性が確立している。最初の「聴く能力」については，子どもの発達段階によっては，間違って発音している音が，実際にそのように聴こえている場合もあり，例えば「カ行」と「タ行」の聞き分けが難しいという場合もある。もし，この段階での問題であれば，言語音の知覚や弁別能力を高めるための支援を行う必要がある。次に，「聴く能力」は十分である場合でも，「発声発語器官

の運動能力」が不十分である場合がある。各音の違いを区別することができていても，口の周囲や舌等の動きが十分でないと，正しい発音を遂行することはできない。例えば，食べる，飲む，うがいをする，ストローで吸う，フーッと多く息を吐いてろうそくを消す，玩具のラッパを吹く等，日常的な場面で観察可能な動きが円滑になされているかということも，発音の基礎になる。発声発語器官の運動能力を高める練習が重要であるが，ただ動かすだけの練習では，子どもを動機づけることが難しく，持続が困難になる。そこで，教材を工夫し，楽しみながら行う実践が期待される。図11-3の①はメガホンと巻き笛で，市販の物を使用する。②と③は，箱に穴を空け，ネットを貼って作ったサッカーゴールに向かって発砲スチロールのボールを強く吹く練習をするもの。④はカード滑り台で，出てきたカードの名称を呼称する課題で使用する。

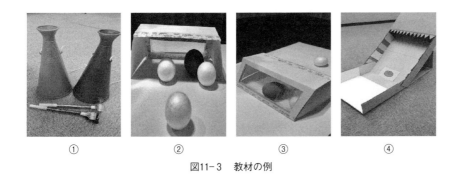

①　　　　　　②　　　　　　③　　　　　　④

図11-3　教材の例

　3番目の「正しい構音運動の獲得」については，「聴く能力」と「発声発語器官の運動」は十分に育っているのに，構音を誤ってしまう場合に目指すべき目標である。発音する際に正確な構音動作を行うことが困難な場合，その児童には，適切な位置（構音位置，あるいは構音点）で適切な運動（構音運動）を行うことを指導する必要がある。例えば，「タイコ（太鼓）」が「カイコ」に誤る場合，「タ」の音を作るにはもう少し，舌を前方の歯茎の裏のあたりに一度接触させ，離すという動きをしなくてはならないが，実際にはかなり舌の後方を持ち上げ，軟口蓋で接触させ，離すという動きをしてしまっている。これは，その子どもが十分に獲得できている確実な構音運動の方に，まだ獲得できない音が影響され，無意識に代償しているという説もある。正しい構音へ導くには，聴覚のみならず，視覚的な能力を使うことも必要である。とくに舌の場所や動きを，図を用いて，鏡を使って視覚的に提示し，模倣しながら練習するというプロセスが重要である。

③　吃音のある児童生徒への支援

　吃音のある児童生徒への支援方法については，指導者の考え方により，指導方法も変わることが予想される。吃音の原因は現在のところ不明で，構音指導

のように，より確実な効果を上げる支援方法が未確立であるため，支援者が症状を改善させる方向に導くことに限界があるという事情もある。

　現在までに実践されている方法は大きく分けて「間接法」と「直接法」の2種類がある。間接法で代表的なものは「環境調整法」である。吃音症状には波があり，環境要因に左右されやすいことがわかっている。環境調整法では，どのような状況であれば，その子どもの吃音症状が楽になるか，吃音を負担にすることなく，心身ともにリラックスした状態で自分の感情や意思を表現することができるか，ということを評価し，なるべく子どもの吃音が悪くならないように養育者が環境を調整できるような助言を与える（都筑，2015）。学齢期の環境調整で最も重要な点は，友達からのからかいやいじめを防ぐこと，次に音読や発表の場面での配慮等，クラスでの環境条件を整えることである。担任は必ずしも吃音等の言語障害に精通しているとは限らないため，「ことばの教室」の担当教員や言語聴覚士が，書面で担任に伝えて協力を依頼する例が多い。学校生活で，吃音のある児童のQOLを補償していくことを踏まえると，その子どもが，吃音があるために困難であると思っていることが解決されることが望ましい。例えば，みんなの前で発表する時には緊張してつまってしまうが，ゆっくり話し始めると話しやすくなるため，間が空いてしまっても少し待っていてほしいなど，児童が吃音に直面した場面で，具体的に配慮して欲しい事項があるはずである。そういった児童の困難感や解決策を探る手助けをすることも支援者には求められる。

　吃音のある児童のなかには，吃音を軽くしてほしい，治したいと思っている児童も少なくはないだろう。直接法には，吃音を軽くするいくつかのテクニックがあり，「流暢性形成法」が最も代表的な方法である。流暢性形成法には，まず発話速度を低下させること，次に，子音の場合，出だしの音を軽く発声する「軟起声」を使うこと，母音の場合は，ゆっくり引き伸ばしながら発声するなどの技術がある。これらは成人の臨床でもよく用いられ，指導場面で即時的に改善する場合もある。一方，指導室を離れるとまたもとの状態に戻ってしまいやすいという短所もある。この練習法の長所は，子どもが一時的にでも流暢な話し方を体験できることである。流暢性形成法で身についた話し方は，最初はあくまでも子どもにとって不自然で作られた話し方である。しかし，この流暢な体験は，子どもにとって自信を回復するきっかけになる場合もある。練習して身についた話し方を，大勢の前で使ってみようと試み成功した結果，また話してみたいというポジティブな姿勢が身につくこともある。しかし，流暢性形成法は相当慣れてくるまでは，話し方を常に意識する必要があり，多くの子どもにとっては，負担が大きい可能性もある。個々の子どもの特性に合わせた適用が必要である。

④　言語発達の遅れのある児童生徒への支援

　言語発達に遅れのある児童の支援において，知的能力や言語発達に関する精査は必須である。とくに，知的障害にともなう遅れなのか，あるいは，知的な能力には問題がないのに，言語面だけ遅れているのか，についての評価を慎重に行うべきである。前者の場合は，その児童の精神的な年齢に合わせた支援が必要であり，児童の属する学年相当に能力を発揮することは困難である可能性が高い，一方，知的障害がない場合は，言語能力に特化した高次脳機能の問題として捉え，情報入力の際に，本来の非言語的な能力で言語能力を補うような視点での支援が必要になる。このタイプの児童は，言語能力の低下により，本来の能力を学習面で発揮できていない可能性があるからである。よって，言語ではない入力あるいは処理を用いることで，学習内容を理解できる可能性もある。児童は，一般的な児童と同じ方法で真面目に勉強しているのに，成績に反映されず，悩んでいる場合もある。音声言語や文字を介した情報入力の処理に困難を抱えている場合があるため，どのような入力の仕方であれば，理解が促進されるのかについて，十分に評価することが重要である。学齢期で言語発達に遅れがある児童の場合，音声言語での表出はすでにあるが，視覚的な手がかりなしで，長時間話を聴いても内容がまったく頭に入らない，統語に困難があるため文章が書けない，他人に対して口頭でわかりやすく説明することができない，などの問題が露呈している場合もある。言語能力全般の向上が目標になるケースも多く，音韻認識能力，語彙力，統語能力の向上を目指した支援を行うことが求められる。

③　言語障害のある児童への教育現場における指導の留意点

　吉田（2011）は，「ことばの教室」が，病院などではなく，あえて「学校」という場に設置されている意味は，在籍する学校での学習や生活に安定して取り組んだり参加したりすることができるような「基盤」をつくることを目指しているという点にあると考えられる，と述べる。この「基盤」とは，児童が在籍する学校での学習や生活の基盤であると説明される。吉田（2011）はまた，教育分野にある，「ことばの教室」における指導の目的は，子どもたちの言語やコミュニケーションの課題を改善させることだけでなく，発達全体を見ながら人格的な成長を目指すことでもあると述べる。

　学校生活での基盤作りが求められることの理由として，言語障害があると発音を誤る，吃ってしまう等，明確に表れるため，周りの児童から指摘されたりからかいやいじめの対象になる可能性があり，児童の自己評価が下がり，心理的に不安定な状況に置かれていることが想定される。さらに，「ことばの教室」は在籍校あるいは在籍学級から通うという通級制度に基づいており，児童

▷9　統語
統語論（syntax）とは，言語学の分野の一つで，文の内部構造を研究する分野である。文として成立するためには，どのように語が並ぶ必要があるのか，また語の並びの規則性を探る分野である。言語臨床の分野では，「文法」をさして使われることが多い。

▷10　音韻認識能力
日本語の音韻認識はモーラ（拍）で分ける感覚のことをいう。「りんご」の場合，「り」「ん」「ご」と拍で分ける感覚（音韻分解）は音韻認識の一つである。音韻認識が弱いと「ぶどう」を「ぶど」と書いたり，特殊音節を標記する箇所がわからないといった文字学習への困難が生じる。

の生活基盤となる学級から離れた所で教育を受けることになる。よって，「ことばの教室」の担当者には児童の所属する教室での様子を念頭に置いて指導を行うことが求められる。

　子どもにとって，「ことばの教室」は普段の教室とは異なり，リラックスして過ごしやすい場所となっていることが多いだろう。しかし，自分の学級に戻ると，話す時に失敗することを予期して，人前であまり話さないようにしているかもしれない。あるいは話し方に自信がないことから，自己評価が低下している場合もある。このような状況を防ぐためにも，言語障害自体の改善を目指した指導と同時に，子どもの心理的な状態にも目を向けることが必要であるということであろう。

　とくに吃音の場合は，症状自体は大きく改善しなくても，学校生活全体にポジティブな成果がみられることもある。例えば，吃音に関する正しい知識をもつことで，自分のことを理解するようになり，周囲に自分のことを理解してもらえるように働きかけることができるようになる場合もある。周囲に理解され，自分の意思を自由に表明できるようになることは児童自身の自己肯定感が高まることにもつながる。さらに挙手して発言するなどの行動が増加すること，さまざまな場面に参加する機会が増える等，積極性が増すことで，学校生活でのQOLが高められていくという効果が期待される。

3　言語障害教育の現状と課題

　本章第1節において，構音障害，吃音，言語発達の遅れの3種の問題が言語障害教育の主な対象としてあげられることを示した。言語障害の定義についても触れ，そのなかに位置づけられる「言語発達の遅れ」は非常に広い範囲の状態を含むことを説明した。大伴（2016）は「ことばの遅れ」という表現は多義的であり，言語発達の遅れの判定だけでは指導目標は明確にならないと述べる。この指摘は，言葉の理解なのか，表出する側面なのか，という点や，語彙，文法，文章表現のどの領域に苦手さがあるのかを綿密に調べたうえで，指導目標を設定するべきだと解釈され，言語障害教育の現場における最重要な課題であると考える。通常学級での児童生徒の学習や表面に表れる活動上の困難さのみからは，言語発達の遅れが想定されない可能性もある。しかし，詳細なアセスメントを実施した結果，言語発達の遅れに原因がある例がある。このような点で，指導の対象となる児童生徒の早期発見と正確な評価が求められる。

　また，構音障害や吃音が主訴で「ことばの教室」に通級している場合でも，背景に言語発達の問題が見られることが多く，主訴が発話の問題でも，言語能力全般について精査することが適切な指導につながると考える。アセスメント

の範囲は主訴の読み取りから背景にある問題の実態把握にまで及び，従来よりも幅広い知識やスキルが指導者には求められていると言えよう。

　一方，国立特別支援教育総合研究所が2014（平成26）年に実施した全国調査によると，言語障害通級指導教室の経験が3年以下である教員は48.6%を占めており（小林，2017），教育現場での指導者に上記で示した幅の広い専門性を求めることが困難である実態も報告される。同研究所の久保山（2010）は，構音障害や吃音のある幼児児童生徒の増加に加え，発達障害があると診断された児童生徒も増えてきている（指導対象児の10.7%）ことから，指導対象児の多様化が進み，指導者は多様なニーズに応える必要があることを指摘してきた。小林（2017）は，「ことばの教室」担当者の専門性向上のための取り組みについて，研究者，医師，言語聴覚士等の専門家を招いて子どもの実態把握や指導に関する助言を受けている教室は，全体の40.1%，1年に5回以上実施している教室が21.1%あったことを報告した。さらに，研究会・研修会の参加について，都道府県単位の会（県言語障害教育研究会等）に参加しているのは75.4%，地区単位（近隣の市区町村合同）の会（地区言語障害教育研究会等）に参加しているのは57.9%と参加率は比較的高く，短い担当期間のなかで，研究会・研修会等に参加する機会には比較的恵まれていることが明らかである。

　今後はインクルーシブ教育システム構築を目指し，「ことばの教室」にも地域で担うべき役割が期待される。小林（2017）の報告では，地域包括的な支援のあり方の例として，まず，通常学級の担任・児童や保護者，関係機関などとのかかわり・連携をあげている。実際に，教室での指導内容の啓発や吃音キャンプ等，さまざまな形で地域との関係構築を実現している教室の取り組みについても紹介されている。さらに，学齢児だけではなく，幼児から成人まで包括した取り組みも興味深い。「ことばの教室」が中核となり，幼児期からの支援や卒業後の者への相談や支援を展開する教室も実際に存在する。今後は，「ことばの教室」が主に対象としてきた障害種を超えたニーズに応えること，幅広い年齢層への支援，地域との連携など，学校の外にも開かれた存在としての意義が問われることになるだろう。

Exercise

① 構音障害で，誤った音を，書字の場合でも同じように誤って表記する児童には，どのような指導から行うのがよいか考えてみよう。

② 吃音があるために，国語の授業で音読が順番にまわってくるのが不安で，登校をしぶる児童について，どのように支援することができるか考えてみよう。

③　発表場面での発話量が少なく，音読の読み方もぎこちない児童が「ことばの教室」で指導を受けることになった。どのように評価を進めるか考えてみよう。

📖次への一冊

加藤正子・竹下圭子・大伴潔編著『特別支援教育における構音障害のある子どもの理解と支援』学苑社，2012年。
　　構音障害のある子どもについて，発達に合わせた指導目標の立て方から指導の原則・ポイントまで，正しい構音に導くためのさまざまなアプローチが紹介される。
岡崎恵子・船山美奈子『構音訓練のためのドリルブック』協同医書出版社，2006年。
　　構音指導に欠かせない単語が約8500，文が約2300掲載されたドリルブックで，指導の場ですぐに使える。
小林宏明『学齢期吃音の指導・支援　改訂第2版』学苑社，2014年。
　　吃音の基礎的情報のほか，アセスメントから指導・支援の実践方法までを具体的にわかりやすく解説している，教育臨床に欠かせない書。
大伴潔・大井学『特別支援教育における言語・コミュニケーション・読み書きに困難がある子どもの理解と支援』学苑社，2011年。
　　言語・コミュニケーション発達や読み書きの基礎を理解する入門書である。

引用・参考文献

Baumgartner, J. M., "Acquired Psychogenic Stuttering", In Cunlee, R. (ed), *Stuttering and Related Disorders of Fluency* (ed2), Thieme, 1999, pp. 269-288.
Duffy, J., *Motor Speech Disorders* (ed2), Elsevier, Mosby, 2005.
今井智子・加藤正子・竹下圭子・船山美奈子・山下夕香里『新版　構音検査』千葉テストセンター，2010年。
小林宏明『学齢期吃音の指導・支援　改訂第2版』学苑社，2014年。
小林倫代「『平成23年度全国難聴・言語障害学級及び通級指導教室実態調査』報告書」国立特別支援教育総合研究所，2014年。http://www.nise.go.jp/cms/7,7390,32,142.html（2017年10月20日閲覧）
小林倫代「『ことばの教室』がインクルーシブ教育システム構築に果たす役割に関する実際的研究——言語障害教育の専門性の活用」国立特別支援教育総合研究，2017年。http://www.nise.go.jp/cms/7,13594,32,142.html（2017年10月20日閲覧）
久保山茂樹「言語障害教育における指導の内容・方法・評価に関する研究——言語障害教育実践ガイドブックの作成に向けて」国立特別支援教育総合研究所，2010年。http://www.nise.go.jp/cms/7,0,32,142.html（2017年10月20日閲覧）
文部科学省「障害のある児童生徒の就学について」2002年。http://www.mext.go.jp/b_menu/hakusho/nc/t20020527001/t20020527001.html（2017年10月20日閲覧）
文部科学省初等中等教育局特別支援教育課「特別支援教育について　教育支援資料　6言

語障害」2013年。http://www.mext.go.jp/a_menu/shotou/tokubetu/material/1340250.htm
（2017年10月20日閲覧）

文部科学省初等中等教育局特別支援教育課「特別支援教育について　2特別支援教育の
現状」2015年。http://www.mext.go.jp/a_menu/shotou/tokubetu/002.htm（2017年10
月20日閲覧）

Newbury, D. F., & Monaco, D. F., "Genetic Advances in the Study of Speech and
Language Disorders," *Neuron*, 68, 2010, pp. 311–320.

大伴潔「LC スケール・LCSA の活用による言語・コミュニケーション支援」『発達障害
研究』38⑷，2016年，390〜397ページ。

大伴潔・林安紀子・橋本創一・池田一成・菅野敦（2012）『LCSA（学齢版言語・コミュ
ニケーション発達スケール）』学苑社，2012年。

小澤恵美・原由紀・鈴木夏枝・森山晴之・大橋由紀江・餅田亜希子・坂田善政・酒井奈
緒美『吃音検査法　第2版解説』学苑社，2016年。

Sheehan, J. G., *STUTTERING: Research and Therapy*, Harper and Row, 1970.

St. Louis, K. O., & Schulte, K., "Defining Cluttering: The Lowest Common Denominator,"
In Ward, D., & Scott, K. S.（eds）, *Cluttering: A Handbook of Research, Intervention
and Education*, Psychology Press, 2011, pp. 233–253.

都筑澄夫編著『間接法による吃音訓練　自然で無意識な発話への遡及的アプローチ──
環境調整法・年表方式のメンタルリハーサル法』三輪書店，2015年。

上野一彦・名越斉子・小貫悟『PTV-R──絵画語い発達検査』日本文化科学社，2008年。

吉田麻衣「ことばの教室の目指すもの──教育における言語指導のあり方」『コミュニ
ケーション障害学』28，2011年，93〜99ページ。

第12章
学習障害の理解と教育

〈この章のポイント〉

　学習障害のどのタイプにおいても，個々の児童生徒によって症状やその背景が異なる。そのため学習障害児童生徒への教育では，個々の実態把握に基づく指導内容・方法・環境などの工夫が必要である。本章では，児童生徒の特性とニーズに応じた支援・指導を選択・考案するために必要な専門的知識を身につけることができるよう，学習障害の定義と分類，特性とニーズ，教育の現状と課題について解説する。

1　学習障害の定義と分類

　学習障害は教育と医学の領域で定義されている（表12-1）。ただし含まれる症状が異なる。教育の領域では，文部科学省（1999）による定義が使用され，「聞く」「話す」「読む」「書く」「計算する」「推論する」の一つ以上の困難さを学習障害の症状とする。医学の領域では，ICD-10やDSM-5の定義が使用される。医学領域の両定義とも，文部科学省の定義にある「読む」「書く」「計算する」「推論する」の困難さを学習障害の症状とし，「聞く」「話す」の困難さを含まない。「聞く」「話す」の困難さは，ICD-10では会話および言語の特異的発達障害のうちの「受容性言語障害」「表出性言語障害」に，DSM-5ではコミュニケーション症群（コミュニケーション障害群）のうちの「言語症／言語障害」に該当する。

　また学習障害の各タイプの名称として，次の用語が使用される。「聞く」「話す」の障害を「特異的言語（発達）障害（specific language impairment）」，「読む」「書く」の障害を「発達性読み書き障害／発達性ディスレクシア（developmental dyslexia)」，「計算する」「推論する」の障害を「算数障害」と呼ぶ。各タイプは単独でも出現するが，その他のタイプの学習障害や，学習障害以外の発達障害と併存することも多い。

　発達性読み書き障害の国際的な定義として国際ディスレクシア協会（2003）の定義が広く使用されている（表12-2）。この定義では，英語の発達性読み書き障害を前提にして背景となる認知障害を音韻障害のみと考える。しかし近年，発達性読み書き障害の出現にかかわる認知障害の種類が文字言語構造に

▷1　ICD-10では，発達障害のうちの「学力の特異的発達障害」に該当する。症状として「特異的読字障害」「特異的書字障害」「特異的算数能力障害」「学力の混合性障害」が含まれる。DSM-5では，神経発達症群（神経発達障害群）のうちの「限局性学習症／限局性学習障害」に該当する。含まれる症状は，「単語の読みの不正確さと遅さ」「読解の困難」「綴りの困難」「書字による表現の困難」「数と計算の困難」「数学的推論の困難」の6項目である。

表12-1　学習障害に関する教育と医学の領域での定義

教育の領域　文部科学省（1999）による「学習障害」の定義
学習障害とは，基本的には全般的な知的発達に遅れはないが，聞く，話す，読む，書く，計算する又は推論する能力のうち特定のものの習得と使用に著しい困難を示す様々な状態を指すものである。 　学習障害は，その原因として，中枢神経系に何らかの機能障害があると推定されるが，視覚障害，聴覚障害，知的障害，情緒障害などの障害や，環境的な要因が直接の原因となるものではない。
医学の領域　DSM-5（米国精神医学会）「限局性学習症／限局性学習障害」の定義
A　学習や学業的技能の使用に困難があり，その困難を対象とした介入が提供されているにもかかわらず，以下の症状の少なくとも1つが存在し，少なくとも6か月間持続していることで明らかになる： (1)　不正確または速度が遅く，努力を要する読字 (2)　読んでいるものの意味を理解することの困難さ (3)　綴字の困難さ (4)　書字表出の困難さ (5)　数字の概念，数値，または計算を習得することの困難さ (6)　数学的推論の困難さ B　欠陥のある学業的技能は，その人の暦年齢に期待されるよりも，著明にかつ定量的に低く，学業または職業遂行能力，または日常生活活動に意味のある障害を引き起こしており，個別施行の標準化された到達尺度および総合的な臨床評価で確認されている。17歳以上の人においては，確認された学習困難の経歴は標準化された評価の代わりにしてよいかもしれない。 C　学習困難は学齢期に始まるが，欠陥のある学業的技能に対する要求がその人の限られた能力を超えるまでは完全には明らかにならないかもしれない。 D　学習困難は，知的能力障害群，非矯正視力または聴力，他の精神または神経疾患，心理社会的逆境，学業的指導に用いる言語の習熟度不足，または不適切な教育的指導によってはうまく説明されない。

出所：文部科学省（1999）および日本精神神経学会監修，髙橋三郎・大野裕監訳（2014）をもとに作成。

よって異なることがわかっている。背景となる認知障害に即して，日本語の発達性読み書き障害の定義が提案された（表12-2参照）。

　両言語の発達性読み書き障害に関する定義は，教育や医学の領域双方の学習障害の定義に比べ，読み書きの障害に関する判断基準の範囲は狭い。教育や医学の領域での定義では，読み障害の判断基準に音読と読解の双方を含める。一方，発達性読み書き障害の定義では音読の困難のみである。読解の困難を，音読の困難さを原因とする二次的な症状として考え，判断基準には含めない。また書字障害に関して，発達性読み書き障害の定義では文字（列）の想起困難を判断基準とする。これに加え，教育や医学の領域の定義では「文章構成の困難さ」も判断基準とする。

▷2　「読む」という過程には音読と読解がある。音読とは文字（列）を音に変換し実際に声に出して言うまでの行為で，読解とは書かれているものを理解するまでの行為である。

表12-2　発達性読み書き障害（発達性ディスレクシア）の定義

英語の発達性読み書き障害	日本語の発達性読み書き障害	
国際ディスレクシア協会(2003)による定義	宇野ら（2006）による定義	発達性ディスレクシア研究会（2016）による定義
Dyslexiaは，神経生物学的原因に起因する特異的学習障害である。その特徴は，正確かつ（または）流暢な単語認識の困難さであり，綴りや文字記号音声化の拙劣さである。こうした困難さは，典型的には，言語の音韻的要素の障害によるものであり，しばしば全般的知能や他の認知能力からは予測できない。また，通常の授業も効果的ではない。二次的には，結果的に読解や読む機会が少なくなるという問題が生じ，それは語彙の発達や背景となる知識の増大を妨げるものとなり得る。	発達性dyslexiaは，神経生物学的原因に起因する特異的障害である。その基本的特徴は，文字や文字列の音読や書字に関する正確性や流暢性の困難さである。こうした困難さは，音韻認知や視覚認知などの障害によって生じる。また，他の認知能力から予測できないことが多い。二次的に読む機会が少なくなる結果，語彙の発達や知識の増大を妨げることが少なくない。さらに，失敗の経験が多くなり，自己評価が低く自信が持ちにくくなる場合もまれではない。この障害は1999年の文部科学省の定義における学習障害の中核と考えられる。	発達性ディスレクシアは，神経生物学的原因に起因する障害である。その基本的特徴は，文字（列）の音韻（列）化や音韻（列）に対応する文字（列）の想起における正確性や流暢性の困難さである。こうした困難さは，音韻能力や視覚認知力などの障害によるものであり，年齢や全般的知能の水準からは予測できないことがある。聴覚や視覚などの感覚器の障害や環境要因が直接の原因とはならない。

出所：国際ディスレクシア協会による定義および宇野らによる定義：宇野ほか（2017）。発達性ディスレクシア研究会による定義：発達性ディスレクシア研究会（2016）。

2　学習障害児の学習の特性とニーズ

1　学習障害の特性とアセスメント

「学習障害児に対する指導について（報告）」（文部科学省，1999）のなかで，校内委員会における学習障害の実態把握のための基準が示されている。この基準では国語または算数（数学）の基礎的能力の遅れを客観的な検査で確認することを必須としない。一方，医学の領域では，客観的な検査での確認を必須とする。例えば，DSM-5の定義のなかで，「B　欠陥のある学業的技能は，（中略）個別施行の標準化された到達尺度および総合的な臨床評価で確認されている。」（表12-1）と記されている。以下，学習障害のタイプ別に日本でのアセスメントを述べる。ただし現在，どのタイプにおいても確立された方法はない。

特異的言語（発達）障害では，一般に，除外基準が適用され，次のように操作的な診断が行われている。基本的には，客観的な言語検査を使って言語面の発達的遅れを確認する。そして，聴覚障害がないこと，全般的な知的発達に遅れがないこと，発声・発語器官の形態や機能に異常がないこと，対人関係・社会性の質的障害がないことを確認する。一般に，全般的な知的発達の確認には

非言語性の知能検査（例：レーヴン色彩マトリックス検査）やウェスクラー式知能検査における非言語性の指標を，対人関係・社会性の質的障害の確認には自閉スペクトラム症の診断基準やチェックリストなどを用いる。

　英語圏に比べると，日本語の特異的言語（発達）障害に関する研究報告は少なく，言語症状に関する見解は一致していない。とくに文法面については十分にわかっていない。少なくとも，初語の出現が遅れ，その後の語彙や語用論の発達も遅れることが知られている。語彙力（単語の意味理解や表出）が低い児童生徒は，復唱できても単語の意味がわからない，音読できても書いてある単語や文の意味がわからないなどの特徴を示す。語彙力を評価できる検査や言語のさまざまな側面を評価できる検査が複数ある。

　発達性読み書き障害（発達性ディスレクシア）では，知能検査にて全般的な知的発達に遅れがないこと，音読や書字の習得度を評価する検査にて読み書きの困難さを確認することが必須である。加えて，支援や指導方針の立案という観点からも弱い認知機能と良好な認知機能を確認することは重要なため，音声言語の発達や認知能力を評価する検査も行う。

　読み書きの習得度は，正確性と流暢性双方の観点から把握される。正確性とは正しく音読や書字ができるかどうかであり，流暢性とは滑らかに音読や書字ができるかどうかである。音読と書字それぞれにおいて，一般にひらがなに困難さがあればカタカナが困難となり，カタカナが困難であれば漢字にも困難さが出現する。ほとんどの場合，正確性に問題があれば流暢性の獲得も困難である。正確に音読や書字ができるようになっても，流暢にできるとは限らない。また仮名の単語を音読や書字できても，仮名1文字の音読や書字で誤ったり時間がかかったりする。特殊音節の音読や書字の習得に困難さを示すことがあり，その困難さが小学校第5学年〜第6学年になっても持続することがある。流暢性における特徴は，読み方がたどたどしい，速く読んだり書いたりすると誤りが多くなるなどである。詳細は春原（2015）を参照のこと。

　一般に，読み書き困難の具体的な症状は個々の児童生徒によって異なる。そのため，正確性と流暢性の観点から，ひらがな，カタカナ，漢字それぞれの音読と書字の習得度を評価しなければならない。また仮名の音読や書字においては1文字ずつでの評価と単語（特殊音節を含む）を用いた評価，音読の流暢性においては文章を用いた評価も必要である。現在，複数の読み書き検査が出版されている。しかし検査によって評価できる項目が異なるため，複数の検査を組み合わせて実施しなければならない。

　日本語の読み書きに関与する主な認知機能は，音韻認識（音韻意識），視覚的認知，自動化能力である。そのほかに，漢字単語の音読や，音読の流暢性には語彙力も強く関与する。宇野（2016）によると，音韻障害単独，視覚認知障害

▷3　例：WISC-Ⅳ。

▷4　「PVT-R 絵画語い発達検査」「標準抽象語理解力検査」，K-ABC Ⅱ「理解語彙」と「表現語彙」，WISC-Ⅳ「単語」など。

▷5　「ITPA 言語学習能力診断検査」「LCSA 学齢版言語・コミュニケーション発達スケール」「J. COSS 日本語理解テスト」など。

▷6　例えば，「特異的発達障害診断・治療のための実践ガイドライン」「改訂版標準読み書きスクリーニング検査——正確性と流暢性の評価」，KABC-Ⅱの読み尺度と書き尺度の検査項目，「CARD 包括的領域別読み能力検査」「小学生の読み書きの理解 URAWSS ウラウス」など。

▷7　音韻認識（音韻意識）とは，話し言葉の音韻的側面に注目して，音素，モーラ，音節などの音韻的要素に分解し操作する能力である。音韻認識課題には，音韻抽出課題，単語や非語の逆唱課題，非語復唱課題などがある。読み書きの習得に関与する主な視覚的認知機能は，視覚的知覚と視覚的記憶である。視覚的知覚の評価には図形の異同弁別課題，立方体や Rey-Osterrieth complex figure test（ROCFT）の模写，フロスティッグ視知覚発達検査などが，視覚的記憶の評価には ROCFT の直後再生や遅延再生，ベントン視覚記銘検査などがある。自動化能力とは意味や記号から語音を素早く想起することであり，評価には RAN（Rapid Automatized Naming）課題が用いられる。

単独，自動化能力の障害単独でも，日本語の発達性読み書き障害の原因になる。しかし，発達性読み書き障害児童生徒の多くは，音韻障害と視覚認知障害の2種類，または，音韻障害と視覚認知障害と自動化能力の障害の3種類を同時に示す。そのため，多くの場合，これらの複合的な認知障害構造が原因になっていると考えられている。一方で，Rey Auditory Verbal Learning Test（RAVLT）などで測定される音声言語の長期記憶力が比較的保たれていることが多い。

　算数障害では，知能検査にて全般的な知的発達に遅れがないこと，算数の習得度を評価する検査にて算数の困難さを確認することが必須である。さらに，支援や指導方針の立案という観点からも弱い認知機能と良好な認知機能を確認することは重要である。他の学習障害のタイプと同様に，個々の児童生徒によって症状は異なる。算数障害の主な症状は，計算と算数的推論の困難さである。そのほかに，アナログ時計の時刻が読めない，図形の形態把握の弱さが原因で図形問題が困難，長さ・重さ・時間など量の理解が困難，速度・割合などの概念理解が困難などの症状がある。

　計算障害は，数処理メカニズムと計算メカニズムの問題に大きく分かれる。数処理（数の読み書きに関する処理）に問題があると，具体物を数えられない，数を順に唱えられない，数字の読み書きの問題（例：153を100503と書く）などがみられる。また数処理メカニズムは数概念を含む。数概念に問題があると，例えば，桁の概念や大きな数，概数，小数，分数などの非言語数の習得が困難，タイルやおはじきなどの具体物を使った操作で数の合成・分解や加減はできても数字だけの操作になると困難，数直線上への数の表示が困難などの症状がみられる。計算メカニズムには，数的事実の知識と手続きの知識が含まれる。数的事実に問題があると，暗算が困難で計算する時に指を使う様子が長時間観察される，暗算できても時間がかかるなどの症状がみられる。手続きの知識に問題があると，桁の繰り上がり，繰り下がりや，いくつもの段階を積み上げていく計算（割り算など）の手順が身につきにくいなどの症状がみられる。算数的推論の障害とは数式の計算はできるが文章題を解くことの困難さである。症状の詳細は熊谷（2016）や稲垣（2010）を参照のこと。

　量的な概念の把握が困難なのか，九九が覚えられないのか，暗算がスムーズにできないのかなど，算数のどの過程に困難があるのかを見極めなければならない。また，算数には，音韻処理や視空間処理，ワーキングメモリなどの認知機能，言語理解力などが複数関与している。算数障害の原因が個々の児童生徒で異なるため，算数の習得度に加えて，認知機能や音声言語の発達などを評価する必要がある。

▷8　算数の習得度を評価できる検査は，『特異的発達障害　診断・治療のための実践ガイドライン──わかりやすい診断手順と支援の実際』，K-ABCⅡの算数尺度の検査項目，WISC-Ⅳ「算数」などである。

▷9　数概念
数が順序を表すという序数性と，数が大きさを表すという基数性の理解をさす。

▷10　数的事実
単純計算の自動化をさし，暗算に大きく関与する。

［2］　学習障害の支援と指導

　学習障害のタイプに関係なく，症状は成人になっても続く。発達過程に応じた支援や指導が必要である。また失敗経験が多いために，自己評価が低く，自信がもちにくく，努力することをあきらめている場合もまれではない。適切な自己評価や努力する力など，生きていくうえで必要な能力の獲得を目指すことも大切である。また学習障害のある児童生徒の多くは通常学級に在籍している。担任がその子どもの発達の特徴を理解して支援や指導をすることが求められるが，担任のみに指導を任せるのではなく学校全体で取り組むことが重要である。全校的な支援体制を確立して，校内委員会が実態把握を行い，必要に応じて巡回相談員や専門家チームに巡回指導を依頼する。またティームティーチングを活用することも有効である。

　支援・指導を行う際には，個々の児童生徒の認知能力の特性に着目して内容・方法を工夫する必要がある。例えば，個々の認知特性や症状を適切に把握したうえでの目標設定にする，学習内容を精選する，宿題の量を調整する，読み上げソフトやキーボード入力，電卓などのICTや電子機器を活用するなどが考えられる。また，語彙力を高める，音読できる漢字を増やすなど症状の軽減を目指した指導では，良好な認知機能を活用して，個々の児童生徒が理解しやすい，習得しやすい方法にて指導を行うことが重要である。以下，学習障害のタイプ別に支援や指導を述べる。ただし，現在，支援や指導の方法は十分に確立されているとはいえず，個々の児童生徒の症状や認知特性などを把握し，個々の実態に応じた支援や指導をすることが求められる。

　特異的言語（発達）障害のある児童生徒に対しては，意味理解を促すことが重要である。例えば，言葉（発話や文字）だけで指示や説明をしないで身振りや図，写真，実物などの非言語的コミュニケーション手段を積極的に用いる，本当に理解したかどうかを確認する，質問しやすい環境づくりを心がけ質問を促していくなどの支援が考えられる。可能であれば，読書前にその本の内容が映像化されているものを視聴できるとよい。発話を促すためには，オープンクエスチョンだけではなく選択肢のある質問をする，発表の際にテンプレート（いつ，どこで，誰が，何を，どうした，など）を用意するなどの支援が考えられる。語彙の拡充を目指した語彙指導も同時に行っていくことが必要である。またわからない言葉があった時に自分で調べるという行動を身につけられるよう支援や指導を行っていくことも必要である。必要に応じて教科の補充指導を行う。

　発達性読み書き障害（発達性ディスレクシア）のある児童生徒に対する支援には，例えば，板書の際に必ず音読しながら書く，繰り返し口頭で説明する，板

書の清書の宿題はやめる，板書内容を書き写す量を減らす（例：事前に板書内容を配布するなど），テストの際に問題を読み上げる，漢字にルビを振る，試験時間を延長する，漢字の宿題に配慮する（例：量のコントロール，書いて覚えることにこだわらない，音読可能な字を練習）などがある。仮名は音と文字の対応関係が規則的なため書字ができると基本的に音読も可能である。そのため，仮名の場合，書字の指導から開始することが効率的である。一方，漢字は複数の読み方をもつため，書けるようになっても読めるようにはならない。そのため，漢字の場合，書字の練習と音読の練習をそれぞれ行う必要がある。一般に，良好な認知機能を活用した読み書き指導が有効といわれている[11]。また漢字の音読力をあげるためには語彙力をあげることが重要である。漢字の音読指導では，意味と関連づけて行うことが必要であり，文脈のなかで提示することが有用と考えられる（春原，2015）。そのほかに，RTIモデルに関連する取り組みとして，鳥取大学方式，多層指導モデルMIMなどがある。個別の読み書き指導と同時に，必要に応じて教科の補充指導を行う。

　算数障害のある児童生徒に対しては，一人ひとりが抱えている困難さ，算数のつまずきの段階に応じて，理解を促すための図や絵，道具を積極的に使用する，電卓などの電子機器の使用を認める，九九の覚え方にこだわらない，指を使用した計算を認めるなどの支援や指導が考えられる。例えば，計算の際に暗算ではなく指を数えている児童に対しては，暗算を強要せず，指を使うことを認める。その際，一貫した方略で数えて数え間違いを減らす，足される数と足す数をすべて数える方略から数え足す方略へ移行するなどの指導が考えられる。かけ算九九を覚えられない場合に，音韻認識力の弱さが背景ならば，例えば，4（シ），7（シチ）ではなく，4（ヨン），7（ナナ）などの音韻の区別がつきやすい言い方に変える指導が有効である。筆算の手続きに困難さがある場合，筆算の手続きを視覚化した手がかりを活用することが有効である。また文章題のつまずきに対しては，数直線図を使用した指導や，文章を分割して提示する指導などがある。詳細は伊藤（2016）を参照のこと。

3　学習障害教育の現状と課題

　学習障害のある児童生徒の多くは，通常の学級に籍をおき，大半の教科を通常の学級で受けている。通常学級で安心して過ごせるような指導内容や方法・環境への合理的配慮が必要である。近年，ユニバーサルデザイン授業の実践，ICTの積極的な活用も求められている。しかし，合理的配慮について，学習障害児童生徒自身が「自分にとって必要で役に立つ」と理解していても拒否することがある。その背景に，学習障害児童生徒が合理的配慮を「特別扱い」と

▷11　音声言語の長期記憶が良好な児童生徒に対して，音声言語の長期記憶を活用した仮名や漢字の書字指導が開発され，その有効性が示されている（例：粟屋ほか，2012；宇野ほか，2015）。

捉えていること，同級生に「ずるい」と思われるのではないかと心配していることなどがある。なかには，それを理由にからかいやいじめを実際に受けた経験をもつ児童生徒もいる。通常学級内での合理的配慮を充実させていくのと同時に，多様性の理解教育を行う必要がある。学校全体の取り組みとして，「得意なことや苦手なことは人それぞれである。勉強しやすい方法も人によって違う」という，多様性の理解を育てる教育を推進し，学習障害児童生徒が安心して過ごせる学級・学校づくりがもとめられる。

　また通常学級に在籍する児童生徒のうち，学習障害による学習上または生活上の困難を改善・克服することを目的とする特別な指導が必要とされる場合は，通級による指導が行われる。通級による指導では，主に，個々の児童生徒の認知特性や障害の状態などに応じて，読み書き・語彙・計算などの指導が行われている。とくに必要がある場合，各教科の内容を補充するための指導も行われる。年々，通級による指導を受けている児童生徒数は増加傾向にある。

　以上のように，学習障害児童生徒への教育では，学習障害のある児童生徒が安心して過ごせる学級・学校づくりと，個々の児童生徒の認知特性や障害の状態などに応じた支援や指導が求められている。しかし，前述のとおり，学習障害のどのタイプにおいても，アセスメント，支援や指導が十分に確立されていないという課題がある。各タイプの症状や原因，各検査の特徴などに関する専門的知識と，個々の児童生徒の実態に合わせて必要な支援・指導を選択・考案していく教育実践力が教師に求められる。

Exercise

① 特異的言語（発達）障害の症状について英語圏での報告と日本での報告を調べてみよう。

② 発達性読み書き障害（発達性ディスレクシア）の原因に関する仮説について詳細な内容を調べてみよう。

③ 算数障害の原因について症状別に調べてみよう。またその症状の原因に応じた支援や指導方法を調べてみよう。

📖次への一冊

宇野彰編著『ことばとこころの発達と障害』永井書店，2007年。
　　典型的な発達を知ったうえで障害および障害に対するアプローチに関して学べる。
笹沼澄子編『発達期言語コミュニケーション障害の新しい視点と介入理論』医学書院，

2007年。
　　発達期に生じる言葉とコミュニケーションの障害について最新の研究知見がまとめ
　　られている。症状や，その原因に関する仮説などをさまざまな角度から学べる。
東條吉邦・大六一志・丹野義彦編『発達障害の臨床心理学』東京大学出版会，2010年。
　　学習障害を含む発達障害に関して，脳科学をはじめとする生物学的知見や，医療，
　　学校，地域との社会的連携までを視野にいれて解説されている。
青木省三・宮岡等・福田正人監修『こころの科学187［特別企画］学習障害を支援する
　　（宮本信也編）』日本評論社，2016年。
　　学習障害の概念，特徴，対応などについて幅広く学べる。
藤田郁代監修，玉井ふみ・深浦順一編『標準言語聴覚障害学　言語発達障害学　第2
　　版』医学書院，2015年。
　　症状，原因，診断評価法，支援や指導例などについて幅広く学べる。

引用・参考文献

粟屋徳子・春原則子・宇野彰・金子真人・後藤多可志・狐塚順子・孫入里英「発達性読
　　み書き障害児における聴覚法を用いた漢字書字訓練方法の適用について」『高次脳機
　　能研究』32，2012年，294～301ページ。
日本精神神経学会監修，髙橋三郎・大野裕監訳『DSM-5　精神疾患の分類と診断の手
　　引』医学書院，2014年。
春原則子「学習障害」藤田郁代監修，玉井ふみ・深浦順一編『標準言語聴覚障害学　言
　　語発達障害学　第2版』医学書院，2015年，154～168ページ。
発達性ディスレクシア研究会「発達性ディスレクシアの定義」2016年。http://square.
　　umin.ac.jp/dyslexia/factsheet.html.（2017年10月31日閲覧）
稲垣真澄編集代表，特異的発達障害の臨床診断と治療指針作成に関する研究チーム編
　　『特異的発達障害　診断・治療のための実践ガイドライン──わかりやすい診断手順
　　と支援の実際』診断と治療社，2010年。
伊藤一美「算数につまずく子どもの理解と指導」『こころの科学』187，2016年，77～82
　　ページ。
熊谷恵子「算数障害とは」『こころの科学』187，2016年，46～52ページ。
文部科学省「学習障害児に対する指導について（報告）」学習障害及びこれに類似する
　　学習上の困難を有する児童生徒の指導方法に関する調査研究協力者会議，1999年。
世界保健機関編，融道男・中根允文・小宮山実監訳『ICD-10　精神および行動の障害
　　──臨床記述と診断ガイドライン』医学書院，1993年。
宇野彰「発達性読み書き障害とは」『こころの科学』187，2016年，27～33ページ。
宇野彰・春原則子・金子真人・後藤多可志・粟屋徳子・狐塚順子「発達性読み書き障害
　　児を対象としたバイパス法を用いた仮名訓練──障害構造に即した訓練方法と効果お
　　よび適応に関する症例シリーズ研究」『音声言語医学』56，2015年，171～179ページ。
宇野彰・春原則子・金子真人・Taeko N. W.『改訂版　標準読み書きスクリーニング検査
　　──正確性と流暢性の評価』インテルナ出版，2017年。

第13章
注意欠陥・多動性障害の理解と教育

〈この章のポイント〉

　ADHD は，生物学的，心理学的等種々の背景要因による不注意，多動，衝動性を主な症状とする発達障害である。ADHD 児・者への支援にあたっては，薬物治療を中心とした医学的アプローチや，ユニバーサルデザインの考え方に基づく環境調整，ADHD の心理学的モデルや本人の認知特性にあわせた支援を含めた心理教育学的アプローチなどが有効である。本章では，ADHD の基本的な内容を概説するとともに，支援に有益な心理学的アセスメントのほか，プランニングや方略使用を補償的機能として用いる認知教育の実践についてもあわせて学ぶ。

1　注意欠陥・多動性障害の定義と分類

1　注意欠陥・多動性障害とは

　注意欠陥・多動性障害（Attention-Deficit / Hyperactivity Disorder：ADHD，なお，後述する DSM-5 では「注意欠如・多動症／注意欠如・多動性障害」の名称が用いられている）は，注意のコントロールの難しさに起因して生じる不注意，多動性，衝動性を基本症状とした発達障害である。アメリカの疫学調査では，4〜17歳の子どものうち，約11％が ADHD の診断を受けていることが報告されている（Visser et al., 2014）。日本においては，文部科学省の調査より，通常学級のなかで知的な遅れはないものの，不注意や多動，衝動性の特徴を示す子どもが，3.1％在籍することが明らかとされている（文部科学省, 2012）。また，ADHD は，限局性学習症／限局性学習障害（Specific Learning Disabilities：SLD）や自閉スペクトラム症／自閉症スペクトラム障害（Autism Spectrum Disorder：ASD）などといった特徴をあわせもつことも多いほか，日常生活において不適応状態が継続することにより，二次障害としての精神疾患が生じる場合もある。また，小児期に診断を受けた ADHD 児のうち，約70％が成人期においてもその症状が継続している状況にあることから（Barkley et al., 2002），小児期から成人期にわたって継続して支援を必要とすることも多い。

▷1　このデータは実際に ADHD の診断を受けている児童生徒の割合ではなく，担任の教師が不注意，多動—衝動性の特徴によって困難を示していると感じている児童生徒の割合を示す。

2　診断基準

　ADHD の医学的な診断は，主に保護者（あるいは教師や本人）からの生育歴や現状についてインタビュー，受診時の本人の行動観察等から，専門の小児科医あるいは精神科医によって行われる。診断にあたっては，『DSM-5 精神疾患の診断・統計マニュアル』（髙橋・大野監訳，2014）や，『ICD-10精神および行動の障害——臨床記述と診断ガイドライン』（融ほか監訳，2005）による診断基準が用いられる。とくにわが国では，DSM-5 の診断基準が広く利用されており，ADHD は，DSM-5 において，ASD や SLD などとともに，神経発達症／神経発達障害群（Neurodevelopmental Disorders：NDD）に含まれる。これらはいずれも中枢神経系の特異性によって生じるものと考えられている状態である点で共通している。なお，ADHD は，ASD や SLD など他の神経発達症に含まれる状態や精神疾患をあわせもつことが多く，併存診断がある場合も少なくない。

　DSM-5 における ADHD の診断基準（表13-1）は，学校や家庭など複数の状況において，年齢にそぐわない不注意さならびに多動性／衝動性がおおよそ小学校卒業までに，半年以上継続しており，それによって日常生活に困難をきたしている状態をさす。つまり，環境のみに依存してその状態が生じているのではなく，本人の生まれながらにもっている特徴によってその状態が生じていること，そして，その特徴が日常生活上で著しい困難さになっていることがADHD の判断基準となっている。

　また，この診断基準では，17歳以上に診断を行う場合の基準も設けられていることから，幼児期から小児期のみならず，成人期も含めた診断が可能となっている。あわせて，3つの基本症状のうち，現在の状態について，どの症状が優位に見られるかを「混合して存在」「不注意優勢に存在」「多動・衝動優勢に存在」のなかから特定するとともに，その特徴が，どの程度日常生活に影響を及ぼしているかを「軽度」「中等度」「重度」の3つの重症度レベルから判定される。なお，先述したように，ADHD の状態像は，発達にともなって変化する場合があることから，主に見られる基本症状やその重症度については，判定する時点での状態像に対して特定されるものである。また，現在の症状が，日常生活に影響を及ぼしていることは継続しているものの，症状が低減したものに対しては，「部分寛解」として表現される。

3　心理教育的アセスメント

　ADHD 児・者に対する心理教育的な支援にあたっては，ADHD に関連した日常生活上のニーズを確認するとともに，中枢神経系の情報処理プロセスを背

▷2　ICD-10において，ADHD は「多動性障害(Hyperkinetic Disorders)」として記載されているが，DSM-5 と ICD-10 の診断基準はほぼ同様である。

表13-1　DSM-5におけるADHDの診断基準

（1）および／または（2）によって特徴づけられる，不注意および／または多動性—衝動性の持続的な様式で，機能または発達の妨げとなっているもの	
（1）不注意 以下の症状のうち6つ（またはそれ以上）が少なくとも6か月間持続したことがあり，その程度は発達の水準に不相応で，社会的および学業的／職業的活動に直接，悪影響を及ぼすほどである。	（2）多動および衝動性 以下の症状のうち6つ（またはそれ以上）が少なくとも6か月間持続したことがあり，その程度は発達の水準に不相応で，社会的および学業的／職業的活動に直接，悪影響を及ぼすほどである。
注：それらの症状は，単なる反抗的行動，挑戦，敵意の現れではなく，課題や指示を理解できないことでもない。青年期後期および成人（17歳以上）では，少なくとも5つ以上の症状が必要である。	
a. 学業，仕事，または他の活動中に，しばしば綿密に注意することができない，または不注意なまちがいをする。（例：細部を見過ごしたり，見逃してしまう，作業が不正確である）	a. しばしば手足をそわそわと動かしたりトントン叩いたりする。またはいすの上でもじもじする。
b. 課題または遊びの活動中に，しばしば注意を持続することが困難である。（例：講義，会話，または長時間の読書に集中し続けることが難しい）	b. 席についていることが求められる場面でしばしば席を離れる。（例：教室，職場，その他の作業場所で，またはそこに留まることを要求される他の場面で，自分の場所を離れる）
c. 直接話しかけられたときに，しばしば聞いていないように見える。（例：明らかな注意を逸らすものがない状況でさえ，心がどこか他所にあるように見える）	c. 不適切な状況でしばしば走り回ったり高い所へ登ったりする。※青年または成人では，落ち着かない感じのみに限られるかもしれない。
d. しばしば指示に従えず，学業，用事，または職場での義務をやり遂げることができない。（例：課題を始めるがすぐに集中できなくなる，また容易に脱線する）	d. 静かに遊んだり余暇活動につくことがしばしばできない。
e. 課題や活動を順序立てることがしばしば困難である。（例：一連の課題を遂行することが難しい，資料や持ち物を整理しておくことが難しい，作業が乱雑でまとまりがない，時間の管理が苦手，締め切りを守れない）	e. しばしば「じっとしていない」，またはまるで「エンジンで動かされるように」行動する。（例：レストランや会議に長時間とどまることができないかまたは不快に感じる他の人達には，落ち着かないとか，一緒にいることが困難と感じられるかもしれない）
f. 精神的努力の持続を要する課題に従事することをしばしば避ける，嫌う，またはいやいや行う。（例：学業や宿題，青年期後期および成人では報告書の作成，書類に漏れなく記入すること，長い文書を見直すこと）	f. しゃべりすぎる。
g. 課題や活動に必要なものをしばしばなくしてしまう。（例：学校教材，鉛筆，本，道具，財布，鍵，書類，眼鏡，携帯電話）	g. しばしば質問を終わる前にだし抜けに答え始めてしまう。（例：他の人達の言葉の続きを言ってしまう。会話で自分の番を待つことができない）
h. しばしば外的な刺激（青年期後期および成人では無関係な考えも含まれる）によってすぐ気が散ってしまう。	h. しばしば自分の順番を待つことが困難である。（例：列に並んでいるとき）
i. 日々の活動を忘れがちである。（例：用事を足すこと，お使いをすること，青年期後期および成人では，電話を折り返しかけること，お金の支払い，会合の約束を守ること）	i. しばしば他人を妨害し，邪魔する。（例：会話，ゲーム，活動に干渉する。相手に聞かずにまたは許可を得ずに他人の物を使い始めるかもしれない。青年または成人では，他人のしていることに口出ししたり，横取りすることがあるかもしれない）
B：不注意，多動性／衝動性の症状のいくつかは12歳までに存在していた。	
C：不注意，多動性／衝動性の症状のいくつかは2つ以上の環境（家庭・学校・職場・社交場面など）で存在している。	
D：症状が社会・学業・職業機能を損ねている明らかな証拠がある。	
E：統合失調症や他の精神障害の経過で生じたのではなく，それらで説明することもできない。	

出所：日本精神神経学会監修，髙橋三郎・大野裕監訳（2014）をもとに作成。

景とした認知特性を適切に評価することで，支援に有用な情報を得ることができる。心理教育的アセスメントには，日本で標準化された評定尺度や個別実施検査が用いられる。これらはそれぞれ，ADHD の特徴がどの程度見られるか，あるいは個人の認知特性を評価するためのものであり，いずれも ADHD であるかどうかを判別するためのものではない。

　現在，日本で多く用いられている評定尺度として，子どもを対象とした ADHD-Rating Scale-IV（ADHD-RS）や Conners 3，18歳以上を対象とした Conners' Adults ADHD Rating Scales（CAARS）や Conners' Adult ADHD Diagnostic Interview For DSM-IV（CAADID）があげられる。評定尺度は，全体的な得点だけでなく，どのような項目にどのような評価がなされているか確認することも，本人の状態を知るための手がかりとなる。

　学齢期の子どもによく用いられる個別検査には，WISC-IV 知能検査や DN-CAS 認知評価システム，KABC-II 心理・教育アセスメントバッテリーがある。WISC-IV における ADHD のプロフィールパターンとして，「言語理解指標（Verbal Comprehension Index：VCI）」や「知覚推理指標（Perceptual Reasoning Index：PRI）」の得点に比べて「ワーキングメモリ指標（Working Memory Index：WMI）」や「処理速度指標（Processing Speed Index：PSI）」の得点が低いことが報告されている（Mayes & Calhoun, 2006）。同様に，VCI や PRI の得点に基づいて算出される「一般知的能力指標（General Ability Index：GAI）」に比べて，WMI や PSI の得点に基づいて算出される「認知熟達度指標（Cognitive Proficiency Index：CPI）」の得点が低くなることも報告されている（Fenollar-Cortés et al., 2015）。このことは，ADHD 児では，知識や推論する力そのものは定型発達児と同水準にあるものの，学習を支える基盤となるワーキングメモリや処理速度が相対的に低下した特性を示すものと解釈できる。DN-CAS 認知評価システムでは，「同時処理」や「継次処理」に比べて，「プランニング」と「注意」の標準得点が相対的に低下することが示されている（van Luit et al., 2005）。これは，「プランニング」や「注意」が，ADHD の神経学的基盤である前頭葉と線条体のネットワークにおける機能不全と関連するためである。一方で，近年では，ADHD において「注意」の得点が低下しないという報告もある（Goldstein & Naglieri, 2012）が，これは ADHD の注意のコントロールにおける変動性の大きさを示している可能性も考えられる。KABC-II では，KABC-II のすべての尺度が実行機能やワーキングメモリとの関与が大きいため，ADHD 児はすべての尺度において低い得点を示すことが報告されている（Kaufman et al., 2005）。

　このような個別検査の結果は，個別の特性というよりも，ADHD のある子どもを群としてみた場合のおおよその認知特性を示すものであり，必ずしも

▷3　DN-CAS 認知評価システムの理論的背景には Luria の脳研究に基づいた，知能の PASS 理論がある。

ADHD のある子どもが上記のようなプロフィールパターンをもつとは限らない。むしろ，個々の子どもの認知特性に応じた教育的支援を行うための手がかりとなりうるものとして利用されるものと考えるべきである。

2　注意欠陥・多動性障害児の学習の特性とニーズ

［1］　生物学的要因

　ADHD の生物学的要因の一つとして，遺伝学的要因があげられる。双生児研究から，ADHD では，遺伝的な要因が約70～80％を占めることが報告され，特定の遺伝子と ADHD との関連が指摘されている（Biederman & Faraone, 2005）。また，脳内で情報を伝達するためのドーパミンやノルエピネフリンといった神経伝達物質の分泌が少ない，あるいは過剰に取り込まれるといった生化学的要因も報告されている。これらの神経伝達物質の調整のために，薬物治療が行われる。さらに，神経学的要因として，前頭葉―線条体の複数の神経回路における機能不全や脳の器質的な特徴も認められている（Chandler, 2010）。一方で，ADHD を特定するためのバイオマーカー（客観的に測定され評価される特性）は明らかとなっておらず，ADHD の発生機序についても完全には解明されていない。

［2］　心理学的背景

　学校や家庭のなかで，ADHD 児・者は，動機づけの高い学習やゲームに対しては長時間集中して取り組めるものの，そうでない場合には，取り組みを継続することが著しく難しいといった行動が観察されることがある。その心理学的背景として，ADHD では，いつ，どんな事象が生じるかを検出し，予測する前頭―線条体，前頭―小脳の神経回路と，その事象に対して情動的な意味づけを行う前頭―扁桃体の神経回路との相互作用における発達が不十分であるために，ADHD 児に見られるような認知的制御や感情的制御，前頭前野によって媒介されるほかの内的操作の発達不全を引き起こすことが想定されている（Nigg & Casey, 2005）。実験心理学的研究において，大きな報酬を付与すると，認知面のパフォーマンスが向上すると報告されている（Slusarek et al., 2001）（図13-1）。支援のなかでも同様に，好ましい行動に対して報酬を与えるトークンエコノミー法が用いられることがある。一方で，トークンのような報酬がなくても，学習や活動そのものが本人にとって楽しい，あるいは意味のあると思える状況であれば，外的な報酬を付与したときと同様に，パフォーマンスが向上することも明らかとされている（Dovis et al., 2012）。このことは，子どもの学習

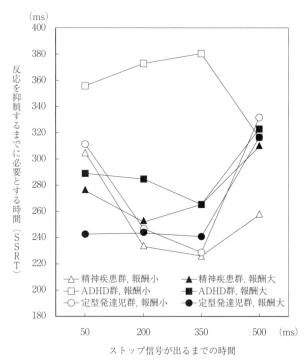

図13-1　報酬を付与した条件下における stop-signal task の SSRT
注：ADHD 群は，大きな報酬を与えられた場合には定型発達時と同
　　様のパフォーマンスを示す一方で，小さな報酬を与えられた場合
　　には，成績が低下することを示している。
出所：Slusarek et al. (2001).

や活動が促進されるためには，子どもにとって情動的に意味づけされやすい，
興味関心に基づく学習状況を作ることが重要であることを示している。

③ 発達的特徴

　ADHD は，発達段階や状況によって，注意のコントロールの困難さといっ
た本質的な特徴が大きく変化することはないものの，表面的な特徴やその程度
が変化する場合がある。ここでは，①小学校第1学年～第4学年，②小学校第
5学年～中学生，③高校生～大学生の3つの発達段階において，どのような特
徴が見られるかを次のようにまとめた。

① 小学校第1学年～第4学年

　この時期には，「先生や友達の話を最後まで聞くことができない」「他に注意
を惹かれるものがあると，その場から離れていってしまう」「遊具や給食の順
番を待てずに割り込んでしまう」など，多動や衝動性の特徴が表面的に現れる
ことが多い。そのような行動は，集団のなかでは目立ちやすく，他の子どもた
ちとのトラブルにもなりやすい。そのため，他の子どもたちに比べて，保護者
や教師の叱責を受ける回数が増えがちである。また，学年が上がっていくにつ

れて，周囲の子どもは頭のなかで思考できるようになっていくものの，
ADHD の子どもはそれが難しく，言葉を表出することで自分を制御しようと
するため，授業中やテスト時にぶつぶつ言いながら考えるなどの行動が見られ
ることがある。ADHD のある子どもたちは，自分がとるべき行動は理解して
いてもそのように振る舞うことが困難であるという前提のもと，叱責するより
もできているところを評価し，どのようにしたらできるようになるかを一緒に
考えながらスモールステップで取り組む機会を設ける方が効果的である。

② 小学校第5学年～中学生

小学校第5学年以降は，表面的な多動は目立たなくなることが多く，離席な
ど活動場面から逸脱するような行動は少なくなる傾向にあるが，ADHD 児本
人は，何となくそわそわしたり，落ち着かない感覚をもつこともある。また，
子ども本人に求められることが多様化，複雑化することもあり，それまでは目
立たなかった不注意症状が表面化してくることが多く，「ケアレスミスが多
い」「必要な情報を聞き逃す」「忘れ物や落し物を頻繁にする」といった行動が
目立つようになる。同様に，ASD や SLD などの併存がある場合にも，多動の
症状が落ち着いてくると ADHD よりもむしろ併存障害の特徴が明らかとなり
やすい。

③ 高校生～大学生

上記に加え，自主的に学習を進めることが求められるようになってくると，
時間管理や優先順位をつけながら計画的に試験勉強やレポート課題をこなすこ
との難しさが表面化する。とりわけ大学生では，これまでの学習スタイルや，
求められることが大きく変化するとともに，大学進学をきっかけにひとり暮ら
しを始めることも多いため，片付けや家事等，生活面での困難さもあわせて生
じる場合がある。また，この時期に周囲との違いに気づき，青年期にはじめて
ADHD と診断されるケースもある。社会的な失敗が増えていくと，自己肯定
感が低下し，二次障害が重篤化，複雑化することも少なくないため，必要に応
じて高校や大学の支援サービス等の社会的な資源を活用することも有用であ
る。

3　注意欠陥・多動性障害教育の現状と課題

1　教育と支援についての基本的な考え方

ADHD 児・者への支援は，大きく分けて，医療的アプローチと心理教育学
的アプローチの2つに分けられる。ADHD に対する主な医療的アプローチは
薬物治療である。

▷4　子どもは，思考や行
動などを自身の言葉で外的
に自分を制御する段階から，
発達の過程で，頭のなかの
言葉だけで自分を制御でき
るようになる（内言化）。
一般に，小学校第3学年～
第4学年から内言化がなさ
れるが，ADHD 児ではそ
の発達が遅れることがあ
る。

　日本における ADHD の薬物治療では，主にメチルフェニデート塩酸塩（商品名：コンサータ）やアトモキセチン塩酸塩（商品名：ストラテラ）などが用いられる（齊藤，2016）。薬物治療は70〜80％の ADHD 児に有効であるため，その効果が高く評価されているが，それに加えて心理学的なアプローチを行うとより効果的であるとされる（Perez-Alvarez et al., 2009）。心理教育学的アプローチには，環境調整や本人への個別的な教育的支援が含まれる。環境調整は，ADHD 児・者だけでなく，だれもがわかりやすいユニバーサルデザインの考え方に基づく教室環境や授業づくりが求められる。あわせて ADHD の特性を鑑みた個別性の高い支援も必要となる場合がある。ADHD 児・者に対する個別の教育的支援にあたっては，個々の子どもの認知的な強さを生かした長所活用型の指導（藤田ほか，1998），あるいは学習やセルフコントロールなどにおいて，プランニングや効果的な方略の使用を補償的機能として用いることを目指した認知教育（Kar et al., 1993）の有効性が示唆されている。これらに関連して，学級のなかで起こりやすいこととそれに対する支援例を表13–2に示した。

２　支援の実際

① 就学前に学習の構えを形成することが必要であった ADHD の年長男児（A 児）

主訴：幼稚園や家庭での落ち着きのなさ，何度怒られても行動が改善されない。

日常生活の様子：幼稚園では，集団での指示が通りにくいことや，落ち着きがなく，教室からよく飛び出してしまう様子が頻繁に見られていた。家庭では，車から降りるときによく飛び出し，何度も注意をしているにもかかわらず，行動が修正されないことが報告された。

アセスメント：DN–CAS 認知評価システムを実施した。結果は，同時処理の得点が継次処理の得点に比べて有意に高く，プランニングの得点がやや低めであった。この結果から，A 児は非言語的なパターンや空間関係の理解は良好であるが，順序に基づいて記憶することや，聞いて記憶したものを再構成することが求められるようなワーキングメモリの弱さがあるものと考えられた。とくに集団での指示の入りにくさや何度怒られても同じことをすることは，継次処理の困難さに起因している可能性が推察された。

指導：読みあるいは学習を支える言語能力や行動調整等を含む認知能力に焦点を当てた COGENT プログラム（Das, 2009）を用いて，認知教育の観点に基づく指導支援を行った。このプログラムでは，教師との相互的なやりとりのなかで，子ども自身が各課題で目的とされているルールや原理を発見し，それに基づく方略やプランニングを用いることを目的とする。プログラムの遂行にあ

表13-2　ADHD児に対する学級での支援例

	学級のなかで起こりやすいこと	支援例
不注意によって起こりやすいこと	授業中にボーっとしたり，気が散りやすく，話を聞いていないことが多い	・重要なことは本人の注意が向いていることを確認して伝える ・情報量を制限したり，注目すべきポイントをわかりやすく伝える ・ボーっとした後でも授業でどの部分をやっているかが自分でわかり，授業に参加できるよう，見出しや教科書のページなどを黒板に書いておく
	忘れものが多い	・帰りの会の時間を使って，翌日の予定や持ち物を確認できるよう，確認する時間を設ける ・筆記用具やノートなど必要性の高いものは，学校からの持ち出しを少なくするとともに，予備のものを学校においておく
	整理整頓が苦手で，机の中や机の周りが散らかっている	・机の中に入れるものと入れておく場所を決めておく ・それ以外のものは，何でもBOXを作って，そこに入れるというルールを作る
	ケアレスミスが多く，テストの得点が伸びず，本来もっている実力を発揮できない	・テストテイキングの方法について，確認する ・学級のなかでテストを受けるときの工夫について話し合う機会を設けて，他の子どもたちから相互に学習する時間があってもよい
多動・衝動性によって起こりやすいこと	授業中に廊下から聞こえる音や見えるものがあると離席をすることが多い 落ち着かず，そわそわする	・注意をひきやすい刺激の少ない座席を確保する ・黒板など目につきやすいところに不要な情報がないようにしておく ・立ち歩くことのできるお手伝いをお願いするなど，動いてもよい場面を作る ・落ち着いている状況に対して，賞賛する
	思ったことをすぐに口に出して，友達とトラブルになることがある	・どうしても言いたいときは，特定の先生にのみ伝える，言いたいことをメモに書く，とても小さい声で言うなど，そのときにできそうなものをやってみるといったルールを決めておく
	宿題や家庭学習など，複数の課題があるときに，優先順位や計画を立てて実行することが苦手で提出できない	・本人の達成できる量を確認し，課題を細かく区切って少しずつ取り組めるようにする ・やる順番をだれかに確認したり，途中で状況を確認できるような機会を設ける

出所：筆者作成。

たっては，予定表を用い，対象児が見通しをもって活動に取り組めるようにしたほか，各課題の取り組み前後に，ふりかえりの時間を設けて，やったことを言葉で説明する機会を設定し，自分の取り組んだ活動やそのなかで用いた方略について意識化させる活動を継続して実施した。

結果：指導後にDN-CAS認知評価システムを用いて経年変化を確認したところ，同時処理の得点に比べて継次処理の得点が低いといったパターンは前回の結果と同様であったが，前回に比べ，統計的に有意な上昇ではないものの，継次処理の評価点が上昇し，全体のアンバランスさが小さくなったことが確認された。また，指導回数を経るにつれて，本人が負荷の高い状況に置かれたとき，効果的な方略によって，それを補償しようとする様子がみられるようになった。これらのことから，本指導が，A児において就学後の学習に必要な認知的背景を調えるとともに，学習への構えを形成できたことが確認された。

② ケアレスミスの多い小学校第5学年の ADHD 男児（B 児）

学習の様子：ケアレスミスが多く，テストで自分の本来もっている能力を発揮することが難しい。本人なりに見直しをするなど自分なりの工夫をしているが，思い込みをすることも多く，結果に結びつきにくい。1 対 1 の場面であっても，学習中に注意がそれてしまい，関係のないことをしゃべり続けることがある。

アセスメント：WISC–Ⅳ ならびに DN–CAS 認知評価システムを実施した。WISC–Ⅳ の結果は，全体的に年齢相応の水準である一方，ワーキングメモリ指標と処理速度指標が低かった。DN–CAS 認知評価システムの結果は，同時処理の得点が有意に高く，継次処理の得点は有意に低い得点であった。これらの結果から，B 児は知識や類推する力が十分にある一方で，情報を取捨選択したり，一定時間情報を留め，操作したりすることは苦手であり，そのことが学習中の注意のそれやすさやケアレスミスなどの不注意さにつながっている可能性が推察された。

指導：算数の(1)計算問題と，(2)文章問題作成課題を複数回行った。(1)計算問題では，どのような順番で解いたらよいかを取り組みの前に確認するとともに，取り組み後に実際に取り組んだやり方と，次に同様の問題を解くときの取り組み方について言語化させ，ワークシートに記入させた。B 児が自分のとったやり方に気づきにくい場合は，プロンプトとして，教師からみた本人の取り組み方を伝えたり，教師がとった取り組み方を言語化させたりすることで，自分のやり方をモニターすることを学習する機会とした。(2)文章問題作成課題では，B 児が教師役になって，B 児の興味のある題材をテーマに算数の文章問題を作成し教師に出題をした。問題を作成するなかで，B 児が問題の枠組みを解説したり，問題の解き方を教師と B 児がお互いに言葉で説明したりすることを継続して実施した。

結果：指導の結果，見直しのタイミングや問題を解く順番，見落としをしないですむ方法についてのオプションがいくつか蓄積され，それに基づいて B 児が用いる方略に広がりがみられたほか，テスト時のケアレスミスが減少した。

Exercise

① ADHD の特徴が発達にともなってどのように変化していくのか説明してみよう。また，それぞれの発達段階で生じる可能性のある困りごととその対処法について考えてみよう。

② 学級のなかに ADHD のある児童生徒がいる場合，どのような環境調整が適切か説明してみよう。また，個別の支援を必要とする ADHD のある児童

生徒に対して，学級のなかでどのような支援ができるか考えてみよう。

📖次への一冊

バークレー，R. A.，海輪由香子訳『バークレー先生のADHDのすべて』ヴォイス，2000年。

　アメリカのADHD研究の第一人者であるバークレー博士のADHDの概説書。学校の教員や保護者向けの内容で，ADHDに対する理解から学校や家庭での対応方法などが記述されている。

内山登紀夫監修，高山恵子『ふしぎだね!?　ADHD（注意欠陥多動性障害）のおともだち』ミネルヴァ書房，2006年。

　学齢期のADHDに関する入門書。子どもを含めた幅広い読者を対象としており，ADHDの基本的な特徴や学齢期の様子などが具体的に説明されている。

前川久男・中山健・岡崎慎治『DN–CASによる子どもの学習支援――PASS理論を指導に活かす49のアイディア』日本文化科学社，2010年。

　知能のPASS理論と学習の関連についての概要とともに，ADHD児を含め，注意のコントロールやプランニングなどの認知面のアンバランスさにより学習に困難を示す児童への指導案が複数紹介されている。

田中康雄監修『大人のADHD』講談社，2009年。

　大学生を含めた成人期のADHDの入門書。ADHDの当事者や周囲の人を対象に，大学生活や就職後の困りごと，その対処法が，簡単にわかりやすく解説されている。

引用・参考文献

American Psychiatric Association, *Diagnostic and statistical manual of mental disorders*, Fifth edition, American Psychiatric Association, 2013（日本精神神経学会監修，髙橋三郎・大野裕監訳『DSM–5　精神疾患の診断・統計マニュアル』医学書院，2014年）.

Barkley, R. A., Fischer, M., Smallish, L., & Fletcher, K., "Persistence of attention deficit hyperactivity disorder into adulthood as a function of reporting source and definition of disorder," *Journal of Abnormal Psychology*, 111, 2002, pp. 279–289.

Biederman, J., & Faraone, S. V., "Attention-deficit hyperactivity disorder," *Lancet*, 366 (9481), 2005, pp. 237–248.

Chandler, C., *The science of ADHD for parents and professional*, Wiley-Blackwell, 2010.

Das, J. P., *Reading Difficulties and Dyslexia: An Interpretation for Teachers*, SAGE Publish, 2009（前川久男・中山健・岡崎慎治訳『読みに困難がある子どもの理解と指導――知能のPASS理論とDN–CASから』日本文化科学社，2014年）.

Dovis, S., Van der Oord, S., Wiers, R. W., & Prins, P. J., "Can motivation normalize working memory and task persistence in children with attention-deficit/hyperactivity disorder? The effects of money and computer-gaming," *Journal of Abnormal child psychology*, 40(5), 2012, pp. 669–681.

Fenollar-Cortés. J., Navarro-Soria, I., González-Gómez, C., & Sevilla, J. G., "Cognitive Profile for Children with ADHD by Using WISC-IV: Subtype Differences ?" *Revista de Psicodidáctica*, 20(1), 2015, pp. 157–176.

藤田和弘・熊谷恵子・青山真二『長所活用型指導で子どもが変わる認知処理様式を生かす国語・算数・作業学習の指導方略』図書文化社，1998年。

Goldstein, S., & Naglieri, J. A., "Neurocognitive and Behavioral Characteristics of Children with ADHD and Autism: New Data and New Strategies," *The ADHD Report*, 19(4), 2011, pp. 10–12.

Kar, B. C., Dash, U. N., Das, J. P., & Carlson, J., "Two experiments on the dynamic assessment of planning," *Learning and Individual difference*, 5(1), 1993, pp. 13–29.

Kaufman, A. S., Lichtenberger, E. O., Fletcher-Janzen, E., & Kaufman, N. L., *Essentials of KABC-II Assessment (Essentials of Psychological Assessment)*, John Wiley & Sons, 2005.

Nigg, J. T., & Casey, B. J., "An integrative theory of attention-deficit/ hyperactivity disorder based on the cognitive and affective neurosciences," *Development and Psychopathology*, 17(3), 2005, pp. 785–806.

Mayes, S. D., & Calhoun, S. L., "WISC-IV and WISC-III Profiles in Children With ADHD," *Journal of Attention Disorders*, 9 (3), 2006, pp. 486–493.

文部科学省「通常の学級に在籍する発達障害の可能性のある特別な教育的支援を必要とする児童生徒に関する調査結果について」2012年。http://www.mext.go.jp/a_menu/shotou/tokubetu/material/__icsFiles/afieldfile/2012/12/10/1328729_01.pdf（2017年2月8日閲覧）

Perez-Alvarez, F., Serra-Amaya, C., & Timoneda-Gallart, C. A., "Cognitive versus behavioral ADHD phenotype: what is it all about?" *Neuropediatrics*, 40(1), 2009, pp. 32–38.

齊藤万比古『注意欠如・多動症―ADHD―の診断・治療ガイドライン　第4版』じほう，2016年。

Slusarek, M., Velling, S., Bunk, D., & Eggers, C., "Motivational effects on inhibitory control in children with ADHD," *Journal of American Academy of Child and Adolescent Psychiatry*, 40(3), 2001, pp. 355–363.

van Luit, J. E. H., Kroesbergen, E. H., & Naglieri, J. A., "Utility of the PASS theory and Cognitive Assessment System for Dutch children with and without ADHD," *Journal of Learning Disabilities*, 38, 2005, pp. 434–439.

Visser, S. N., Danielson, M. L., Bitsko, R. H., Holbrook, J. R., Kogan, M. D., Ghandour, R. M., Perou, R., & Blimberg, S. J., "Trends in the Parent-report of Health Care Provider Diagnosed and Medicated ADHD: United States, 2003–2011," *Journal of the American Academy of Child and Adolescent Psychiatry*, 53(1), 2014, pp. 34–46.

World Health Organization, "The ICD-10 Classification of Mental and Behavioral Disorders, Clinical descriptions and diagnostic guidelines," 1992（融道男・中根允文・小見山実・岡崎祐士・大久保善朗監訳『ICD-10精神および行動の障害――臨床記述と診断ガイドライン』医学書院，2005年）。

第III部

教師としての成長を支えるために

第14章
教育と福祉・医療・労働との連携

〈この章のポイント〉

　特別支援教育と福祉・医療・労働との連携について，就学前からの移行期，在学中，卒業後に向けた移行期の３段階に分けて捉えることができる。本章では，保健・医療との連携，福祉との連携，労働関係機関との連携について学ぶ。福祉との連携においてはとくに相談支援事業，および障害児通所支援に焦点を当てて解説する。

1　教育と福祉・医療・労働との連携の概要

　障害のある児童生徒について，就学前，在学中，卒業後のそれぞれの段階別に，教育と福祉・医療・労働との関係を図14−1に示す。教育と福祉・医療・労働との連携の目的は，就学前から教育への移行期，在学中，卒業後に向けた移行期の各段階により異なる。

　障害児については必要に応じて育成医療の給付のほか，児童発達支援，児童発達支援センター，障害児入所支援の利用や保育所等訪問支援等により，子どもの発達に応じた療育が行われる。したがって，就学前から教育への移行期における連携では，就学前の個別に異なる環境からの学校教育への円滑な移行が最も大きな目的となり，発達課題や支援内容を引き継ぎ，教育支援において適切な目標・内容を設定することが重要である。

　就学中は学校が家庭に次いで児童生徒が生活における多くの時間を過ごす場となり，かつ教育の場として児童生徒の成長において重要な役割を果たすことになる。一方，教育以外の生活ニーズには家庭のほか，放課後等デイサービス，ショートステイ，日中一時支援，障害児入所支援等の福祉サービス等が対応し，さらに必要に応じて医療サービスを受けることとなる。したがって，個別の教育支援計画の作成にあたり，当該児童生徒の生活全体を通じて一貫した支援体制となるよう，学校と保護者，各施設・事業所，医療機関等との役割分担を明確にして積極的に連携を図ることが重要である。その体制づくりにあたっては，各学校が主体的に取り組むのみならず，特別支援連携協議会等の教育分野におけるネットワークと，保健医療福祉分野におけるネットワークである障害者総合支援法に基づく協議会とを活用し，地域の実情に応じて，組織体

▷1　身体障害を除去，軽減する手術等の治療によって確実に効果が期待できる障害児に対して提供される，必要な自立支援医療費の支給。白内障，口蓋裂，先天性股関節脱臼等，障害者総合支援法施行規則第6条の17に定める障害が対象。

▷2　障害児の社会的自立を図るために行われる医療や教育など。

▷3　医療，保健，福祉，教育，労働等の関係部局や，特別支援学校，福祉事務所，保健所，医療機関，公共職業安定所などの関係機関等が参画し，相談・支援のための施策についての情報の共有化や連携の調整，連携方策の検討等を行う。

▷4　協議会は障害者総合支援法第89条の3第1項に規定され，市町村が設置するものと都道府県が設置するものとがあり，いずれも設置は努力義務である。障害者等への支援の体制の整備を図ることを目的としており，関係機関等が相互の連絡を図ることにより，地

域における障害者等への支援体制に関する課題について情報を共有し，関係機関等の連携の緊密化を図るとともに，地域の実情に応じた体制の整備について協議を行う。

▷5　発達障害者支援法に基づき都道府県が自ら設置もしくは法人を指定し設置される広域専門機関で，発達障害に関する相談支援，情報提供，連絡調整，研修等を行う。

▷6　難病患者の療養生活に関する諸問題について相談に応じ，情報提供および助言等を行う，難病法に位置づけられる広域機関。

制や連携の工夫を図ることが必要となる。また，障害のある子どもや保護者の活用に資するよう，医療，保健，福祉，教育，労働等の各機関で実施している相談・支援に関する情報の提供を行うことが望ましい。

　卒業後は，進学，一般就労，障害福祉サービス利用等，個別に異なる進路へと移行する。したがって，卒業後に向けた移行期における連携においては，新しい環境への円滑な移行を目的に，子ども一人ひとりの医療，保健，福祉，教育，労働等のニーズに対応し，さまざまな関係機関・関係者と協力して目標や内容を設定し，個別移行支援会議等を通じて個別に引き継ぐことが連携の基本となる。加えて，卒業後の長い人生のいずれかの段階では，例えば所得保障としての障害年金や障害者手当の受給，あるいは成年後見制度や日常的な金銭管理を行う日常生活自立支援事業の利用等，保護者機能の社会化が本人や世帯の状況等に応じて行われることとなるが，地域の各種関係機関の協力も得ながら，そうしたライフステージを通して必要となる知識の習得機会が保護者や児童生徒に対して提供されることが求められる。

　また，就学前から教育への移行期，在学中，卒業後に向けた移行期のいずれの段階においても，個々の児童生徒の必要に応じて，発達障害者支援センター，難病相談・支援センター等の都道府県単位に設置される広域専門機関の活用および連携が求められる。

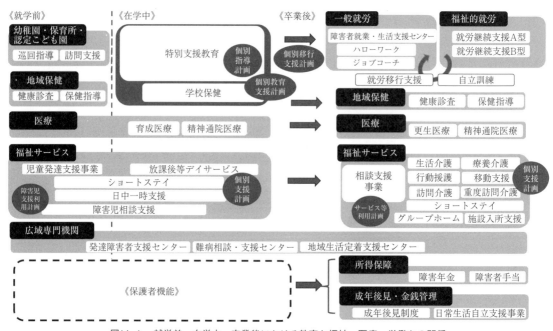

図14-1　就学前，在学中，卒業後における教育と福祉・医療・労働との関係
出所：筆者作成。

2　保健・医療との連携

　医師の診断に基づく情報や心理学の専門家，理学療法士，作業療法士，言語聴覚士等の判断や対応方針についての専門的意見は障害のある児童生徒に対する個別の教育支援の観点からとくに重要であり，主治医のほか，教育委員会に設置される専門家チームとの連携等が求められる。

　学校における児童生徒の保健については，学校保健安全法に基づき，健康の保持増進や安全の確保のため，就学時健康診断・定期健康診断，健康相談，保健指導，救急処置等が行われるとともに，学校の管理下における児童生徒等の災害（負傷，疾病，障害または死亡）については保護者の同意のもと学校が加入する独立行政法人日本スポーツ振興センターの共済事業により保障される。一方，就学中であって学校の管理下でない疾病・傷病については，児童生徒の属する世帯が加入する公的医療保険または生活保護（医療扶助）によって保障が行われる。公的医療保険における子どもの医療費は，小学校に入学する前の乳幼児は2割，小学生以上は3割を自己負担分として窓口で支払うが，この自己負担分は児童の年齢，世帯の状況，所持する障害者手帳の等級等により助成が行われる。乳幼児医療費助成制度は公的医療保険の自己負担分の助成を行うもので，その対象年齢等は自治体により異なる。障害者手帳をもつ障害児童ではその等級により市町村が行う重度心身障害者医療費助成制度の対象となる場合がある。このほか，ひとり親を対象としたひとり親家庭等医療費助成制度などがある。

　さらに，障害児（障害に係る医療を行わないときは将来障害を残すと認められる疾患がある児童を含む）であってその身体障害を除去，軽減する手術等の治療によって確実に効果が期待できる者に対しては，障害者総合支援法に基づく自立支援医療（育成医療）が提供され，例えば口蓋裂等の形成術，先天性股関節脱臼に対する関節形成術，心臓先天性疾患に対する手術などがその対象となる。また，統合失調症，てんかん，心理的発達の障害，行動および情緒の障害を対象として自立支援医療（精神通院医療）が給付される。

　なお，就学時の健康診断は市町村教育委員会，在学中の保健は学校が実施するが，就学前においては母子保健法に基づき市町村が保健指導や乳幼児健康診査等を行い，障害の発見に大きく関与している。卒業後はそれぞれの進路により保健事業の適用が異なる。就職の場合は労働安全衛生法に基づく健康診断等，障害者支援施設に入所した場合は障害者支援施設に義務づけられる健康診断を受けることとなり，それ以外の場合は地域保健法に基づき市町村が実施する地域住民を対象とした健康診査等を受けることとなる。

▷7　「障害者の日常生活及び社会生活を総合的に支援するための法律に基づく障害者支援施設の設備及び運営に関する基準」（厚生労働省令第177号）第31条（健康管理）に，利用者に対して毎年2回以上定期的に健康診断を行う義務が規定される。

3　福祉との連携

　社会福祉のサービスは個人の尊厳の保持を基本理念にもつ。ソーシャルワーク専門職のグローバル定義でも「社会正義，人権，集団的責任，および多様性尊重の諸原理は，ソーシャルワークの中核をなす」とされる。社会福祉は対人援助という面では教育との共通点をもちつつ，独自の理念・価値・倫理の体系をもって発展してきた実践領域かつ学問であり，そのことを前提に連携を図ることが求められる。以下では，社会福祉のなかでもとくに障害児と関連の深い相談支援事業および障害児通所支援との連携を中心に述べる。

1　相談支援事業との連携

　相談支援事業には，(1)障害福祉サービス等の利用計画の作成を行う障害児相談支援（18歳未満の通所サービス）と計画相談支援（18歳以上，および障害児の居宅サービス），(2)入所施設や精神科病院からの退所・退院支援を行う地域移行支援・地域定着支援，(3)障害のある人のさまざまな問題についての一般的な相談を行う障害者相談支援事業の3種類がある。いずれも障害児・者への総合的なサービスを提供するにあたって医療，福祉，保健，教育，労働等の関係者と協働しつつ，利用者のニーズを把握して相談に乗るもので，相談支援専門員が対応する。

　障害児相談支援は2012年4月から児童福祉法により実施され，障害児支援利用援助と継続障害児支援利用援助からなる。この事業は障害児通所支援のうち学齢期以前の障害児の療育の場として設定される児童発達支援センターおよび児童発達支援事業，および学校在学中の障害児に対して放課後や夏休み等における生活能力向上のための訓練等を提供する放課後等デイサービスを利用する際に用いられるものであり，2015年4月より障害児通所支援を利用する際の実施が必須化された。これらのうち，障害児支援利用援助では，障害児通所支援を利用する際に利用児の有する支援ニーズ等を把握するためにアセスメントを行い，障害児通所支援の利用を通して達成すべき目標を確認し，その目標を計画的に達成するために障害児支援利用計画を作成する。そして実際にその目標を達成するために関係者が一堂に会してサービス担当者会議を実施する。一方，継続障害児支援利用援助では上記のプロセスに基づく障害児支援利用計画の作成の後に作成された計画のモニタリングを行う。とくに児童期には対象児の成長にともない計画における目標が変更されることがあり，適宜計画の見直しが行われる。障害児の居宅サービス（居宅介護，短期入所，同行援護，行動援護，重度障害者等包括支援，重度訪問介護）および18歳以上の障害福祉サービスに

▷8　2014年7月に国際ソーシャルワーカー連盟総会および国際ソーシャルワーク学校連盟総会において採択されたソーシャルワーク専門職に関する新定義。

▷9　地域で生活を送る障害児・者の相談支援にあたる福祉専門職であり，障害児・者に対する福祉サービスの利用に際して総合的な支援計画の作成を担う役割を有する。

▷10　対象児の有する問題に焦点を当て，問題に関する情報の収集および分析を行い，支援の方向性を見極めるために行われる一連の支援行為の一部。

▷11　障害児通所支援を利用する際に作成が必要になる総合的な支援計画。

▷12　支援計画の実行状況の観察および把握。

ついては計画相談支援が対応し，障害児相談支援と同様のプロセスによりサービス等利用計画の作成とモニタリングを行う。

　相談支援事業においては児童福祉法や障害者総合支援法によるサービスや，市町村が実施する地域生活支援事業（意思疎通支援事業，日常生活用具給付等事業，移動支援事業，日中一時支援等）といった制度化されたフォーマルな支援だけではなく，地域住民とのつながりなど制度化されていないインフォーマルな支援の活用も含めて，福祉，医療，教育，就労，住宅等の総合的な視点から，地域での自立した生活を支えるために計画を作成する。そのため，個別の教育支援計画の作成においては，障害児相談支援が作成する障害児支援利用計画との共有や医療的ケア等の情報の共有等が重要になるとともに，必要に応じてサービス担当者会議への学校関係者の参加が求められる。

　また，卒業後に向けた教育からの移行期の支援においても，学校の特別支援教育コーディネーターや担任教諭と，相談支援事業との連携が求められる。卒業後に対象児が障害福祉サービス（生活介護，療養介護，就労移行支援，就労継続支援Ａ型およびＢ型，共同生活援助，自立訓練，施設入所支援等）を利用する場合は，当該利用事業所に加えて，計画相談支援を行う相談支援事業所も含めて連携を図ることが重要である。とくに，卒業後直ちに就労継続支援Ｂ型を利用する場合には就労移行支援事業所等が行う就労面のアセスメント（約１か月間）を経て相談支援事業所においてサービス等利用計画の作成が行われた場合に利用可能となる。相談支援事業所は，(1)就労支援事業所等から提供された就労アセスメント結果，(2)特別支援学校等から提供された個別の教育支援計画等の情報，(3)相談支援事業所が実施したアセスメント結果を踏まえることとされるため，学校側は個別の教育支援計画等の情報を相談支援事業所に対して提供することが求められる。

　さらに，卒業後に高等教育機関へ進学，あるいは一般就労をするため特段の障害福祉サービス利用を行わない場合も，身近な相談先として，障害者のさまざまな問題についての一般的な相談を行う障害者相談支援事業とのつながりを構築できるよう在学中から援助が望まれる。

2　障害児通所支援との連携

①　児童発達支援および児童発達支援センターとの連携

　児童発達支援と児童発達支援センターは，2012年４月の児童福祉法改正により旧来障害種別ごとであった障害児通所施設が統合され，新たに設定された障害児通所支援[13]のなかに位置づけられた。両事業とも，就学前の障害児に対して個別あるいは集団による各種プログラムの提供を通して療育を行う場であり，学齢期以前の地域の障害児の発達の促進に資する役割を果たす。この際，成人

▷13　療育の実施等を目的とした就学前の通所による障害児支援事業。

期に対応すべき発達課題[14]を見据えたうえで乳幼児期からその解消を図るよう援
助を行う。このうち児童発達支援センターは児童福祉施設として地域の障害児
支援の中核的な役割を果たすよう期待され，障害児相談支援や保育所等訪問支
援等の事業指定も受けたうえで複合的な取り組みを行うことが望まれる。な
お，児童発達支援センターのなかでも，とくに医療型児童発達支援センターに
おいては肢体不自由児を対象とした機能訓練等が行われる。

　就学前から教育への移行期には，先に述べた障害児相談支援が作成する障害
児支援利用計画に加えて，就学前の療育機関である児童発達支援および児童発
達支援センターにおける療育の内容，配慮事項，発達課題等を引き継ぐことが求
められる。2015年の報酬改定により関係機関連携加算が新設され，障害児通所支
援と学校との間で行う就学に際しての連絡調整について報酬上評価されるよう
になったため，その活用により教育と福祉との連携を進めることが可能である。

② 　保育所等訪問支援との連携

　保育所等訪問支援は2012年４月の児童福祉法の改正により創設された。保育
所等訪問支援では，事業所に所属する障害児の支援に相当の知識，技術，経験
を有する訪問支援員が学校等に出向いて対象となる障害児に対して集団適応の
ために必要な訓練等を直接的に支援を行う直接支援と，対象児童の通う学校等
の教師らに対して支援方法等に関する情報提供や助言等を行う間接支援が行わ
れる。従来，就学前段階から教育への移行にともなう情報の共有やフォロー
アップは各従事者の取り組みに依存するところが大きく，その取り組み自体も
支援情報の共有等間接的な支援にとどまることが多かったが，今後は療育にお
ける発達課題や支援内容の学校への引き継ぎに保育所等訪問支援を活用し，就
学前から教育への移行期における連携の進展が期待される。

③ 　放課後等デイサービスとの連携

　放課後等デイサービスは2012年４月の児童福祉法改正により創設された。こ
の事業は旧来の児童デイサービスの流れをくむものであり，学校に就学してい
る障害児の放課後および学校の休業日における療育等への支援ニーズに対応す
るための個別活動や，集団活動による各種訓練等や社会との交流の促進等を図
るものである。制度創設の背景として，子どもの育ちの保証，放課後の居場所
づくり，福祉と教育の連携の必要性，保護者のレスパイト[15]の必要性の高まりな
どがあげられる。放課後等デイサービスの業務を実施する際には，学校での教
育活動の内容を踏まえたうえで，学校との連携を図りつつ在学中の発達課題に
関する支援や卒業後の地域での生活を見据えた支援を提供することとなる。ま
た，児童の社会経験の幅を広げ，また地域のつながりを形成・維持する観点か
ら，その他の社会資源との連携のもとに地域との交流も放課後等デイサービス
に求められる事項となる。

　就学中の障害児童にとっての放課後等デイサービス事業は，家庭，学校に次いで生活時間が長く見込まれる場である。学校は，個別の教育支援計画の作成にあたり，当該児童生徒の生活全体を通じて一貫した支援体制となるよう，役割分担を明確にして積極的に連携を図ることが求められる。具体的には，年間計画や行事予定等の共有，送迎時の対応の事前調整，保護者の同意を得たうえでの個別の教育支援計画と障害児相談支援が作成する障害児支援利用計画および各施設・事業所が作成する個別支援計画[16]との共有や医療的ケア等の情報の共有等があげられる。なお，放課後等デイサービスについても児童発達支援および児童発達支援センターと同様に，2015年の報酬改定において関係機関連携加算が創設され，放課後等デイサービス事業所と学校との連携に対して報酬加算により，教育と福祉との連携を進めるための財政的な裏づけが確保された。

　情報共有においては，公式な会議や文書のみに限らず，学校から放課後等デイサービス事業所への送迎時における学校と事業所との接触の機会等を活用して行われることも期待される。放課後等デイサービス事業所は対象児童の学校への送迎が加算対象であることから接触の機会が見込まれ，口頭での伝達に加えて，連絡ノートなどを活用して対象児童の状況や留意点などを学校から放課後等デイサービス事業所に引き継ぐ等の工夫が求められる。

4　労働関係機関との連携

1　労働関係機関を含めた地域ネットワークの構築

　教育分野におけるネットワークである特別支援連携協議会に労働関係機関を含めて組織することで，地域連携の構築のための基礎を形成することとなる。また，ライフステージを通じた一貫した支援とするために組織される専門家チームに，必要に応じて公共職業安定所（ハローワーク），障害者職業センター，障害者就業・生活支援センター等の参加を求めるなども有用である。

　労働関係機関との地域ネットワークの構築のためには，上記のような教育側が設定するネットワークのほか，教育以外の機関が主催する会議への積極的な参加も望まれる。具体的には，(1)保健医療福祉分野におけるネットワークである障害者総合支援法に基づく協議会，(2)都道府県労働局が開催する雇用移行推進連絡会議があげられる。前者では，地域の障害者に対する支援体制の課題に関する情報共有や，関係機関等の連携の緊密化を図るとともに，地域の実情に応じた体制の整備について協議を行っており，就労支援に関する課題について検討するための就労支援部会等を設置することも多い。後者の連絡会議は，就労支援セミナーの実施等による企業理解の促進や職場実習の推進，企業が障害

▷16　障害児・者に対して福祉サービスを提供する施設や事業所において作成される支援計画のことであり，サービスの提供に際して作成される必要がある。

者を継続して雇用するための支援の実施，ネットワークの構築・強化がその狙いである。半期に一度以上開催することとされ，特別支援学校のほか，障害者職業センター，障害者就業・生活支援センター，就労移行支援事業所，精神科病院・診療所，保健所，精神保健福祉センター，発達障害者支援センター，地方自治体，事業主団体，障害者雇用に取り組む企業等が参加する。

2　障害者雇用の理解

　都道府県労働局は，公共職業安定所，障害者職業センター，就労支援機関等，事業主団体，地方自治体等と連携して，就職を希望する特別支援学校の生徒やその家族，特別支援学校の教職員，その他関係機関を対象に，就労支援セミナー，事業所見学会，障害者就労アドバイザーによる助言等を行い，企業理解の促進を図る取り組みを行う。また，都道府県労働局および公共職業安定所は，職場実習に協力する意思のある事業所を把握し職場実習受け入れ候補事業所リストの作成・配布を行い，職場実習のための合同面接会の開催および職場実習の実施を行う。キャリア教育の実施にあたりこうした機会の活用も視野に入れることで，障害のある生徒とその家族および教職員の障害者雇用についての理解促進につながると考えられる。

3　個別の教育支援計画の作成・実施における連携

　就職を希望する生徒の円滑な就職および職業生活への移行に向けた効果的な支援に務めることが重要である。したがって，当該生徒の個別の教育支援計画の作成にあたっては，就職支援の観点から関係機関の参加・協力を得るとともに，キャリア教育との連動を図ることが求められる。

　例えば，障害者職業センターでは，学校卒業後の就職または職場適応に関してとくに専門的な支援を必要とする障害者について，職業リハビリテーション計画の策定や職業準備支援を実施するため，在学中からその活用が可能である。障害者職業センターの計画の下で，職場に適応できるよう職場適応援助者（ジョブコーチ）が職場に出向いて直接支援を行う事業も行っている。また，障害者就業・生活支援センターは，生活面を含めて，就職の前後から職場定着まで個々の障害者に対して必要な支援をコーディネートする役割がある。したがって，特別支援学校の生徒が卒業後に障害者就業・生活支援センターの支援へと円滑に移行できるよう，在学中の段階から障害者就業・生活支援センターへ登録することが望まれる。さらに，生徒の個別の関心や希望に応じ，障害者職業能力開発校や障害者委託訓練の情報等が提供されるよう，公共職業安定所等と連携を図ることが求められる。以上のような視点を踏まえた個別の教育支援計画の作成と実施が望まれる。

Exercise

①　就学に向けた福祉から教育への橋渡しにおいて重要となる事柄について考えてみよう。

②　就学中における教育と福祉の連携について，教育の側から配慮すべき事柄について考えてみよう。

③　卒業後に向けた移行期において，学校は，いつ，どのような機関と連携を行ったらよいか考えてみよう。

📖 次への一冊

全国児童発達支援協議会障害児・者相談支援事業全国連絡協議会監修『障害相談支援ハンドブック』エンパワメント研究所，2016年。

　　障害児支援利用援助および継続障害児支援利用援助について障害児相談支援の実際の取り組みを踏まえて詳細かつわかりやすくまとめている。

全国児童発達支援協議会監修『障害児通所支援ハンドブック』エンパワメント研究所，2015年。

　　児童発達支援，保育所等訪問支援，放課後等デイサービスについて障害児通所支援の実際の取り組みを踏まえて詳細かつわかりやすくまとめている。

小澤温編『よくわかる障害者福祉　第6版』ミネルヴァ書房，2016年。

　　障害者を取り巻く法制度を幅広い視点から整理し，当事者主体の視点から支援に必要な知識を厳選。各トピックに基づき多角的に学ぶことができる。

引用・参考文献

厚生労働省社会・援護局障害保健福祉部障害福祉課事務連絡「平成27年度以降の就労継続支援B型事業の利用に係るアセスメントの取扱い及び当該アセスメントに係るマニュアルの送付について」2017年。

厚生労働省職業安定局長通知「障害者の雇用を支える連携体制の構築・強化について」職発0329第6号，2013年。

文部科学省・厚生労働省「障害のある子どものための地域における相談支援体制整備ガイドライン（試案）」2008年。

文部科学省初等中等教育局特別支援教育課・生涯学習政策局社会教育課事務連絡「放課後デイサービスについて」2015年。

全国児童発達支援協議会監修『障害児通所支援ハンドブック』エンパワメント研究所，2015年。

全国児童発達支援協議会障害児・者相談支援事業全国連絡協議会監修『障害相談支援ハンドブック』エンパワメント研究所，2016年。

第15章
教師の専門性と研修

〈この章のポイント〉

　教職を学ぶにあたり，特別支援教育担当教師の専門性と専門性向上の核となる研修について理解する必要がある。教師の専門性の議論として，教師発達との関連から生涯を通して成長を遂げるとの考え方があり，研修は制度化されているものから自主的に取り組むものまで多様である。本章では，特別支援教育担当教師の新たな専門性としての協働モデルを提起し，授業における専門性を自立活動に注目して解説する。また，教員研修制度を整理したうえで，特別支援教育における教員研修の意義と課題について養成・採用・研修の連続性の観点から学ぶ。

1　教師の専門性

1　教職は専門職かという議論

　今日，専門性という用語は広く流布するところであるが，その定義については明確にされないままに使用されているのが現状であろう。ここではまず専門性についていくつかの観点から整理しておきたい。

　すでに半世紀以上も前に，(1)提供するサービスには知的な技能が重視されること，(2)長きにわたって専門的な訓練が求められること，(3)職業人個々あるいは職業集団全体にとって広範囲の自律性が認められること，(4)包括的な自治組織を有していることなどの特性を有するのか否かによって，専門職と他の職業とを区別する考え方が提示された。専門職の判断基準としての特性を提起したことは，その後の専門職に係る議論の端緒となった。しかし，これらの特性を完璧に備える職業は考えにくいことから，のちに専門職の理想として目指すべき要件として位置づけられるに至った。理想的な専門職に至る過程に着目して専門職を把握するプロセスアプローチ（process approach）の提起である（Ozga & Lawn, 1981）。

　この考え方に基づけば，教師は教職生活を通じて理想的な専門職を目指すべきものと意味づけられる。

▷1　オズガとロウンは，リーバーマンの諸特性に基づく専門職を説明する考え方を特性アプローチ（trait approach）とし，理想的な専門職に至るプロセスに着目してプロセスアプローチとした。

2　教師の専門職化に関する議論

　教師が理想的な専門職を目指すこと，換言すれば教師の専門職化には大きく2つの異なる議論がなされることとなる。

　一つは，教職が他の職業と比較してどれだけ専門職としての地位を獲得しているかの議論である。1960年代における ILO・ユネスコの「教員の地位に関する勧告」[2]は教職の地位の状況と向上を問題とするものである。もう一つは，教師の教育行為において専門的知識・技能をどう用いるかという議論である。教師の専門性の中身とは何か，あるいは教師の役割を問題とするものである。この考え方は，教職の地位論以降に，1980年代から教師の専門性（professionality）の視点から盛んに取り上げられることとなった。教師発達（teacher development），あるいは教師の専門性発達という概念が提起されるとともに，自らの実践を対象化して研究することを通じて教師発達を遂げるという，実践研究者としての教師（teachers as researchers）[3]という教師の新たな性格づけを明示することとなった。

　本章では，教職の専門職化の方向として，後者の実践研究者としての教師が理想を求め，生涯を通して成長を遂げていくとの考え方に依拠するものである。

2　特別支援教育担当教師に求められる専門性

1　新たな教師の専門性としての協働モデル

　教師発達は教師の専門性概念の中核をなすものであり，特別支援教育担当教師の専門性を語るうえでもその重要性に変わりはない。ここでは教師の専門性の議論を紹介し，教師発達を支える特別支援教育における協働モデルの意義を概説する。加えて，特別支援教育の独自な指導領域である自立活動の指導に着目し，教師に求められる授業の専門性について整理する。

　地域や障害種などにより学校の教師集団，児童生徒集団，保護者集団は微妙に異なり，学校の風土や組織文化にも影響を及ぼす。公立学校の教師の場合，生涯にいくどかの異動を経験し，実に多様な組織環境下で教職生活を送ることとなる。教師発達はこのような多様な環境との相互作用のなかで複数の次元において達成される。

　第一は，教師の個人次元における発達である。教師は教職経験により多様な実態，ニーズを有する児童生徒と出会い，自らの知識や理解の浅薄さに気づき，これを克服すべく研鑽に励む。これを繰り返すことで理想とする専門性の向上を遂げることになる。まさに教師の専門性における個人モデルであり，専門性

▷2　「教員の地位に関する勧告」（Recommendation concerning the Status of Teachers, 1966年）
ここで「地位」とは，「教員の職務の重要性及びその職務を遂行する教員の能力の評価の程度に応じて社会において教員に認められる地位又は敬意並びに他の専門職と比較して教員に与えられる勤務条件，報酬その他の物質的利益の双方をいう」。

▷3　実践研究者としての教師（teachers as researchers）
1970年代以降，ステンハウス（L. Stenhouse）らによって教師の専門性の中身や児童生徒の関係性のあり方などの検討を通じて提起されたものである。教師が自らの実践現場における授業などを対象として分析，検証することにより専門性を高めていくことである。

を語るうえで主要なモデルといえる。わが国における教師の専門性の議論においては，圧倒的に個人モデルを前提とすることが多い。

第二は，教師が当事者とともに課題解決に当たる協働次元における発達である。教師は教師集団などとの相互作用を通じて所属する学校組織の規範，文化を内面化すると同時に，その構成員として同僚教師とともに組織の改革，改善に当たることとなる。これらの活動を通じて教師集団は発達を遂げ，その結果として構成する教師個々の発達がもたらされる。◁4

ここでは，今日，学校教育改善にかかわる問題が複雑化し，教師の協働性に基づく課題解決を必要とするとの理解から，協働モデルと呼ぶことにする。

2 特別支援教育における専門性モデルの動向

① 学術的成果に基づく教師個人モデル

終戦直後における特殊教育の施策として，すでに設置が進んでいた盲，聾学校教育の義務化が先行的に着手された。養護学校は1947年の学校教育法制定により一条校として位置づけられたものの，学校として存在した実態はなく，設置が具体化するのは1957年の公立養護学校整備特別措置法の施行まで待つこととなる。◁5 ほぼ時期を同じくして教員養成大学，学部に特殊教育諸学校教員養成課程の設置が進められた。以来，1970年の特殊教育諸学校学習指導要領の改訂までの間，特殊教育は基本的に小学校等に準ずる教育を行うことを想定していたことから，教員養成および現職研修における専門性の議論では，教師個人がどれだけ障害にかかわる教育学，心理学，生理学などの科学的知識の理解を深め，教科指導にかかわる専門的な知識，技能を有するかという教師個人モデルが主流をなしていたと考えられる。

② 学校を基盤とした同僚との協働モデル

1979年養護学校教育の義務制が実施された。1960年代以降，急速に養護学校の設置が進められたことにより，就学する児童生徒の障害が重度化，重複化，多様化することとなった。このことから1970年の特殊教育諸学校学習指導要領の改訂では，重複障害者に係る教育課程の編成の弾力化や養護・訓練の創設が行われた。教師の専門性の議論においては，新たに創設された養護・訓練にかかわる知識，技能が教師個人モデルとして注目されるとともに，指導の形態として児童生徒の障害が重度化，重複化する養護学校を中心にティーム・ティーチングが導入されるようになった。このことは教師の専門性にあって「現場において当事者が同僚と協働して課題解決する協働モデル」として意味づけることができる。現場は学校，授業などを，当事者は教師をそれぞれ仮定できる。特殊教育における新たな問題が提起されるなかで導入されたモデルである。

③ 地域を基盤とした関係者との協働モデル

▷4　教師の質を教師個人が身につけている知識・技術・態度に求める「教師個人モデル」に対して，教師─生徒関係を中心とする教師の役割行動を改善することを通じて授業を核とした学校教育（schooling）そのものの質を向上させることを「学校教育改革モデル」とするものである（今津，1988）。今津はのちに「学校教育改善モデル」とした。

▷5　公立養護学校整備特別措置法
1956年6月，「養護学校における義務教育のすみやかな実施を目標として公立の養護学校の設置を促進し，かつ，当該学校における教育の充実を図るため，当該学校の建物の建築，教職員の給料その他の給与等に要する経費についての国及び都道府県の費用負担その他必要な事項に関し特別の措置を定めること」を目的（第1条）として1956年6月に公布された。

▷6　2012年7月，中央教育審議会初等中等教育分科会特別支援教育のあり方に関する特別委員会は，「共生社会の形成に向けたインクルーシブ教育システム構築のための特別支援教育の推進（報告）」をとりまとめた。同報告では，「同じ場で共に学ぶことを追求するとともに……，その時点で教育的ニーズに最も的確に応える指導を提供できる，多様で柔軟な仕組みを整備することが重要である」として，「小・中学校における通常の学級，通級による指導，特別支援学級，特別支援学校といった，連続性のある『多様な学びの場』」を用意する必要性を提起した。インクルーシブ教育システム構築のために，特別支援教育の推進を説くものである。

▷7　自立活動
特殊教育諸学校の学習指導要領［平成11年改訂］などにより成立した指導領域である。今日ではインクルーシブ教育の思潮が広がり，小・中学校における特別支援学級の在籍者，通級による指導の対象者の増加が顕著となるなかで，自立活動の指導の充実が求められている。

▷8　個別の指導計画
自立活動の成立した特殊教育諸学校の学習指導要領［平成11年改訂］などにおいて，自立活動の指導に当たって作成が義務づけられた。小学校の学習指導要領［平成20年改訂］などにより，その総則に作成についての規定が盛り込まれた。高等学校における通級による指導が導入されるにともなって，自立活動および個別の指導計画作成が注目される。

2007年4月から特殊教育から特別支援教育制度へと転換された。特別支援学校は，インクルーシブ教育システム下において，小学校等と連続性のある多様な学びの場として位置づけられた。これまで特別支援学校が培ってきた専門性を，地域の小学校等における障害がある幼児児童生徒の指導や担当教師への支援に生かすこととされたのである。また，入学時に限らず継続的な就学相談の取り組みによる学校間の移行や，学校教育期間と就学前または卒業後との生涯を見通した指導支援を実現するために，個別の教育支援計画の活用に注目が集まっている。

　このようななかで特別支援学校の教師は，地域における医療，福祉，労働などの関係者と協働した課題解決を図ることの重要性が増している。

③　自立活動の指導における授業モデル

　ここでは，特別支援教育における教師の専門性について，児童生徒との相互作用である授業に注目して概説する。その際，特別支援学校の教育課程編成上の重要な領域である自立活動を取り上げる。小・中学校における特別支援学級および通級による指導の対象が急増していること，2018年度から高等学校において通級による指導が導入されることなどから，今後，小・中学校等における自立活動の指導の充実が求められる。

①　授業のデザインの重要性

　自立活動において指導内容はあらかじめ決まっていない。教科の指導では，基本的に目標とともに内容が学習指導要領に示されていることと大きく異なる。自立活動の指導に当たっては，個々の児童生徒の実態を把握し，指導の目標，内容を設定して個別の指導計画を作成しなければならない。あらかじめ指導内容が決まっていないことから，なぜこの指導なのかの説明が求められ，それゆえに個別の指導計画は説明責任を果たすツールとしての役割が付与されたのである。特別支援教育における授業のデザイン―実施―評価・改善のプロセスにおいてデザインの機能はきわめて重要であり，授業における教師の専門性を語るうえでまず注目しなければならない。とりわけ，児童生徒の実態把握やこれに基づく指導目標の設定，指導内容の選定は，手続きなどのプロセスを明確にしなければならない。

②　授業におけるフィードバック機能とフィードフォワード機能

　教育の場における解決すべき問題は複雑であり，容易ではない。授業の過程の先行要件として位置づけられる実態把握もその例外ではない。例えば，教師が把握した児童生徒の実態は正しいかという問いに対してどう答えられるであろうか。不確実性の高い教育の場においては，唯一の絶対的な解（正しい実態把握）は存在しないため正解の導出は困難である。把握される児童生徒の実態

は担当教師により異なることとなる。教師は把握した実態に確信がもてないなかで保護者等に説明をしなければならないきびしい状況にあると推察できる。

このようななかでは，試行的な授業の実施により得られる記録を，把握された児童生徒の実態やこれに基づいて設定された指導目標，選定された内容にフィードバックして修正を加えることで，実態把握や指導目標，指導内容の精度を高めることが可能となる。教育評価における形成的評価の機能に着目するものである[9]。個別の指導計画における実態把握等の修正が行われた後に，確定された授業計画は実施段階に移行する。この段階での授業の記録は授業改善に資することとなる（フィードフォワード機能）。

複雑な問題状況にあるからこそその背景を理解し，これに対応した手続きが求められる。自立活動における授業の専門性はより不確実性が高いため，教育評価の諸機能を活用した手続きを採ることで根拠に基づく説明は可能となる。

3　教員研修の制度と課題

1　教員研修の制度化とその背景

教師に求められる専門性が多様化する今日において，その専門性の涵養のために，教員研修が重要な役割を担っている。まずは教員研修制度全体の概要と，今日的な課題をおさえたい。

① 生涯研修体系の整備

教育公務員特例法第21条には，「教育公務員は，その職責を遂行するために，絶えず研究と修養に努めなければならない」ことが規定されている[10]。教員研修の体系的整備は，1978年の中央教育審議会答申「教員の資質能力の向上について」において指摘され，これを端緒に全国の都道府県での「教員研修の体系化」が着手された。初任者に対する行政研修強化の方策はくりかえし提案され，1986年の臨時教育審議会（第2次答申）によって教員研修の体系化などが提言されたことを契機に，生涯研修体系の整備の筋道が明示された。

② 教職経験に応じた研修の制度化

1987年12月の教育職員養成審議会答申「教員の資質能力の向上方策等について」のなかで，「すべての教員については，教職経験と職能に応じて，適切な時期に必要な研修の機会が確保される必要がある」ことが指摘された。初任者研修に引き続き，例えば教職経験5年程度，10年程度，20年程度の時期における研修の必要性が提唱された。これらの議論を経て，初任者研修制度は1989年に小学校，1990年に中学校，1991年に高等学校，1992年に特殊教育諸学校等へと段階的に導入された。一方，それまで任命権者である都道府県，指定都市，

▷9　ブルーム（B. S. Bloom）は，教育評価の機能を，診断的評価（diagnostic evaluation），形成的評価（formative evaluation），総括的評価（summative evaluation）の3つに分類した。診断的評価は，指導の前段階で学習者の学力，レディネス等を把握するものである。形成的評価は，指導の途中で学習者の学習の状況を評価するものである。結果は指導の計画などの見直し等に生かされる。総括的評価は，指導終了段階で学習者の学習成果を評価するものである。それぞれ事前の評価，途中の評価，事後の評価と呼ばれる。

▷10　教育公務員特例法では，第4章が研修に係る規定である。法定研修として，初任者研修（第23条），中堅教諭等資質向上研修（第24条）が位置づけられ，任命権者が計画的に実施することが定められている。

中核市教育委員会（以下，都道府県教育委員会等）の裁量により実施されていた教職経験者研修は，1999年の教育職員養成審議会（第3次答申）において，研修の実施方法などの見直しが検討された。学校が直面する課題に対峙し，これからの時代に求められる学校教育を実現するうえで必要な教師の資質能力を向上させるため，2003年度より10年経験者研修が制度化された。10年経験者研修は，2017年度より中堅教諭等資質向上研修へと改正された。

2　教員研修の種類

　図15-1は教師の生涯研修体系を示したものである。教員研修は，勤務校で行われる校内研修と，都道府県教育センター等で行われる校外研修に分類される。また，大学等は教員養成や長期研修の役割を担っている。それぞれの役割について整理してみよう。

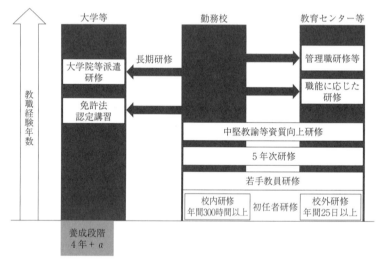

図15-1　教師の生涯研修体系

出所：筆者作成。

① 校外研修（Off the Job Training）と校内研修（On the Job Training）

　校外研修とは，勤務校を離れた教育センター等で実施される研修である。基本的に校内研修では解消し得ない課題への対応が想定される。まずは都道府県教育委員会等が提供する研修をあげることができる。初任者研修などの悉皆研修をはじめとして，免許法認定講習や希望する教師に向けた研修などがある。公的性格を有す研修のほかに，任意の研究団体である学会活動や研究会への参加など，私的関心に基づく研修の機会をあげることができる。

　校内研修は勤務校で行われる研修である。学校内の課題を解決するために，当事者である教師が，個人あるいは集団で取り組むものである。[11] 主として教師の協働による授業研究や外部専門家を招聘して今日的課題に係る講義・演習，

▷11　校内研修は，教師が勤務する学校の具体的な課題を取り上げ，個人または同僚と協働して実際的に課題解決するものである（school based inservice training）。生涯にわたる教師発達の基盤となる課題解決の一つである。校外研修では，学校に焦点を当てた（school focused）課題に着目し，多角的な課題分析と解決を目指す場合が多い。

実習として実施される。

② 教職経験や職能に応じた研修

　ここでは，教職経験に基づく研修と職能に応じた研修を取り上げる。教職経験に基づく法定研修には，初任者研修と中堅教諭等資質向上研修がある。初任者研修は，公立の小学校等の教師等のうち新規に採用された者，中堅教諭等資質向上研修は，公立の小学校等における教育に関し相当の経験を有する者をそれぞれ対象として，都道府県教育委員会等が実施する。

　初任者研修は，週10時間以上，年間300時間以上の校内研修と，年間25日以上の校外研修とで構成される。文部科学省は「初任者研修年間研修計画作成要領」を作成し，都道府県教育委員会等はこのなかに示される「年間研修項目例」を参考にし，創意工夫しながら年間研修計画を作成する。「年間研修項目例（小・中学校）」においても特別支援教育に関する内容があげられており，すべての教師に特別支援教育の理解が不可欠であるとされる。

　中堅教諭等資質向上研修は，教育活動や学校運営の円滑かつ効果的な実施の中核的な役割を担う中堅の教師等の資質向上を図るものである。この研修の特徴は，10年経験者研修に比べ，実施時期および具体的な研修の内容，方法，実施期間，場所等に関して弾力化が図られたことである。任命権者は研修を受ける者の能力，適性等の評価を行い，当該者ごとに研修計画書を作成しなければならない。評価や研修計画書の作成等については，10年経験者研修[12]の内容を踏まえることとしている。

▷12　10年経験者研修の内容
教育センター等で行われる長期休業期間中の研修（年間20日程度）と，主として勤務校で行われる課業期間中の研修（年間20日程度）があげられる。

　法定研修以外では，悉皆研修には若手教員研修（2年次・3年次研修）や5年次研修など，都道府県教育委員会等が独自に定める経験者研修がある。とくに近年は若手教師の育成が重視されるようになり，初任者研修から連続して2年次・3年次等の研修を導入する自治体が増えてきている（大槻，2011）。

　次に，職能に応じた研修では，校長，教頭，各種主任などを対象として，それぞれの職能に応じた内容が取り上げられる。特別支援教育においては，特別支援学級や通級指導教室の担当教師，特別支援教育コーディネーター等に対する講座が開設される。

③ 長期研修

　教育公務員は，任命権者の定めるところにより，現職のままで，長期にわたる研修を受けることができる（教育公務員特例法第22条）。また，大学院修学休業として，3年を超えない範囲内で大学の大学院または専攻科の課程に在学してその課程を履修するための休業をすることができる（同法第26条）。この規定により，教師は，現職のまま大学・大学院，企業，教育センター等で研修を受けることが可能である。1970年代頃，教師の資質能力の向上を図るためには，現職に就いてからも研鑽や研究を重ねることが重要との考えから，教師のため

▷13　1972年，教育職員養成審議会は，現職の教師の研修・研究を目的とする大学院と初等教育の教師に必要な幅広い総合的な資質を養うことなどに工夫改善を加えた，新しい構想による教員養成大学を創設すべきことなどについて建議した。

▷14　**免許状更新講習**
2007年6月教育職員免許法の改正により，教員免許更新制が導入された。この改正にともない，2010年4月1日以降に授与された免許状については，普通免許状および特別免許状の有効期間を，所要資格を得てから10年後の年度末までとし，有効期間満了前の2年間に，大学等が開設する30時間以上の免許状更新講習を受講することとなった。なお，2010年3月31日以前に取得した免許状については，引き続き有効期間の定めがないものとなっているが，10年ごとの修了確認期限までに更新講習の修了確認を受ける必要がある。

▷15　OECD国際教員指導環境調査（Teaching and Learning International Survey：TALIS）とは，学校の学習環境と教師の勤務環境に焦点を当てた，OECDの国際調査である。職能開発などの教師の環境，学校での指導状況，教師への評価やフィードバックなどについて，国際比較可能なデータを収集し，教育に関する分析や教育政策の検討に資することを目指すものである（国立教育政策研究所，2014）。

の大学院大学の構想が議論された。1978年に兵庫教育大学と上越教育大学が，1981年に鳴門教育大学がそれぞれ現職教育を担う新構想大学として設立され，今日に至るまで全国から多くの教師を受け入れてきた。一方，教員養成大学・学部には大学院修士課程の設置が進み，大学院設置基準第14条に基づく「教育方法の特例」により，教育上必要があると認められる場合には，夜間その他特定の時間，時期において授業または研究指導を行うことが可能となった。体制整備にともない，現職の教師の受け入れに大きな役割を果たしてきた。しかしながら近年，地方財政の影響などにより，大学・大学院への長期研修派遣者数の減少や，長期研修期間が短縮される傾向にあるといわれている。その他，大学は免許状更新講習においても現職教育にかかわっている。

　また，近年の動向として教職大学院制度が注目される。教職大学院制度は，2007年度に高度専門職業人養成としての教員養成に特化した専門職大学院として創設された。既存の修士課程とは異なる性質をもち，教職大学院では地域の学校現場や教育委員会の要望を反映した教育カリキュラムや実習内容が編成される。より実践を重視した教員養成に加え，管理職養成のための学校経営に特化したコースの設置が促進されるなど，現職教育において影響をもたらすものである。大学改革の最中にある教員養成大学・学部では，教職大学院の設置にともなう既存の修士課程のあり方など，課題解決に向けた取り組みが求められる。

③ 教員研修をめぐる課題

① 教師の年齢構成の変化

　教師の年齢構成は大都市部を中心に団塊世代の大量退職などにより若手教師が増加の一途をたどっている。このため，従来のようにベテラン教師から若手教師への知識・技能の伝承がうまく図られていない状況があると報告されている。このような現状を受けて文部科学省（2015b）は，若手教員研修の拡充や，同僚教師との協働の展開を企図した校内研修の充実の必要性を指摘した。

② 制度化された研修と自主的な研修との両立

　近年の研修制度の義務化・体系化により，研修は行政機関による職務としての性格を強めていったとの指摘があり（名須川・渡邊，2014），研修の体系化だけが進むことで個々の教師の主体性が希薄化してしまうおそれがある。OECD国際教員指導環境調査（TALIS）2013年調査結果では，日本の教師は研修に対するニーズは強いものの，研修に充てる自由な時間がないとされる（国立教育政策研究所，2014）。文部科学省（2015b）は，養成・採用・研修の各段階における体系化を重視しながらも，個々の自主研修の時間を確保することを求めている。また，各々が自己省察的な視点をもち，制度化された研修や校内研修とと

もに，自主的な研修を活用する姿勢が重要であるといえよう。

4　特別支援教育における教員研修の意義と課題

1　特別支援教育における課題の複雑化・多様化と求められる専門性

　教員研修全体の枠組みと今日的課題を踏まえ，ここでは特別支援教育に焦点をあてる。特別支援教育においては現職教育の果たす役割がきわめて大きいという指摘がある（安藤，2009）。特別支援教育をとりまく現状を整理したうえで，教員研修の意義と課題について言及する。

　特別支援学校の教師は，長きにわたり新たな課題に向き合い，対応してきた。例えば肢体不自由教育では，半世紀前から児童生徒の障害の重度・重複化が顕在化し，現在ではその割合は全体の約4分の3に達している。肢体不自由特別支援学校では，教育課程の編成や指導の展開において自立活動の指導が重要となっているほか，医療的ケアの導入と実施が話題となっている。近年では，医療的ケアを必要とする児童生徒は知的障害特別支援学校，病弱特別支援学校とも50％を超える学校で在籍し（文部科学省，2015a），小・中学校における医療的ケアの実施も注目されている。教師と看護師などの外部専門家，あるいは教師間の連携・協働が課題となる。特別支援教育制度への転換後，通常の学級に在籍する発達障害のある児童生徒の存在も注目される。特別支援教育担当教師は，重度・重複障害児から発達障害児まで，多様な子どもたちと向き合う専門性が求められているのである。

　このように，複雑な課題に直面する特別支援教育においては，地域における医療，福祉，労働など，異なる分野の関係者と協働する必要性が増している。課題に対応するためには，本章第2節 2 で述べたように，同僚と協働して課題解決する，協働モデルに基づく専門性が今後ますます重視されると考えられる。

2　特別支援教育における研修の体系

　特別支援教育をとりまく課題に対応すべく，校外，校内においてさまざまな研修が展開されている。校外研修，校内研修の役割をおさえながら，特別支援教育の特徴を見出せる研修内容を整理してみよう。

① 自立活動の指導

　自立活動は，自立活動の時間の指導を核としながら学校の教育活動全体を通じて行うものであり，特別支援教育において重要な位置づけとなっている。自立活動の指導の目標および内容は個々の実態に基づき決定するため，教師の専

門性が問われる領域といえる。

　校外研修では，自立活動の成立の歴史と理念など，基礎理論に関する研修に重点を置かれることが多い。自立活動は重要な領域である一方，養成段階で十分に修得しているとは言い難い。特別支援学校教諭免許状の取得にかかわる枠組みでは，自立活動の内容を主に構成する科目の開設を必修とされておらず，全国の教員養成大学・学部において「自立活動」を掲げる科目の開設はごく一部である（安藤，2015）。このような背景から，研修が担う役割は大きく，初任者研修などにおいて機会が設定されている。

　校内研修では，実態把握や個別の指導計画作成，指導技術にかかわる実践的な研修などが考えられる。授業場面のティーム・ティーチングにおける授業改善なども取り上げられる。自立活動の指導における授業モデル（第2節 3 ）を念頭に，担当の子どもの実態に合わせた研修が行われている。

②　特別支援教育が直面する課題への対応

　医療的ケアや食事指導など，特別支援教育が直面する独自の課題に係る研修が実施される。校外研修では，国の施策動向や実践現場の課題に応じて，制度や理論的背景をおさえる役割がある。例えば医療的ケアについては，2012年度より制度上実施可能となり，実施における体制の整備は都道府県教育委員会等に課せられている。初任者研修等の校外研修において理念や自治体の方針について理解することが求められる。

▷16　2012年度より制度上実施可能になり，医療的ケアに関する都道府県教育委員会の対応義務として体制整備の必要性が位置づけられた。

　校内研修では，各学校の状況や担当する児童生徒の実態に応じた研修内容が設定される。医療的ケアや食事指導の実施にかかわる研修では，担当する児童生徒の実態に合わせた内容を実施するほか，児童生徒本人や保護者も同席して行われる場合も想定される。

③　研修における専門性モデルの位置づけ

　これらの研修について，知識・技能の修得に関する内容は個人モデルに基づく専門性，実践場面において同僚教師などと協働して取り組む内容は協働モデルに基づく専門性の要素を含んでいると考えられる。知識や技能の修得はもちろん欠かせないが，日々の教育実践の課題に対応するためには「学校を基盤とした課題解決」における協働モデルが重要な役割を担っており，校内研修の充実が不可欠である。それぞれの研修が担う役割を意識しながら，自身の専門性の涵養に努めることが求められる。

　 3 　特別支援教育における教員研修の課題

①　特別支援教育担当教師の養成・採用・研修の連続性の確保に関する課題

　2016年度においては，特別支援学校の教師のうち，当該障害種の免許状を有している教師の割合は，75.8％であり，新規採用の教師に限定すれば，その割

合は71.1％であった（文部科学省，2017）。この割合は年々高くなっているとはいえ，特別支援学校の教師のなかには当該学校免許状を保有しない教師が少なからず存在することに注目できる。特別支援学校の教師は，幼稚園，小学校，中学校，高等学校の教諭免許状（以下，基礎免許状）のほかに，本来，特別支援学校教諭免許状を有しなければならない（教育職員免許法第3条の3）。しかしながら，基礎免許状を有する者は，当分の間，特別支援学校の相当する学部の教諭または講師となることができる（同法附則15）[17] ことから，当該教師の特別支援教育の専門性を確保することが喫緊の課題となっている（安藤，2009）。また，地域の小・中学校等における特別支援教育担当教師は，特別支援学校教諭免許状の規定はなく，養成・採用・研修の連続的な専門性の向上は難しい状況にある。

　これらの現状を踏まえ，現職の教師に対する特別支援学校教諭免許状取得促進に向けた免許法認定講習[18] が開設されている。都道府県教育委員会等が教員養成大学・学部と共同で開催する認定講習の受講と単位取得による免許状取得であり，夏季休業中など長期休業期間に開催される。このほかに放送大学などでの単位修得によっても二種免許状が取得できる。

② 人事の流動化にともなう研修成果の積み上げの困難さと自主研修の重要性

　特別支援学校では，毎年異動により人事の流動化が顕著であるといわれている。そのため，複数年にわたる研修計画が立ちにくく，基礎的な研修を繰り返すことも観察されるなど，学校組織として研修成果の積み上げが困難な状況となっている。また，個々の教師に関しても，日々新たな課題への対応が求められる。そのため，児童生徒との出会いから得られた課題意識に即して自らすすんで研修を受ける自主研修の機会が，専門性を高めるうえで重要となる。

　自主研修の機会を提供する場として，各教育センターは，制度化された研修以外に，希望する教師が受講できる研修の機会を提供している。開設講座の情報はホームページに記載されていることも多く，自らの課題意識に合った研修をみつけることが可能である。また，各地域には，教師が課題意識を共有し，自主的に活動する研究会が存在する。特別支援教育に関しては，授業研究をはじめ自立活動の指導に関する研究会なども存在している。勤務校を離れた場での研修を通して，情報や意見を交換しながらそれぞれの教育実践を豊かにする一助となり得るだろう。

▷17　中央教育審議会は，教育職員免許法附則第15項の廃止も見据え，2020年度までの間に，おおむねすべての特別支援学校の教師が免許状を所持することを目指し，養成・採用・研修それぞれに取り組みを進めることを示した（文部科学省，2015b）。

▷18　免許法認定講習
法的な位置づけでは，教育職員免許法第6条に教育職員検定が規定されている。特別支援学校教諭免許状を有しない初任者または小学校等から異動した新任者は，まず二種免許状の取得を推奨される。特別支援学校等での最低在職年数3年間の優良な勤務（第三欄）をもって，6単位（第四欄）を修得すれば二種免許状が授与される。一種免許状への上進には，さらに3年の経験と認定講習の6単位を新たに取得する必要がある。

Exercise

① 教師の専門性とは何かを考えてみよう。
② インクルーシブ教育システム下における特別支援学校の教師に求められる専門性を整理してみよう。

③　特別支援教育担当教師として養成段階で学ぶべきことと，現職に就いて後に身につけるべきことについてそれぞれ考えてみよう。

📖次への一冊

今津孝次郎『学校臨床社会学──教育問題の解明と解決のために』新曜社，2012年。
　　教育現場のさまざまな課題の背景を探り，学校臨床社会学の基礎となる視点や概念を学ぶことができる。加えて，実践的な調査研究を通して基礎知識を具体的な問題に即しながら理解できる。
佐藤学・秋田喜代美・志水宏吉・小玉重夫・北村友人『学びの専門家としての教師』岩波書店，2016年。
　　学校教育の課題が多様化する現状を受け，「学びの専門家」としての成長に必要な施策を多角的な視点から捉えた一冊である。
安藤隆男・中村満紀男編『特別支援教育を創造するための教育学』明石書店，2009年。
　　特殊教育から特別支援教育への転換を，歴史・社会・制度の変遷やインクルーシブ教育の潮流で捉え，個々のニーズに応じた適切な教育を通じ，自立や社会参加の支援に求められる専門性について論究。

引用・参考文献

安藤隆男「特別支援教育における現職教育の意義と体制整備」安藤隆男・中村満紀男編『特別支援教育を創造するための教育学』明石書店，2009年。
安藤隆男「自立活動の専門性の確保において現職研修が必要な背景」全国心身障害児福祉財団編『新重複障害教育実践ハンドブック』全国心身障害児福祉財団，2015年。
今津孝次郎「教師の現在と教師研究の今日的課題」『教育社会学研究』43，1988年，5～17ページ。
国立教育政策研究所編『教員環境の国際比較──OECD 国際教員指導環境調査（TALIS）2013年調査結果報告書』明石書店，2014年。
文部科学省「特別支援学校等における医療的ケアへの今後の対応について」2011年。
文部科学省「平成27年度特別支援学校等の医療的ケアに関する調査結果について」2015年 a。
文部科学省「これからの学校教育を担う教員の資質能力の向上について──学び合い，高め合う教員育成コミュニティの構築に向けて（答申）」中央教育審議会，2015年 b。
文部科学省「平成28年度特別支援学校教員の特別支援学校教諭等免許状保有状況等調査結果の概要」2017年。
名須川知子・渡邊隆信編『教員養成と研修の高度化──教師教育モデルカリキュラムの開発にむけて』ジアース出版，2014年。
大槻達也「教員の質の向上に関する調査研究報告書」国立教育政策研究所平成19～22年度プロジェクト研究調査研究報告書，2011年。
Ozga, J., & Lawn, M., *Teachers, Professionalism and Class : A Study of Organized Teachers*, The Falmer Press, 1981.

付　録

障害者の権利に関する条約（抜粋）

第二十四条　教　育

1　締約国は，教育についての障害者の権利を認める。締約国は，この権利を差別なしに，かつ，機会の均等を基礎として実現するため，障害者を包容するあらゆる段階の教育制度及び生涯学習を確保する。当該教育制度及び生涯学習は，次のことを目的とする。

(a)　人間の潜在能力並びに尊厳及び自己の価値についての意識を十分に発達させ，並びに人権，基本的自由及び人間の多様性の尊重を強化すること。

(b)　障害者が，その人格，才能及び創造力並びに精神的及び身体的な能力をその可能な最大限度まで発達させること。

(c)　障害者が自由な社会に効果的に参加することを可能とすること。

2　締約国は，1の権利の実現に当たり，次のことを確保する。

(a)　障害者が障害に基づいて一般的な教育制度から排除されないこと及び障害のある児童が障害に基づいて無償のかつ義務的な初等教育から又は中等教育から排除されないこと。

(b)　障害者が，他の者との平等を基礎として，自己の生活する地域社会において，障害者を包容し，質が高く，かつ，無償の初等教育を享受することができること及び中等教育を享受することができること。

(c)　個人に必要とされる合理的配慮が提供されること。

(d)　障害者が，その効果的な教育を容易にするために必要な支援を一般的な教育制度の下で受けること。

(e)　学問的及び社会的な発達を最大にする環境において，完全な包容という目標に合致する効果的で個別化された支援措置がとられること。

3　締約国は，障害者が教育に完全かつ平等に参加し，及び地域社会の構成員として完全かつ平等に参加することを容易にするため，障害者が生活する上での技能及び社会的な発達のための技能を習得することを可能とする。このため，締約国は，次のことを含む適当な措置をとる。

(a)　点字，代替的な文字，意思疎通の補助的及び代替的な形態，手段及び様式並びに定位及び移動のための技能の習得並びに障害者相互による支援及び助言を容易にすること。

(b)　手話の習得及び聾社会の言語的な同一性の促進を容易にすること。

(c)　盲人，聾者又は盲聾者（特に盲人，聾者又は盲聾者である児童）の教育が，その個人にとって最も適当な言語並びに意思疎通の形態及び手段で，かつ，学問的及び社会的な発達を最大にする環境において行われることを確保すること。

4　締約国は，1の権利の実現の確保を助長することを目的として，手話又は点字について能力を有する教員（障害のある教員を含む。）を雇用し，並びに教育に従事する専門家及び職員（教育のいずれの段階において従事するかを問わない。）に対する研修を行うための適当な措置をとる。この研修には，障害についての意識の向上を組み入れ，また，適当な意思疎通の補助的及び代替的な形態，手段及び様式の使用並びに障害者を支援するための教育技法及び教材の使用を組み入れるものとする。

5　締約国は，障害者が，差別なしに，かつ，他の者との平等を基礎として，一般的な高等教育，職業訓練，成人教育及び生涯学習を享受することができることを確保する。このため，締約国は，合理的配慮が障害者に提供されることを確保する。

学校教育法（抜粋）

第一章　総則

第一条　この法律で，学校とは，幼稚園，小学校，中学校，義務教育学校，高等学校，中等教育学校，特別支援学校，大学及び高等専門学校とする。

第八章　特別支援教育

第七十二条　特別支援学校は，視覚障害者，聴覚障害者，知的障害者，肢体不自由者又は病弱者（身体虚弱者を含む。以下同じ。）に対して，幼稚園，小学校，中学校又は高等学校に準ずる教育を施すとともに，障害による学習上又は生活上の困難を克服し自立を図るために必要な知識技能を授けることを目的とする。

第七十三条　特別支援学校においては，文部科学大臣の定めるところにより，前条に規定する者に対する教育のうち当該学校が行うものを明らかにするものとする。

第七十四条　特別支援学校においては，第七十二条に規定する目的を実現するための教育を行うほか，幼稚園，小学校，中学校，義務教育学校，高等学校又は中等教育学校の要請に応じて，第八十一条第一項に規定する幼児，児童又は生徒の教育に関し必要な助言又は援助を行うよう努めるものとする。

第七十五条　第七十二条に規定する視覚障害者，聴覚障害者，知的障害者，肢体不自由者又は病弱者の障害の程度は，政令で定める。

第七十六条　特別支援学校には，小学部及び中学部を置かなければならない。ただし，特別の必要のある場合においては，そのいずれかのみを置くことができる。

2　特別支援学校には，小学部及び中学部のほか，幼稚部又は高等部を置くことができ，また，特別の必要のある場合においては，前項の規定にかかわらず，小学部及び中学部を置かないで幼稚部又は高等部のみを置くことができる。

第七十七条　特別支援学校の幼稚部の教育課程その他の保育内容，小学部及び中学部の教育課程又は高等部の学科及び教育課程に関する事項は，幼稚園，小学校，中学校又は高等学校に準じて，文部科学大臣が定める。

第八十一条　幼稚園，小学校，中学校，義務教育学校，高等学校及び中等教育学校においては，次項各号のいずれかに該当する幼児，児童及び生徒その他教育上特別の支援を必要とする幼児，児童及び生徒に対し，文部科学大臣の定めるところにより，障害による学習上又は生活上の困難を克服するための教育を行うものとする。

2　小学校，中学校，義務教育学校，高等学校及び中等教育学校には，次の各号のいずれかに該当する児童及び生徒のために，特別支援学級を置くことができる。

一　知的障害者

二　肢体不自由者

三　身体虚弱者

四　弱視者

五　難聴者

六　その他障害のある者で，特別支援学級において教育を行うことが適当なもの

3　前項に規定する学校においては，疾病により療養中の児童及び生徒に対して，特別支援学級を設け，又は教員を派遣して，教育を行うことができる。

学校教育法施行令（抜粋）

第一章　就学義務
第一節　学齢簿
（学齢簿の編製）
第一条　市（特別区を含む。以下同じ。）町村の教育
　　委員会は，当該市町村の区域内に住所を有する学齢
　　児童及び学齢生徒（それぞれ学校教育法（以下
　　「法」という。）第十八条に規定する学齢児童及び学
　　齢生徒をいう。以下同じ。）について，学齢簿を編
　　製しなければならない。
　2　前項の規定による学齢簿の編製は，当該市町村の
　　住民基本台帳に基づいて行なうものとする。
第二条　市町村の教育委員会は，毎学年の初めから五
　　月前までに，文部科学省令で定める日現在におい
　　て，当該市町村に住所を有する者で前学年の初めか
　　ら終わりまでの間に満六歳に達する者について，あ
　　らかじめ，前条第一項の学齢簿を作成しなければな
　　らない。この場合においては，同条第二項から第四
　　項までの規定を準用する。
第二節　小学校，中学校，義務教育学校及び中等教育
学校
（入学期日等の通知，学校の指定）
第五条　市町村の教育委員会は，就学予定者（法第
　　十七条第一項又は第二項の規定により，翌学年の初
　　めから小学校，中学校，義務教育学校，中等教育学
　　校又は特別支援学校に就学させるべき者をいう。以
　　下同じ。）のうち，認定特別支援学校就学者（視覚
　　障害者，聴覚障害者，知的障害者，肢体不自由者又
　　は病弱者（身体虚弱者を含む。）で，その障害が，
　　第二十二条の三の表に規定する程度のもの（以下
　　「視覚障害者等」という。）のうち，当該市町村の教
　　育委員会が，その者の障害の状態，その者の教育上
　　必要な支援の内容，地域における教育の体制の整備
　　の状況その他の事情を勘案して，その住所の存する
　　都道府県の設置する特別支援学校に就学させること
　　が適当であると認める者をいう。以下同じ。）以外
　　の者について，その保護者に対し，翌学年の初めか
　　ら二月前までに，小学校，中学校又は義務教育学校
　　の入学期日を通知しなければならない。
　2　市町村の教育委員会は，当該市町村の設置する小
　　学校及び義務教育学校の数の合計数が二以上である

場合又は当該市町村の設置する中学校（法第七十一
条の規定により高等学校における教育と一貫した教
育を施すもの（以下「併設型中学校」という。）を
除く。以下この項，次条第七号，第六条の三第一
項，第七条及び第八条において同じ。）及び義務教
育学校の数の合計数が二以上である場合において
は，前項の通知において当該就学予定者の就学すべき
き小学校，中学校又は義務教育学校を指定しなけれ
ばならない。
第六条の二　特別支援学校に在学する学齢児童又は学
　　齢生徒で視覚障害者等でなくなつたものがあるとき
　　は，当該学齢児童又は学齢生徒の在学する特別支援
　　学校の校長は，速やかに，当該学齢児童又は学齢生
　　徒の住所の存する都道府県の教育委員会に対し，そ
　　の旨を通知しなければならない。
　2　都道府県の教育委員会は，前項の通知を受けた学
　　齢児童又は学齢生徒について，当該学齢児童又は学
　　齢生徒の住所の存する市町村の教育委員会に射し，
　　速やかに，その氏名及び視覚障害者等でなくなつた
　　旨を通知しなければならない。
第六条の三　特別支援学校に在学する学齢児童又は学
　　齢生徒でその障害の状態，その者の教育上必要な支
　　援の内容，地域における教育の体制の整備の状況そ
　　の他の事情の変化により当該学齢児童又は学齢生徒
　　の住所の存する市町村の設置する小学校，中学校又
　　は義務教育学校に就学することが適当であると思料
　　するもの（視覚障害者等でなくなつた者を除く。）
　　があるときは，当該学齢児童又は学齢生徒の在学す
　　る特別支援学校の校長は，速やかに，当該学齢児童
　　又は学齢生徒の住所の存する都道府県の教育委員会
　　に対し，その旨を通知しなければならない。
　2　都道府県の教育委員会は，前項の通知を受けた学
　　齢児童又は学齢生徒について，当該学齢児童又は学
　　齢生徒の住所の存する市町村の教育委員会に対し，
　　速やかに，その氏名及び同項の通知があつた旨を通
　　知しなければならない。
　3　市町村の教育委員会は，前項の通知を受けた学齢
　　児童又は学齢生徒について，当該特別支援学校に引
　　き続き就学させることが適当であると認めたとき
　　は，都道府県の教育委員会に対し，速やかに，その

旨を通知しなければならない。

4　都道府県の教育委員会は，前項の通知を受けたときは，第一項の校長に対し，速やかに，その旨を通知しなければならない。

第三節　特別支援学校

（特別支援学校への就学についての通知）

第十一条　市町村の教育委員会は，第二条に規定する者のうち認定特別支援学校就学者について，都道府県の教育委員会に対し，翌学年の初めから三月前までに，その氏名及び特別支援学校に就学させるべき旨を通知しなければならない。

2　市町村の教育委員会は，前項の通知をするときは，都道府県の教育委員会に対し，同項の通知に係る者の学齢簿の謄本（第一条第三項の規定により磁気ディスクをもつて学齢簿を調製している市町村の教育委員会にあつては，その者の学齢簿に記録されている事項を記載した書類）を送付しなければならない。

第十一条の二　前条の規定は，小学校又は義務教育学校に在学する学齢児童のうち視覚障害者等で翌学年の初めから特別支援学校の中学部に就学させるべき者として認定特別支援学校就学者の認定をしたものについて準用する。

第十二条　小学校，中学校，義務教育学校又は中等教育学校に在学する学齢児童又は学齢生徒で視覚障害者等になつたものがあるときは，当該学齢児童又は学齢生徒の在学する小学校，中学校，義務教育学校又は中等教育学校の校長は，速やかに，当該学齢児童又は学齢生徒の住所の存する市町村の教育委員会に対し，その旨を通知しなければならない。

第十二条の二　学齢児童及び学齢生徒のうち視覚障害者等で小学校，中学校，義務教育学校又は中等教育学校に在学するもののうち，その障害の状態，その者の教育上必要な支援の内容，地域における教育の体制の整備の状況その他の事情の変化によりこれらの小学校，中学校，義務教育学校又は中等教育学校に就学させることが適当でなくなつたと思料するものがあるときは，当該学齢児童又は学齢生徒の在学する小学校，中学校，義務教育学校又は中等教育学校の校長は，当該学齢児童又は学齢生徒の住所の存する市町村の教育委員会に対し，速やかに，その旨を通知しなければならない。

（特別支援学校の入学期日等の通知，学校の指定）

第十四条　都道府県の教育委員会は，第十一条第一項

（第十一条の二，第十一条の三，第十二条第二項及び第十二条の二第二項において準用する場合を含む。）の通知を受けた児童生徒等及び特別支援学校の新設，廃止等によりその就学させるべき特別支援学校を変更する必要を生じた児童生徒等について，その保護者に対し，第十一条第一項（第十一条の二において準用する場合を含む。）の通知を受けた児童生徒等にあつては翌学年の初めから二月前までに，その他の児童生徒等にあつては速やかに特別支援学校の入学期日を通知しなければならない。

2　都道府県の教育委員会は，当該都道府県の設置する特別支援学校が二校以上ある場合においては，前項の通知において当該児童生徒等を就学させるべき特別支援学校を指定しなければならない。

3　前二項の規定は，前条の通知を受けた児童生徒等については，適用しない。

第十五条　都道府県の教育委員会は，前条第一項の通知と同時に，当該児童生徒等を就学させるべき特別支援学校の校長及び当該児童生徒等の住所の存する市町村の教育委員会に対し，当該児童生徒等の氏名及び入学期日を通知しなければならない。

第三節の二　保護者及び視覚障害者等の就学に関する専門的知識を有する者の意見聴取

第十八条の二　市町村の教育委員会は，児童生徒等のうち視覚障害者等について，第五条（第六条（第二号を除く。）において準用する場合を含む。）又は第十一条第一項（第十一条の二，第十一条の三，第十二条第二項及び第十二条の二第二項において準用する場合を含む。）の通知をしようとするときは，その保護者及び教育学，医学，心理学その他の障害のある児童生徒等の就学に関する専門的知識を有する者の意見を聴くものとする。

第二章　視覚障害者等の障害の程度

第二十二条の三　法第七十五条の政令で定める視覚障害者，聴覚障害者，知的障害者，肢体不自由者又は病弱者の障害の程度は，次の表に掲げるとおりとする。

区　分	障害の程度
視覚障害者	両眼の視力がおおむね〇．三未満のもの又は視力以外の視機能障害が高度のもののうち，拡大鏡等の使用によつても通常の文字，図形等の視覚による認識が不可能又は著しく困難な程度のもの

聴覚障害者	両耳の聴力レベルがおおむね六〇デシベル以上のもののうち，補聴器等の使用によつても通常の話声を解することが不可能又は著しく困難な程度のもの
知的障害者	一　知的発達の遅滞があり，他人との意思疎通が困難で日常生活を営むのに頻繁に援助を必要とする程度のもの 二　知的発達の遅滞の程度が前号に掲げる程度に達しないもののうち，社会生活への適応が著しく困難なもの
肢体不自由者	一　肢体不自由の状態が補装具の使用によつても歩行，筆記等日常生活における基本的な動作が不可能又は困難な程度のもの

	二　肢体不自由の状態が前号に掲げる程度に達しないもののうち，常時の医学的観察指導を必要とする程度のもの
病弱者	一　慢性の呼吸器疾患，腎臓疾患及び神経疾患，悪性新生物その他の疾患の状態が継続して医療又は生活規制を必要とする程度のもの 二　身体虚弱の状態が継続して生活規制を必要とする程度のもの

備考
一　視力の測定は，万国式試視力表によるものとし，屈折異常があるものについては，矯正視力によつて測定する。
二　聴力の測定は，日本工業規格によるオージオメータによる。

学校教育法施行規則（抜粋）

※平成30年4月1日施行後の改正条文を記載。

第八章　特別支援教育

第百三十条　特別支援学校の小学部，中学部又は高等部においては，特に必要がある場合は，第百二十六条から第百二十八条までに規定する各教科（次項において「各教科」という。）又は別表第三及び別表第五に定める各教科に属する科目の全部又は一部について，合わせて授業を行うことができる。

2　特別支援学校の小学部，中学部又は高等部においては，知的障害者である児童若しくは生徒又は複数の種類の障害を併せ有する児童若しくは生徒を教育する場合において特に必要があるときは，各教科，特別の教科である道徳（特別支援学校の高等部にあつては，前条に規定する特別支援学校高等部学習指導要領で定める道徳），外国語活動，特別活動及び自立活動の全部又は一部について，合わせて授業を行うことができる。

第百三十一条　特別支援学校の小学部，中学部又は高等部において，複数の種類の障害を併せ有する児童若しくは生徒を教育する場合又は教員を派遣して教育を行う場合において，特に必要があるときは，第百二十六条から第百二十九条までの規定にかかわらず，特別の教育課程によることができる。

2　前項の規定により特別の教育課程による場合において，文部科学大臣の検定を経た教科用図書又は文部科学省が著作の名義を有する教科用図書を使用す

ることが適当でないときは，当該学校の設置者の定めるところにより，他の適切な教科用図書を使用することができる。

第百三十八条　小学校，中学校若しくは義務教育学校又は中等教育学校の前期課程における特別支援学級に係る教育課程については，特に必要がある場合は，第五十条第一項（第七十九条の六第一項において準用する場合を含む。），第五十一条，第五十二条（第七十九条の六第一項において準用する場合を含む。），第五十二条の三，第七十二条（第七十九条の六第二項及び第百八条第一項において準用する場合を含む。），第七十三条，第七十四条（第七十九条の六第二項及び第百八条第一項において準用する場合を含む。），第七十四条の三，第七十六条，第七十九条の五（第七十九条の十二において準用する場合を含む。）及び第百七条（第百十七条において準用する場合を含む。）の規定にかかわらず，特別の教育課程によることができる。

第百三十九条　前条の規定により特別の教育課程による特別支援学級においては，文部科学大臣の検定を経た教科用図書を使用することが適当でない場合には，当該特別支援学級を置く学校の設置者の定めるところにより，他の適切な教科用図書を使用することができる。

第百四十条　小学校，中学校，義務教育学校，高等学

校又は中等教育学校において，次の各号のいずれか
に該当する児童又は生徒（特別支援学級の児童及び
生徒を除く。）のうち当該障害に応じた特別の指導
を行う必要があるものを教育する場合には，文部科
学大臣が別に定めるところにより，第五十条第一項
（第七十九条の六第一項において準用する場合を含
む。），第五十一条，第五十二条（第七十九条の六第
一項において準用する場合を含む。），第五十二条の
三，第七十二条（第七十九条の六第二項及び第百八
条第一項において準用する場合を含む。），第七十三
条，第七十四条（第七十九条の六第二項及び第百八
条第一項において準用する場合を含む。），第七十四
条の三，第七十六条，第七十九条の五（第七十九条
の十二において準用する場合を含む。），第八十三条
及び第八十四条（第百八条第二項において準用する
場合を含む。）並びに第百七条（第百十七条におい
て準用する場合を含む。）の規定にかかわらず，特
別の教育課程によることができる。

一　言語障害者

二　自閉症者

三　情緒障害者

四　弱視者

五　難聴者

六　学習障害者

七　注意欠陥多動性障害者

八　その他障害のある者で，この条の規定により特
別の教育課程による教育を行うことが適当なも
の

第百四十一条　前条の規定により特別の教育課程によ
る場合においては，校長は，児童又は生徒が，当該
小学校，中学校，義務教育学校，高等学校又は中等
教育学校の設置者の定めるところにより他の小学
校，中学校，義務教育学校，高等学校，中等教育学
校又は特別支援学校の小学部，中学部若しくは高等
部において受けた授業を，当該小学校，中学校，義
務教育学校，高等学校又は中等教育学校において受
けた当該特別の教育課程に係る授業とみなすことが
できる。

小学校学習指導要領（抜粋）

第1章　総　則

第4　児童の発達の支援

2　特別な配慮を必要とする児童への指導

(1)　障害のある児童などへの指導

　ア　障害のある児童などについては，特別支援学校等の助言又は援助を活用しつつ，個々の児童の障害の状態等に応じた指導内容や指導方法の工夫を組織的かつ計画的に行うものとする。

　イ　特別支援学級において実施する特別の教育課程については，次のとおり編成するものとする。

　　(ア)　障害による学習上又は生活上の困難を克服し自立を図るため，特別支援学校小学部・中学部学習指導要領第7章に示す自立活動を取り入れること。

　　(イ)　児童の障害の程度や学級の実態等を考慮の上，各教科の目標や内容を下学年の教科の目標や内容に替えたり，各教科を，知的障害者である児童に対する教育を行う特別支援学校の各教科に替えたりするなどして，実態に応じた教育課程を編成すること。

　ウ　障害のある児童に対して，通級による指導を行い，特別の教育課程を編成する場合には，特別支援学校小学部・中学部学習指導要領第7章に示す自立活動の内容を参考とし，具体的な目標や内容を定め，指導を行うものとする。その際，効果的な指導が行われるよう，各教科等と通級による指導との関連を図るなど，教師間の連携に努めるものとする。

　エ　障害のある児童などについては，家庭，地域及び医療や福祉，保健，労働等の業務を行う関係機関との連携を図り，長期的な視点で児童への教育的支援を行うために，個別の教育支援計画を作成し活用することに努めるとともに，各教科等の指導に当たって，個々の児童の実態を的確に把握し，個別の指導計画を作成し活用することに努めるものとする。特に，特別支援学級に在籍する児童や通級による指導を受ける児童については，個々の児童の実態を的確に把握し，個別の教育支援計画や個別の指導計画を作成し，効果的に活用するものとする。

(2)　海外から帰国した児童などの学校生活への適応や，日本語の習得に困難のある児童に対する日本語指導

　ア　海外から帰国した児童などについては，学校生活への適応を図るとともに，外国における生活経験を生かすなどの適切な指導を行うものとする。

　イ　日本語の習得に困難のある児童については，個々の児童の実態に応じた指導内容や指導方法の工夫を組織的かつ計画的に行うものとする。特に，通級による日本語指導については，教師間の連携に努め，指導についての計画を個別に作成することなどにより，効果的な指導に努めるものとする。

(3)　不登校児童への配慮

　ア　不登校児童については，保護者や関係機関と連携を図り，心理や福祉の専門家の助言又は援助を得ながら，社会的自立を目指す観点から，個々の児童の実態に応じた情報の提供その他の必要な支援を行うものとする。

　イ　相当の期間小学校を欠席し引き続き欠席すると認められる児童を対象として，文部科学大臣が認める特別の教育課程を編成する場合には，児童の実態に配慮した教育課程を編成するとともに，個別学習やグループ別学習など指導方法や指導体制の工夫改善に努めるものとする。

特別支援学校小学部・中学部学習指導要領（抜粋）

第7章　自立活動

第1　目　標

　個々の児童又は生徒が自立を目指し，障害による学習上又は生活上の困難を主体的に改善・克服するために必要な知識，技能，態度及び習慣を養い，もって心身の調和的発達の基盤を培う。

第2　内　容

1　健康の保持

(1)　生活のリズムや生活習慣の形成に関すること。

(2)　病気の状態の理解と生活管理に関すること。

(3)　身体各部の状態の理解と養護に関すること。

(4)　障害の特性の理解と生活環境の調整に関すること。

(5)　健康状態の維持・改善に関すること。

2　心理的な安定

(1)　情緒の安定に関すること。

(2)　状況の理解と変化への対応に関すること。

(3)　障害による学習上又は生活上の困難を改善・克服する意欲に関すること。

3　人間関係の形成

(1)　他者とのかかわりの基礎に関すること。

(2)　他者の意図や感情の理解に関すること。

(3)　自己の理解と行動の調整に関すること。

(4)　集団への参加の基礎に関すること。

4　環境の把握

(1)　保有する感覚の活用に関すること。

(2)　感覚や認知の特性についての理解と対応に関すること。

(3)　感覚の補助及び代行手段の活用に関すること。

(4)　感覚を総合的に活用した周囲の状況についての把握と状況に応じた行動に関すること。

(5)　認知や行動の手掛かりとなる概念の形成に関すること。

5　身体の動き

(1)　姿勢と運動・動作の基本的技能に関すること。

(2)　姿勢保持と運動・動作の補助的手段の活用に関すること。

(3)　日常生活に必要な基本動作に関すること。

(4)　身体の移動能力に関すること。

(5)　作業に必要な動作と円滑な遂行に関すること。

6　コミュニケーション

(1)　コミュニケーションの基礎的能力に関すること。

(2)　言語の受容と表出に関すること。

(3)　言語の形成と活用に関すること。

(4)　コミュニケーション手段の選択と活用に関すること。

(5)　状況に応じたコミュニケーションに関すること。

第3　個別の指導計画の作成と内容の取扱い

1　自立活動の指導に当たっては，個々の児童又は生徒の障害の状態や特性及び心身の発達の段階等の的確な把握に基づき，指導すべき課題を明確にすることによって，指導目標及び指導内容を設定し，個別の指導計画を作成するものとする。その際，第2に示す内容の中からそれぞれに必要とする項目を選定し，それらを相互に関連付け，具体的に指導内容を設定するものとする。（以下，省略）

2　個別の指導計画の作成に当たっては，次の事項に配慮するものとする。

(1)　個々の児童又は生徒について，障害の状態，発達や経験の程度，興味・関心，生活や学習環境などの実態を的確に把握すること。

(2)　児童又は生徒の実態把握に基づいて得られた指導すべき課題相互の関連を検討すること。その際，これまでの学習状況や将来の可能性を見通しながら，長期的及び短期的な観点から指導目標を設定し，それらを達成するために必要な指導内容を段階的に取り上げること。

(3)　具体的な指導内容を設定する際には，以下の点を考慮すること。

　ア　児童又は生徒が，興味をもって主体的に取り組み，成就感を味わうとともに自己を肯定的に捉えることができるような指導内容を取り上げること。

　イ　児童又は生徒が，障害による学習上又は生活上の困難を改善・克服しようとする意欲を高めることができるような指導内容を重点的に取り上げること。

　ウ　個々の児童又は生徒が，発達の遅れている側面を補うために，発達の進んでいる側面を更に伸

ばすような指導内容を取り上げること。

エ　個々の児童又は生徒が，活動しやすいように自ら環境を整えたり，必要に応じて周囲の人に支援を求めたりすることができるような指導内容を計画的に取り上げること。

オ　個々の児童又は生徒に対し，自己選択・自己決定する機会を設けることによって，思考・判断・表現する力を高めることができるような指導内容を取り上げること。

カ　個々の児童又は生徒が，自立活動における学習の意味を将来の自立や社会参加に必要な資質・能力との関係において理解し，取り組めるような指導内容を取り上げること。

(4)　児童又は生徒の学習状況や結果を適切に評価し，個別の指導計画や具体的な指導の改善に生かすよう努めること。

(5)　各教科，道徳科，外国語活動，総合的な学習の時間及び特別活動の指導と密接な関連を保つようにし，計画的，組織的に指導が行われるようにするものとする。

3　個々の児童又は生徒の実態に応じた具体的な指導方法を創意工夫し，意欲的な活動を促すようにするものとする。

4　重複障害者のうち自立活動を主として指導を行うものについては，全人的な発達を促すために必要な基本的な指導内容を，個々の児童又は生徒の実態に応じて設定し，系統的な指導が展開できるようにするものとする。その際，個々の児童又は生徒の人間として調和のとれた育成を目指すように努めるものとする。

5　自立活動の指導は，専門的な知識や技能を有する教師を中心として，全教師の協力の下に効果的に行われるようにするものとする。

6　児童又は生徒の障害の状態等により，必要に応じて，専門の医師及びその他の専門家の指導・助言を求めるなどして，適切な指導ができるようにするものとする。

7　自立活動の指導の成果が進学先等でも生かされるように，個別の教育支援計画等を活用して関係機関等との連携を図るものとする。

索　引

《監修者紹介》

よしだたけお
吉田武男（筑波大学名誉教授，関西外国語大学短期大学部教学担当顧問・教授）

《執筆者紹介》（所属，分担，執筆順，＊は編著者）
みやうちひさえ
宮内久絵（筑波大学人間系准教授：第 1 章）
よねだひろき
＊米田宏樹（編著者紹介参照：はじめに・第 2 章・第 7 章）
ほんまたかこ
本間貴子（国士舘大学准教授：第 3 章）
いちき　かおる
一木　薫（福岡教育大学教授：第 4 章）
こばやしひでゆき
＊小林秀之（編著者紹介参照：はじめに・第 5 章）
さとうあつこ
左藤敦子（筑波大学人間系准教授：第 6 章）
こじまみちお
小島道生（筑波大学人間系准教授：第 7 章）
イム　ヨンジェ
任　龍在（千葉大学教育学部准教授：第 8 章）
たんのたかひと
丹野傑史（長野大学社会福祉学部教授：第 9 章）
たかはしこうすけ
髙橋甲介（長崎大学教育学部准教授：第10章）
みやもとしょうこ
宮本昌子（筑波大学人間系教授：第11章）
さんばいあみ
三盃亜美（筑波大学人間系助教：第12章）
おかざきしんじ
岡崎慎治（筑波大学人間系准教授：第13章）
あおきますみ
青木真純（東京学芸大学障がい学生支援室講師：第13章）
おおむらみほ
大村美保（筑波大学人間系助教：第14章）
もりちとおる
森地　徹（筑波大学人間系助教：第14章）
あんどうたかお
＊安藤隆男（編著者紹介参照：はじめに・第15章）
うつみゆかり
内海友加利（東京学芸大学講師：第15章）

《編著者紹介》

小林秀之（こばやし・ひでゆき／1965年生まれ）

　　筑波大学人間系障害科学域准教授

　　『視力の弱い子どもの理解と支援』（共著，教育出版，1999年）

　　『障害理解のための心理学』（共著，明石書店，2008年）

　　『特別支援教育の現状・課題・未来』（共著，ミネルヴァ書房，2009年）

　　『ライフステージを見通した障害児の保育・教育』（共著，みらい，2016年）

　　『障害者心理学』（共著，北大路書房，2017年）

　　『特別支援教育の到達点と可能性』（共著，金剛出版，2017年）

米田宏樹（よねだ・ひろき／1969年生まれ）

　　筑波大学人間系障害科学域教授

　　『特別支援教育を創造するための教育学』（共著，明石書店，2009年）

　　『改訂新版　特別支援教育基礎論』（共著，放送大学教育振興会，2015年）

　　『新訂　知的障害教育総論』（共著，放送大学教育振興会，2015年）

　　『学校・施設アーカイブズ入門』（共著，大空社，2015年）

　　『講座特別支援教育3 特別支援教育の指導法［第2版］』（共著，教育出版，2016年）

　　『特別支援教育の到達点と可能性』（共著，金剛出版，2017年）

安藤隆男（あんどう・たかお／1954年生まれ）

　　筑波大学名誉教授

　　『「自立活動の指導」のデザインと展開』（共編著，ジアース教育新社，2019年）

　　『特別支援教育基礎論』（編著，放送大学教育振興会，2020年）

　　『新たな時代における自立活動の創成と展開——個別の指導計画システムの構築を通して』（単著，教育出版，2021年）

　　『よくわかる肢体不自由教育［第2版］』（共編著，ミネルヴァ書房，2023年）

　　『特別支援教育要論（特別支援教育をつなぐ Connect&Connect 1）』（監修・編著，北大路書房，2024年）

　　『特別支援教育要論（特別支援教育をつなぐ Connect&Connect 2）』（監修・著，北大路書房，2024年）

MINERVA はじめて学ぶ教職⑱
特別支援教育
──共生社会の実現に向けて──

2018年3月10日　初版第1刷発行　　　　　　　　　　　〈検印省略〉
2024年3月30日　初版第7刷発行

定価はカバーに
表示しています

　　　　　　　　　小　林　秀　之
編 著 者　　　米　田　宏　樹
　　　　　　　　　安　藤　隆　男
発 行 者　　　杉　田　啓　三
印 刷 者　　　藤　森　英　夫

発行所　株式
　　　　会社　ミネルヴァ書房
607-8494　京都市山科区日ノ岡堤谷町1
電話代表　（075）581-5191
振替口座　01020-0-8076

ⓒ小林・米田・安藤ほか, 2018
亜細亜印刷

ISBN978-4-623-08152-3
Printed in Japan

MINERVA はじめて学ぶ教職

監修　吉田武男

「教職課程コアカリキュラム」に準拠　　全20巻＋別巻 1

◆　B5 判／美装カバー／各巻180〜230頁／各巻予価2200円（税別）　◆

【姉妹編】
MINERVA はじめて学ぶ教科教育　全10巻＋別巻 1

監修　吉田武男　B5判美装カバー／各巻予価2200円（税別）〜

ミネルヴァ書房
https://www.minervashobo.co.jp/